証言 モーヲタ
～彼らが熱く狂っていた時代～

吉田豪

白夜書房

目次

証言・01
掟ポルシェ
何かに熱狂的になる姿を見せることによって
いまの自分があって人にもそう認識されてるだろうなって
007

証言・02
コンバットREC
文化祭よりももっと熱狂的な、
リオのカーニバルが2年間毎日続いたような感じというか
029

証言・03
もふくちゃん
アイドルがホントにアイコンだった時代だったから神格化がすごくて、
みんなのなかに文学が生まれたんですよ
047

証言・04
杉作J太郎
なんという素晴しい人々がここに集ってるんだろうということで
その日から僕のモーニング娘。は始まった
065

証言・05
小板橋英一
人生こんなに楽しいことはもうないだろうから
狂えるだけ狂ったほうが、みたいに思ってた
091

証言・06
久保内信行
面倒くさいヲタが総計で10人ぐらい住んでるビルがあって、
僕もそこに住んでました
105

証言・07
嶺脇育夫
狂ってる人たちを眺めるのが好きだったんですよね、
僕はたぶんそれできないから
121

証言・08
有馬岳彦（サムライ）
当時は子供用品でミニモニ。の服が売ってて、
それを無理やり着てました
137

証言・09
劔樹人
ハロプロに昔の恩返しをしていくぞっていう
気持ちだけでやってきてるんで
157

証言・10
ピストル
加護ちゃんが戻ってきたら時間を全部使いたい、
じゃあサラリーマンを辞めようって
171

証言・11
ロビン前田
ヲタ汁まみれの会場で見知らぬ獣みたいな匂いを漂わせたヤツらと
抱き合って「最高！　最高！」ってなって
189

証言・12
うたか
『爆音娘。』で全裸で建物の外に飛び出したら
上からパンツが降ってきて
207

証言・13 岩岡としえ
後藤真希にハマッてからですね、狂っていったのは
ひとりだけオーラが違ったんですよ
223

証言・14 ごっしー
「見返りを求めるな」ってことです。
いくら応援したからといって何が返ってくるわけでもない
241

証言・15 【特別収録】宇多丸
あのときのモーニングとそのムーブメントみたいな、完全にトチ狂って
しまったみたいなことは二度はないんじゃないかなっていう気がしますね
257

あとがきインタビュー 聞き手・構成 武富元太郎
人生の岐路で己を保った男が
15人の「どうかしてた」証言を振り返る
278

初出一覧

掟ポルシェ　『BUBKA』2020年6月号
コンバットREC　『BUBKA』2020年7・8月合併号
もふくちゃん　『BUBKA』2020年9月号
杉作J太郎　『BUBKA』2020年10月号、11月号
小板橋英一　『BUBKA』2020年12月号
久保内信行　『BUBKA』2021年1月号
嶺脇育夫　『BUBKA』2021年2月号
有馬岳彦（サムライ）　『BUBKA』2021年3月号
劔樹人　『BUBKA』2021年4月号
ピストル　『BUBKA』2021年5月号
ロビン前田　『BUBKA』2021年6月号
うたか　『BUBKA』2021年7月号
岩岡としえ　『BUBKA』2021年8月号
ごっしー　『BUBKA』2021年9月号
宇多丸　新規書き下ろし

証言・01

掟ポルシェ

何かに熱狂的に
なる姿を見せる
ことによって
いまの自分があって
人にもそう認識
されてるだろうなって

Profile

1968年生まれ。「ロマンポルシェ。」などでの音楽活動の他、DJやコラム執筆などを行なう。『BUBKA』においては、「男道コーチ屋稼業Z」を連載した他、「モーヲタの部屋」にもたびたび出演した。

みんな、おかしくなっていた

008。

――モーニング娘。のヲタク＝通称モーヲタたちの青春を描いた『あの頃。』(注1)が映画化されるということで、いろんなモーヲタたちの「あの頃。」を振り返ろうという企画です！

掟　考えてみたら最初に**モーヲタトークライブ**(注2)をやったのが2001年ぐらいで、そこから19年とかけっこうな年月が経ってるわけだからね。振り返るには十分な期間だし、みんな当時何があったか忘れてるぐらいだもん。

――モーニング娘。のあの頃の盛り上がりを振り返ることはあっても、ヲタに絞って振り返ることはまずないし、『BUBKA』という雑誌の振り返りにもなると思うんですよ。

掟　あの当時、モーヲタはみんな狂ってましたからね。モーニング娘。に関わってる人たちがどんどんおかしくなっていったという。

――当然、掟さんもおかしくなっていたし。

掟　おかしくなることを望んでたところがあるじゃないですか。我々の世代だとおニャン子クラブもそのあとのアイドル冬の時代も通って、90年代末ぐらいになるとアイドル歌謡曲でちゃんと売れてる人がいなくなって、女優さんとかが活動の片手間に歌ってるようなものしかなくなったり、声優系にみんな流れたり。そこで束ものアイドルに勢いが出てきたら乗っからなきゃしょうがないだろ、みたいな。ただ問題はその前にチェキッ娘っていう、楽曲が完璧なフジテレビの束ものアイドルで正当なおニャン子の後継者がまずいたじゃないですか。だから出てたの頃のモーニング娘。にはまったく興味がなくて。

――当時のモーヲタってチェキッ娘にホント興味なかったですよね。それまでアイドルにハマッた歴史のない人たちが多かったから。

掟　ああ、そうかもね。当時のモーヲタの人たちは『ASAYAN』から始まってたりするじゃないですか。そのへんが最初は違和感があって。チェキッ娘が1999年に解散になっちゃって、勢いはあったんだけど**あれ**(注3)一社提供だったから。

――SEGAの番組の企画でしたからね。

掟　そう、だからセガサターンがコケたことによってチェキッ娘の活動がなくなり、さあどうするかっていうときと重なるぐらいのタイミングで、モーニング娘。の最初のビデオクリップ集のレビューの仕事があって、そこでモーニング娘。おもしろいなっていうのと、それまでは歌い上げる系の、『ASAYAN』のロックボーカリストオーディションから出てきてる人たちだったから、ちゃんと歌えてる人ばっかりだったじゃないですか、それがちょっと歌が不安定な人たち、4期メンバーが入ってきたことによって俺の好きなアイドル像になってきて、そこで乗っかれたんですよ。

——最初に横のつながりができ始めたのは？

掟 まず、01年にモーヲタトークライブっていうのを**有馬**(注4)君が企画するんですよ。

——現在、獄中にいることで有名な人。

掟 そう。獄中にいることで有名な、「ハロヲタ」で検索すると第二検索ワードに「サムライ」と出てくるぐらい有名なヲタで。

——もともと『よい子の歌謡曲』(注5)**の人で。**

掟 アイドル歌謡曲批評ミニコミ誌だった『よい子の歌謡曲』界隈にいた人で、元々アイドル好きで。ロフトプラスワンで第1回を開くにあたって、彼がいろんな人に声かけたんですよね。当時、『BUBKA』で『**モーヲタの部屋**』(注6)と『**VIVA VIVAモーニング娘。**』(注7)っていう連載をやってた、**ごっしー**(注8)と**ビバ彦**(注9)とか、モーニング娘。好きを公言してた宇多丸さん。「モーヲタでなおかつ語れそうな人」をラインナップしていって。で、俺は当時モーニング娘。よりメロン記念日のほうにアイドル性を感じてたけど、モーニング娘。も4期メンバーをすごく好きになってきてたから、俺を呼ばなきゃしょうがないでしょ、ぐらいに思ってたんですよ。たぶんそこに出てる人はみんなそう思ってて。それぞれ推しメンがいて、その推しメンの魅力についてとか、モーニング娘。の関係性のおもしろさについて語らせろ、みたいな人が集まってて。でも、なぜか司会だけ**ブレーメン大島**(注10)で。

——昔のアイドル文化をまだ引き継いで。

掟 そうそう、束ものアイドルに詳しい人みたいなことで呼ばれてるんだけど、そこでモーヲタじゃないブレーメンさんが場違いな感じになっちゃって。

——ブレーメンさんとか金井覚(注11)**さんとか、昭和からアイドルを追ってる人たちはモーニングにそんなにハマれてなかったんですよね。**

掟 モーヲタトークライブが終わったあと、自分が入る隙間がなかったって有馬に怒ってたらしいんですけど（笑）。そこで集められた人たちに横のつながりができて。で、初回のモーヲタトークライブは永井ルイさんとかサエキけんぞうさんとか制作サイドの話を聞いて。2回目以降はいわゆるテキストサイト、インターネットのホームページで自分の推しメンについて思いの丈を書くサイトをやってる人たちを集めて。そこから、狂ってるヲタの狂ってる感情をまんま出していく方向にシフトしていったんですよね。

——それで、うたか(注12)**君とかを呼んで。**

掟　当時うたかのサイトが2〜3個あったけど、とにかく全部狂ってて最高で。もともと中古レコード屋で高い値段がついてるようなブラジルの音楽とか、彼はそのとき20歳とかで若いのに、ひと通り聴いてきたような人で。それがモーヲタになった途端、「加護（亜依）ちゃんに似合う曲はこれだ」とか、加護ちゃんに捧げるコンピレーションアルバムみたいな。

――『カゴ・アプレミディ』（注13）ですよね。

掟　そういうのを作ってアップしたり。一方で、ヌッキモニっていうどのメンバーで何回抜いたかっていうのを毎日申告してて、矢口（真里）のアイコンがめちゃめちゃ追加される日があったり。当時、彼は「ヤグニー」って呼んでましたね。そのあとは加護亜依の2ちゃんのAA（アスキーアート）を頭頂部に刈り込んだ頭髪にしていて、そのあとにハロプロキッズに流れて、℃-uteの℃を彫ってた。彼みたいな愛情の示し方が極端な人がどんどん出てきて、イベント自体、ヲタの話を聞くのはやっぱりおもしろいねってことになっていって。

――掟さん、基本ヲタ大好きですよね。

掟　そうですね、自分もヲタだから。

――ボクはちょっと接するときに距離があるけど、掟さんはヲタを見る目が優しいから。

掟　だって好きなことについて一緒に話したいじゃないですか！　彼らも同じものを好きな人に対しては優しいんですよ。当時テキスト系と現場系だっけ？　応援系サイトが二手に分かれてたんですよ。語るほうのサイトと、一緒にライブ観に行って「お疲れさまでした」ってネット上で言い合うサイトがあって。そのテキスト系サイトのほうをよく見ていて、テキスト系の人たちとはやっぱり仲良くなれるんですよ。現場系は難しいことを言いたくない人で寄り集まってるんだけど、何故か縦社会になってて奇妙でしたね。ライブ終わりで会長にみんなで挨拶したり、いい席が来たら上の人に譲らないといけない謎のシステムがあったりで。で、我々の爆音界隈は……。

DJイベント『爆音娘。』

――そのぐらいの頃から『爆音娘。』（注14）というDJイベントが行なわれるようになって。

掟　そのモーヲタトークライブに出てたテキストサイト系の人たちが中心になって、01年の秋ぐらいに新宿**スペース絵夢**（注15）で1回目の『爆音娘。』が行なわれて。それも「俺を呼ばないでどうすんの？」と思ってて。DJは何回かやったことはあるとは言っても、機材の使い方もわからない程度なんだけど。それで第1回目の『爆音娘。』では、シンセサイザー持ち込んでボコーダーで、当時**2ちゃんの狼板**（注16）に「石川梨華ウンコするの？　しないよ」スレッドっていうのがあって、「しないよ」っていうのをボコーダーでずっと言い続けるDJをして。

——**そんな流れって、ごっしーがもともとロンドンナイト**（注17）**周辺にいたっていうのも意外と大きいのかな？**

掟　どうなんだろう？　スペース絵夢はDJができるレンタルスペース程度の箱だったんですよ。あの時代、ちゃんとしたクラブは格式があって、アイドル歌謡曲とかJポップをかけるのは歓迎されることじゃなかったと思うし。それで、3回目ぐらいから新宿のパセラっていうカラオケボックスのイベントルームに拠点を移して。コンサートの数も少なくてチケットも取りづらかったから、爆音でハロプロの曲を聴けるってだけですごい需要があったんですよ。百何十人キャパの会場に最盛期300人とかすし詰めで。

——**会場がパンパンでしたよね。**

掟　パンパンで。夏場にヲタが一晩じゅう踊り続けた結果、汗が水蒸気になって天井について、天井の汚れが黒い雨になって落ちてくる、ヲタ汁といわれる現象まで発生して。

——**レスラーがスクワットしたら水たまりができるっていう伝説みたいな状態になって。**

掟　非常に不衛生なんだけどそれすらも愛おしいと思ってました。そんな感じで『爆音娘。』というイベントが始まって。トークライブは有馬君が立ち上げたものだけど、いつの間にかビバ彦さんが仕切るようになり、「ビバ彦プレゼンツ」みたいに名乗るようになっちゃったんですよ。

——**ビバ彦さんは水声社という真面目な出版社の編集者だったけど、モーヲタになった結果、ボクが関わっていた『マンガ地獄変』**（注18）**がストップしていく流れになるわけですよね。**

掟　そう、ビバ彦さんがモーニング娘。応援活動にかまけた結果、潔いほど仕事をしないようになって。『爆音娘。』を始めてすぐマガジン・ファイブっていう出版社に移ってて、そこには月に1回か2回しか出勤しないんですよ。それもネットとかチェックして何もせずに帰る、みたいな在宅勤務を社長に許されてたんですよね。ビバ彦さんはいつ仕事してるのかなって思ってたんだけど、結局ホントにしてなかったことが判明して。書籍を作ってもビバ彦さんのところで請求書が止まっちゃってて、ライターやデザイナーにお金が支払われなかったり。

——**ごっしーがいまだにボヤいてるもんね。**

掟　俺の本も出てるんですけど、デザイン丸ごと1冊担当した女の子とか結構な金額取りっぱぐれてる。一番被害を受けたのは**くぼうち**（**久保内信行**）（注19）君だよね、ライタープロダクションをやってたから社員ライターの分まで合わせて一時は数百万未払いがあったかもしれないよね。

――ビバ彦さんはモーヲタのつながりができたことで、モーヲタの人たちに自社の本を手伝ってもらうようになっていったという。

掟　それもビバ彦さん方式で直前まで何もやらず、締切前日ぐらいに「朝までにこれ書いてー!!」とかいきなり呼び出されて。俺はそんな露骨に嫌な目には遭ってないですけど。

――そんなビバ彦さんのおかげで、有馬君とコイタ君（小板橋英一＝永田寛哲、元ｐｉｘｉｖ代表であり元虹のコンキスタドールプロデューサー）**の共著**（04年発売、『京ぽんマニアックス！』）**という奇跡も起きたわけで。**

掟　ある意味奇跡のコラボ！　だから周りのモーニング娘。好きな人に仕事を振るっていう感じになってきて。その結果、おもしろい本もいくつも出てるんですけど、ホントに仕事しないっていう。

――ビバ彦さんの口癖が、「プロレスを語る人たちによってシーンができたような、村松友視（注20）みたいなことを俺はしたい」で、ヲタのなかから有名になる人が出てくることを目的にしていたじゃないですか。その点、杉作J太郎さんは真逆で、「俺たちは彼女たちが困ったとき、目の前に水たまりがあったら、その上に置かれる上着でありたい」みたいな、彼女たちの踏み台になりたいJさん側と、彼女たちを踏み台にしてのし上がりたいビバ彦さん側で決定的に違うんだなと思ってて。

掟　杉作さんはホントに愛情もありましたけど、ビバ彦さんは現象をおもしろがったのをきっかけに自分がのし上がっていくためのツールとして使っていたところはありますね。テキスト系サイトの人たちはそういう人が多かったし、俺も実際そちら側だと思うんですけど、おもしろがるのが第一で。ファンとして身を粉にして捧げるわけではなく、モーニング娘。を語ることによって世の中にこれを広げていきたい、それと同時に語ってる俺たちのおもしろさも訴えかけていきたいっていうことだったと思うんですよね。

――そして、掟さんの周辺の人たちも狂った結果、メディアに出るようになっていって。99年ぐらいからコンバットREC（注21）とかもおかしくなってたイメージがあるんですけど。

掟　コンバットRECは90年代からプロレスとかクラブとかも一緒に行く仲間で元々テクノ歌謡みたいなのも好きな人だけど、アイドルヲタっていう感じではなかったんだよね。で、俺が狂い始めたぐらいの頃におもしろそうだなと思って入ってきたのかな。当時よく覚えてるのが、「俺、いまだったら豪ちゃんだってヲタにできるよ！　行ってくる！」って豪ちゃんとこ行って、「なんで豪ちゃんはモーニング娘。好きにならないの？」みたいな（笑）。

——折伏しようとしてたんだ（笑）。

掟　豪ちゃんの立ち位置を説明された上でくしゃくしゃにされて、「豪ちゃんは無理だね……」って打ちひしがれて戻ってきたのは覚えてる（笑）。

——たぶん『紙のプロレス』主催の青空プロレス道場ってイベントの打ち上げですかね。

掟　みんながバカになってるのを豪ちゃんは見てて、傍から見てるぶんにはいいけど自分がバカになるのは嫌だっていう。

——それを近くで見るのが楽しかったから。

掟　その頃、モーヲタきっかけで宇多丸さんとも出会って。最初に話したのは**『音楽誌が書かないJポップ批評』**（注22）かな？　後藤真希についての対談で、後藤真希のソロデビューは大人っぽい曲だったから俺はぜんぜんいいなと思ってなくて。でも、宇多丸さんの熱が高かったんですよ。だからそこに乗っかって誉めちゃったら、ロマン（優光）が、「あいつ俺の前では後藤の曲ボロクソ言ってたくせに宇多丸さんが誉めたら手のひら返して誉めやがって！」って言ってたのは、よく覚えてます（笑）。

——ダハハハハ！　当時のロマンは、「モーニング娘。は掟さんよりも俺のほうが先に見つけた」と言い続けてましたからね（笑）。

掟　出た、俺のほうが早い自慢！　悪いヲタの見本だな（笑）。コンバットRECはクラブシーンと同じノリで最初はモーニング娘。を観てましたからね。01年に**清里高原でハロプロのコンサート**（注23）があったときは完全に出来上がってて、異常にガンガンノッてるんですよ。前田有紀の演歌とかでも「ゆきどーん!!」って叫びながら踊ってて。

——あのとき後藤真希で異常に感動してたからね、「後藤は神だと思ったんだよ！」みたいな。

掟　そうそう、あの日は小雨だったのかな。清里高原は下が土でぬかるみもできてて、天気が悪いなかコンサートが進んでたのが、後藤真希が出てきた瞬間、一瞬だけバーッと晴れたんだよね。そこに感動したのもあるんだけど。次に石川梨華が出たらちゃんと雨が降るっていう、いいオチまで見せてもらって。

——『爆音娘。』の盛り上がりの流れもすごかったわけじゃないですか。アイドル現場のモッシュとかのノリが始まったのは掟さんのDJきっかけじゃないかと思ってるんですけど。

掟　まず、『爆音娘。』というイベントになんであれだけ人が入ったかというと、クラブという場所でアイドルの曲をかけるどころか日本の歌謡曲をかけるっていうのも当時御法度だったんですよね。宇多丸さんもヒップホップのイベントで「何やってんだこいつは？」と思われながらもアイドルの曲をかけるっていう闘いをひとりでしてたし。それにモーニング娘。のコンサートもプラチナチケットになってぜんぜん手に入らない、そんなに毎日アイドルイベントがある状態でもなくて。

――毎日、複数のイベントがあるいまと違って。

掟　2ヶ月に1回ぐらいなんとかコンサート観られるかなっていう状態で。だから常にハロプロ曲を聴きたくてしょうがないのに、需要に対して供給が見合ってなかったんですよ。それで、あそこに行くとデカい音でハロプロの曲が聴けるぞっていうことで、ヲタが集まってきて。あと、俺はモーニング娘。よりまず先にメロン記念日ありきでハロプロ好きだったので、『爆音娘。』でも俺がメロン担当で。メロンは3枚目のシングルで売上が下がってきて、カンフル剤的につんく♂さんの古くからの盟友だった新堂敦士さんに制作がバトンタッチされて、ちょっとパンキッシュな『This is 運命』が出来た。それを『爆音娘。』でかけると、パンクのノリで応援するのがマナーであるかのように全員がモッシュするようになるんですよね。

――モッシュ&ダイブが当たり前になって。

掟　それで何回かDJブースが崩れたりしたんで、それから『This is 運命』の前は手があいてるDJ全員でブースを押さえるところから始めるっていう。コンサートじゃなくてヲタがやってるDJイベントでモッシュが発生して、メロン記念日のイベントにそれがフィードバックされるんですよね。イベントで『This is 運命』を歌うとヲタがモッシュを始めるようになって、斉藤瞳さんが「危ないからやめて」って止めたりしてて。『爆音娘。』に来てた人たちは80年代とか90年代のパンクカルチャーを通ってる人が多かったんですよね。それで、とにかくあそこに行けば暴れられるぞってことで。

――いろんなヲタが来てたよね、振りコピ派とか。

掟　ハロコンの客でヲタ芸やる奴が出てきたときはかなり紛糾して。最初のうちは「アイドルのほう見てねえじゃんこいつら」っていう否定的な人のほうが多かったですよね。まぁ『爆音娘。』にはハロメン本人がいないってことで、オッケーになっていくんですけど。みんな初めてクラブとかディスコに行くみたいに、どんなノリをすればいいんだろう、どんな踊り方をすればいいんだろう、これ誰かに見られたら恥ずかしくないかなっていう感じでやってくるんだけど、そのうち誰も自分のことなんか見てないわってことで安心してアイドルの曲でノリ始めるっていう。それこそサイリウムを持ってコンサートと一緒のノリで見てる人も多かったし、それぞれのノリでよかったから、あそこには最初マナーはなかった状態ですよね。みんなでマナーを作っていったというか。そこがおもしろかったですよ。

――いろんなものが手探りで。

掟　『爆音娘。』の人たちはクラブカルチャーから来た人じゃないからぜんぜんＤＪスキルがなくて、ＣＤＪの使い方も機材を持ってるビバ彦さんにみんな聞いたりしてね。曲と曲をちゃんとつなげるＤＪはほぼいなくて。

――ビバ彦さんは家でひたすら練習して。

掟　やっぱりちゃんとつないだり出来るＤＪに対しての引け目みたいなのもあって、ピッチ合わせたりきれいにカットイン出来ないとか。丸がけの人がほとんどでしたけど、そんななかで若手のＤＪの子たちが自分のパソコンでできるＤＪソフトを使って練習してうまくなったりして、ちゃんとしたＤＪスキルのない自分なんかは驚異に感じましたよ。その分、顔の表情でごまかしたりして、変な部分の技術力が鍛えられましたよね。そのタイミングでビバ彦さんは自分の家に機材があるから仕事しないでＤＪの練習ばっかりしてて四つ打ちをつなげるようになったんですよ。当時やってたのがね、ダンス☆マンが作ったはっぱ隊の『ＹＡＴＴＡ！』って曲とモーニング娘。のダンス☆マンが作った曲をミックスして、四つ打ちから四つ打ちでつないで、みんなに「すげえ！　ビバ彦さんうまいなあ」って言われて、ビバ彦さんはそれで悦に入って「俺、日本一うまいＤＪだ」って言い始めるんですよ、本気で（笑）。

――なんで！

掟　『爆音娘。』の掲示板でも日本一うまいＤＪ宣言があったりして。そういうところがビバ彦さんの狂人たる所以なんですけど（笑）。そんなおかしなこと、普通なら真に受けないじゃないですか。それが**ミッツィー申し訳**(注24)さんというＤＪ界の狂人の耳に入りまして、「聞き捨てならん」と（笑）。で、03年4月29日に当時新宿にあったリキッドルームで申し訳のデカいイベントでビバ彦さんがゲストＤＪだったのかな？『申し訳ないと』との合同イベントみたいな感じだったと思うんですよ。そこでビバ彦さんがはっぱ隊のＤＪしたあとでミッツィーさんがアナログのヒップホップだけできれいに1曲に聞こえるようにつないで見せて潰しに来たことで、ビバ彦さんが「俺が日本一じゃなかった……」ってガッカリするという。

――その頃、両者の関係が微妙なのを何も知らないで、ビバ彦さんの前で『申し訳』の話をしてすごく嫌な表情をされた記憶はあります。

掟　当時、現行のアイドルソングとかをかけてるイベントは『申し訳ないと』と『爆音娘。』しかなかったですから、お互いのことをすごくライバル視してましたよね。俺も最初は『爆音娘。』やりながら『申し訳』に誘われたんで、最初は不定期で参加して。で、宇多丸さんとか俺とか『爆音娘。』でＤＪしてた人たちが『申し訳』に取られていくみたいな感じがビバ彦さんのなかであったと思うんですよね。それで、よく思ってなかった。

自己主張するモーヲタたち

——当時、周辺のヲタで印象的だったのは？

掟　やっぱりキャラクターが強いのは有馬君ですよね。ミニモニ。のコスプレしたり、いまもそうだけど夏場はビッチビチのホットパンツ履いてて。まだあの頃は30代か、街を歩くとギョッとされるような格好で。

——そしてバンドマンじゃない長髪で。

掟　そう、音楽的根拠のない長髪（笑）。当時、テキスト系サイトの人たちは2ちゃんの狼板を中心に集まってて、狼板に書き込みをしてる住人が『爆音娘。』に客として来てたのかな。そういうところに集まってくる人たちは、何か人が集まる場所で自分を表現したいみたいな、人前に出ることはやってないけどモーヲタであることを利用して自己主張を始める人がいっぱいいて。何人かいたのがナチスの軍服の人。

——それ、貴族（注25）以外にもいたんだ！

掟　貴族以外に、まずneco.（注26）がやってて。俺と音楽趣味がすごく合う、SPKとかとモーニング娘。を一緒に聴いてるような人。だからもともと持ってたナチスの制服が一番よそ行きだったんでしょうね、『爆音娘。』にモデルガン背負ってナチスのSSの制服でやってきて。飯田圭織が好きだったからタンポポの曲とかでガンガンノッてて、そういう人が一人じゃなく何人かいましたね。そんななかに貴族っていういまでもハロヲタを続けてる有名な困ったヲタがいて。もともと貴族は千葉の外房のほうに住んでて、本来日本軍の軍服でヲタ活動してたんですよ。そしたら地元で「あそこに旧日本兵の霊が出る」って噂になって、これはマズいなと思ってナチスに替えたっていう。

——そっちのほうがマズいのに（笑）。

掟　完全にどうかしてるでしょ。

——そもそもナチスの軍服なのに貴族だと思われるっていうのもズレてるんですけどね。

掟　有馬さんが長髪を束ねただけで「サムライ」という名前がついたみたいな。狼板でよくあるおかしな個体認識で。ていうかね、「ナチス」って呼ばれないのはナチスの人が複数いたからなんですよ。だから彼のことを貴族って誰かが言い出して、それで自分のハンドルネームにフィードバックさせたんですよね。本来ナチスの制服を着たら「ナチス」とか「ヒトラー」とかにならないとおかしいんだけど。あとは迷彩服が一時流行って。

——青迷彩（注27）って人もいたね。

掟　プッチモニがたしか赤青黄の迷彩服を衣装にしたことがあって、それを真似して始めて。有馬君が最初、黄色い迷彩を買って、赤い迷彩服を当時好きだった**くろティー**（注28）っていうヲタの女の子にプレゼントして。

——地味目な女ヲタの人ですよね。

掟　そうそう、彼女がヲタサーの姫みたいな感じで、爆音界隈の男どもはけっこう彼女のことがみんな好きで。ある日突然、『爆音娘。』に現れて。一応ステージみたいなのがあって、盛り上がった人はそこに乗っかっていいみたいなルールだったんですけど、ある日くろティーが、なっちがしてたようなポニーテールで踊り出して、それでその界隈で彼女が有名になって毎回来るようになって。あと、『爆音娘。』のことをおもしろくないと思ってる人が殴り込みに来たこともあった。

——え！　そんなことあったの？

掟　「気に入らない、潰しに行く」みたいなことが爆音掲示板に書かれて、「ヤバいぞヤバいぞ」って言ってて、来たらアンジーの水戸華之介さんのメイクをまんまして、バンダナ巻いて革ジャン着たヤツが入ってきて。

——完全に水戸さんじゃん！

掟　でも、めちゃめちゃ弱そうなんですよ、地味な顔のオタクで。「乗り込んできたぞ！　うわ、弱そうなヤツ来た」って感じで。でも話してみると、「俺も仲間になりたくて……」って。

——ただの不器用な人だった（笑）。

掟　不器用な人が不器用な入り方してきて。でも、すぐ仲良くなって。そいつも何回か来てました。あとは地方から「モーニング娘。のことを考えて写経しました」って、模造紙何枚も書いて、それをみんなに見せる「習字」と呼ばれるヲタがいたり。モーニング娘。をきっかけに何か自己主張したいという欲望を持った人たちが『爆音娘。』に入り込んできた時期がありました。

——結局、みんな狂ってたんですかね。

掟　みんな気持ち悪いんだけど、不器用なのがわかるから憎めなかった。代々木第一でコンサートが終わったあと渋谷のデカい居酒屋で打ち上げしてたら、「隣のカラオケルームで**鯰**（注29）が打ち上げしてるぞ！」って誰かが言って、そしたらビバ彦とneco.が「殴り込みに行こう！」って。なんでだよ（笑）。

——勝手に楽しんでればいいのに！

掟　仲良くなりたかったってことなんだろうけど。ビバ彦も「え、いるの？　行っちゃおうか！」って盛り上がっちゃって。大丈夫かな？　と思いつつ、しょうがないんで俺もついてったら、鯰の人たちが何十人かでカラオケルームを貸し切ってて。そこにビバ彦が「ど〜も〜！」とか言って入っていってマイクを取って、モーニング娘。の曲入れて歌おうとしたら、鯰は縦社会の現場系組織で見た目からしてやんちゃな奴もいたりするから、なぜか俺がいきなり胸ぐらつかまれて、「やんの？ やんの？ そっちがやるつもりならやるよ」って言われて。

——うわー！

掟 「いや、ゴメン、そういうつもりじゃない！ 違う違うごめんね！」って、一瞬で退散したりとか。そんなやり方で仲良くなれるわけがないんだけど（笑）。でも、俺につかみかかってきたヲタの人はもともと**男の墓場プロ**（注30）の人とも仲良くて、90年代は全女ヲタをやってた人で。だから俺のやってることもそれなりに知っててくれて。だから「あんな形で入ってきたから、上の人がいる手前あのときは俺が行かなきゃいけなかったんです、すみませんでした」って、その後にモーヲタトークライブやったときに言ってくれて、その後仲良くなりましたね。そういう組織も現場系応援サイトにはあったんですよ。

——『爆音娘。』は上下関係もあまりなく。

掟 まったくないですね。ビバ彦さんが意味不明なことでキレるときがあって、それをなだめることはあったけど。

——ボクが忘れられないのが、当時『紙プロ』編集部にハロー！のサンプル盤が届いてて、ビバ彦さんがサンプル欲しさに毎回千駄ヶ谷の事務所に来て土下座して「サンプルください！」ってやってて。あんな年上の人が土下座までしてCDもらってるのすごいなと思ってたら、だんだん土下座がエスカレートして土下座してからの逆立ちとかになって。

掟 ハハハハハハ！ なんなのそれ？

——その後はなぜか若い衆を連れてきて若い衆に土下座させたりして、なんかターザン山本（注31）みたいになってきてると思ったのは覚えてる。

掟 そう、すごいターザン山本っぽいんだよね。四つ打ちの曲ちょっと繋げるようになっただけで「俺は日本一うまいＤＪだ」って言い出したのもターザンの勝利宣言にすごく似てるなと思って。あと利権は独り占めっていうのもターザンっぽい。

——その疑惑は根強いみたいですよね。

掟 『爆音娘。』は一時かなりお客さんが入ったんでそれなりに儲けが出ていたんですよ。入場料は２０００円とかだけど、パセラの使用料が当時10万円だったから、ひと晩で数十万円の黒字。最初のうちは地方でやる『爆音娘。』の運営費とＤＪ陣全員の交通宿泊費に全額充てて、モーヲタ文化を地方に広めるために金を使ってた。会計は小板橋で。そこから徐々にお客さんが入らなくなる時期が出てきたときに、みんな好きでやってたからべつにお金とかもらえなくてもいいんだけど、「ビバ彦さんなんか金持ってるよね」「どうやら遣い込んでるらしい」って話になって。でもひとつ言っておくと、ビバ彦さんは俺にだけはギャラ1回3万円出してくれてたんですよ。ほかの人はただのヲタで無名だからってことでゼロ円で打ち上げ代だけ出すみたいな感じだったんだけど、俺だけちゃんとした仕事としてDJをお願いされてて。だから俺はビバ彦さんのことを悪く言う権利はない。

——意外とよくしてもらっていた。掟さんの本[注32]**も出してくれたしね。**

掟　そう。で、「俺たちには何も金くれなくてビバ彦さんだけ儲かってるのおかしくないか」って話になって、05年くらいに『爆音娘。』のDJの人たちはほとんどやめたのかな。そのあとに慶應大学のモーニング娘。研究会の若手とビバ彦さんがイベントやるようになって。それも『爆音娘。』として07年ぐらいまで続いてて。それと同時にビバ彦さんがいよいよ仕事をしなくなったみたいで、その時期にマガジン・ファイブも倒産するんですよね。そして、モーニング娘。千年王国計画みたいなことを言ってたような人たちも徐々に離れていって。

——ビバ彦さんは「モーニング娘。という夏休みは終わらない」と言い続けてた人で、ボクは当時から「いや、夏休みは絶対に終わるから、その後のことを考えないといけないんですよ」と言ってたけど、「いや、終わらない。宝塚みたいなもんでずっとこの栄光は続くんだよ！」って反論されたのは覚えてる。

掟　そうしないといけないなと思ってトークライブやってたところはあったんですけど、だんだんビバ彦さんが変な方向に走って。あの人のおもしろいところだと思うんですけど、トークライブを朝7時までやって、「最長だよ！　7時間だよ！」とか内容も特にないのに時間の長さだけで自慢するようになったり。あの人が狂っていくのと、モーニング娘。の人気が落ちてきて徐々にヲタが他のアイドルに流れたりする時期が重なってる。それでヲタカルチャーもいろんなところに分散していくことになって。最初のきっかけは**矢口のスキャンダル**[注33]。

アイドルヲタへの偏見

——あれで真っ二つになったと思う。それこそ劔さんの『あの頃。』でも書かれてるように、アップフロントに座り込みするぐらいのことを言い出すヲタも出てきたぐらいで。

掟　「おまえはどうするんだ」みたいなことを、みんなが問われて。で、宇多丸さんとかRECが言ってたのが、22歳で7年もやってきて、それで最後に彼氏ができたからって卒業式もなく即刻クビっておかしいだろう、俺たちが好きだったものは疑似恋愛程度のものだったのか、みたいな。だからアイドルと疑似恋愛って問題はそのときに表面化するんですよね。「おまえはどういうつもりで見てたんだ」と。当然、疑似恋愛として見てた人たちは、自分たちが好きだったアイドルに男がいるなんて裏切られたってことで怒りだし、曲として評価していた人とか自分が語ることでおもしろがってた人たちは、矢口の処遇はおかしいんじゃないかって異を唱えだして。そのあいだビバ彦さんはオロオロしてたっていう。

——板挟みになって（笑）。

掟　「いや、矢口のこととかどうでもいいじゃん。そんなことよりさぁ、松浦（亜弥）の新曲いいよぉ〜？　みんな聴こうよぉ〜！」みたいな。本来、モーニング娘。という現象を面白がる派だったから、そんなことで割れるのもって感じでした。でも、勢いがなくなってきたのは感じてたでしょうしね。

——そのとき杉作さんは、石川梨華の卒業があるんだから、そういう話はあとにしてくれ、的な感じで宇多丸さんやRECに怒って。

掟　そう、「いまはそんな時期じゃないだろ」って杉作さんは怒ってて。で、アシッドパンダカフェが開店したとき、開店記念でなぜか矢口を守れ派のRECと宇多丸さんと俺もいて、そこに杉作さんが来たのかな？

——あのときにJさんが「宇多丸を殺す！」って電車で言ってたら、それを聞いた電車内のヤツが2ちゃんねるに書き込んで て、着いたら宇多丸さんが「Jさん、俺のこと殺すんスよね？」っていきなり言ってきたんで、なんでバレてるんだってなったって聞きました（笑）。

掟　アイドルの応援で殺し合いにまで発展みたいな。イデオロギーの違いだけなんですけどね。杉作さんはアイドルとしてホントに応援するっていう行為を純粋にやってたぶん、その応援する行為に対して裏切りだと感じてたところはあったんでしょうね。あのとき俺は、アシパンのオープンだったし、お祝いだから殺伐としてるのも嫌だな、仲良くやりたいのになっていうのが根底にありましたね。

——当時は、みんな本気だからしょっちゅう本気でケンカしてたなっていう記憶がある。

掟　そうですよね。自分は当時、モーニング娘。の曲がどんどんつまんなくなってきて。そんなか、04年にBerryz工房がデビューして、爆音界隈の人たちもみんなBerryzやハロプロキッズに流れるんですよね。そこはもともと音楽としてハロプロを評価してた人たちの集まりだったと思うんで。

——そして、RECとか宇多丸さんとか『BUBKA』周辺はフットサル（注34）に流れていって。

掟　そう。いまだに覚えてるけど、すっげえ頭にきたのが森田（秀一＝サミュL）君が配信番組で後日振り返って、「モーヲタはフットサルとロリコンに分かれましたよね（笑）」って言ってて。フットサルとロリコンっていう区別ってなんだよと思って。歌のよくない子供は好きじゃないよ！　子供ならなんでも好きだと思うなよバカヤローって。

――うたか君とか有馬君とか嶺脇（育夫）社長（注35）とかが流れたから、どうしてもハロプロキッズにはロリコンが流れた印象があって。

掟　確かに本物のロリコンも全員こっちに来たからね。そのせいかテレビの取材が入ったりして。当時、『**ジェネジャン**』（注36）っていう討論番組が『爆音娘。』に取材にきて。その日のテーマが「ロリコンは是か非か」で、アイドルヲタは全員ロリコンだっていうことで。ひどい話だけど、でも当時の世間的な認識としては間違ってなかったはずなんですよ。世間には「ああ、あれは全員幼いアイドルでセンズリをこいてる人たちなのね」って思われてて。そうじゃない好きになり方があるんだっていうことを俺たち『BUBKA』モーヲタ論壇やテキスト系サイトの人たちは訴えてたはずなんですよ。

――不思議だったのは、あれだけ国民的な人気のアイドルグループだったのに、大人が応援してると笑いものになっていたことなんですよ。

掟　そうそうそう、当時からおかしいなと思ってたから、そうじゃないんだよって言い続けてきたわけですけど、当時はそれが世間の、いわゆる親戚のおじちゃんおばちゃんみたいな人たちでは当たり前の認識というか。メロン記念日のリリースイベント終わりで調布の中華料理屋に行ったんですよ。そしたら店のおばちゃんが「今日はなんの集まり？」って聞いてきて、「メロン記念日っていうアイドルのイベントの帰りなんですよ」って答えたら、「そうか、よく来たな変態ども。変態、何食うんだ？」って言われたの覚えてる。だから世間一般の評価はアイドル好きな人＝ロリコン。大人の女性に相手にされないからそっちに逃げてる弱者の集まりみたいに思われてて、番組構成もそんな感じだったんですよね。もう、ひっどい番組でしたよ！

――掟さんの説教が使われてた記憶はある。

掟　そうそうそう。俺がそこに乗っかって、「悔い改めなさい、おまえたちロリコンだろ！」って。インタビューも撮られたけど、「どうせおもしろおかしく切り取って使うんでしょ？」みたいなこと言ってたら全部カットになってた。この番組構成がひどくてね。結果的に何も知らずにスタジオ収録に参加した26歳の紺野あさ美の名前が入った特攻服着てる男の子が「自分は童貞です」みたいなことを言わされたり、すごいつるし上げを食らってて。「アイドルヲタ＝ロリコン」「ロリコン＝犯罪者」みたいな認識が世間の主流で。

――まだ宮崎勤の余波があった時代だから。

掟　それもあるでしょうね。それとみんなが闘ってたっていうか、「いや、そういうつもりないんですけど」って言い続けなきゃいけなかったし、あるいは自嘲的におもしろおかしくそれを「ロリコンですからねー」って逆にライトに言って笑いに変えなきゃいけなかったり。アイドルを好きである理由がすごく問われる時代でしたよね。俺は当時、いまの嫁さんともう一緒に住んでたんですけど、1回だけ真剣な顔で、「本気で言ってね、本当にあなたが菅谷梨沙子（Berryz工房）のことを好きだったら私は別れるから」って。そこで嫁に「そういうことじゃないんだよ」と説明して。嫁でさえそう思ってましたからね。嫁とも一緒にハロコンとか行ってたのに、Berryzぐらい幼い年齢の子のことをおもしろおかしく言い始めると、実は本気で心配だったんだなって。小学生に夢中になってるバカな姿を見せたり、必死で言い訳を考えるっていう行為が楽しくてやってたのに、それを全部無にされちゃうんですよ。『BUBKA』編集長の森田君でさえそう思ってたはずで。

――当時は「フットサルにハマるのが当たり前でしょ！」ぐらいの誌面になってました。

掟　おかしいでしょ！　俺はずっと思ってましたけどね、「フットサルは歌じゃねえじゃん！　こっちはアイドルの歌を聴いてんだよ！」って。関係性萌えだとか闘い要素とか中の人のキャラクターだとか、そういうものを求めた人がフットサルに流れた背景はわかるんですけど、だからといってこちら側をロリコンのひと言でバッサリ切り捨てるのはホントに頭にきましたよ。そんななかPerfumeが出てきて、音楽性が一貫してキャラクターもおもしろいから誉めやすいってことで、大人が好きになっても大丈夫そうなものに流れていったり。

ヲタ活動で人生が変わった

――ヲタといえばコイタ君は当時どんな人だったの？

掟　小板橋はもともと市井紗耶香のヲタで、追っかけ的な一番タチの悪いファンみたいな。テレビの取材でも小板橋が自分の持ってるスーツケースから市井紗耶香の写真集を大量にドバーッと出して。「俺が一番写真集を買った」とか、俺がトップヲタみたいな、そこに生きがいを感じてるような。それとくぼうち君が市井ヲタで、同じライターをやってて。あのふたりが推し被りして、仲も悪かったんですけど。

——いいデブ悪いデブって呼ばれていて。

掟　そう、いいデブくぼうち、悪いデブ小板橋。小板橋はチケットとかグッズの転売で稼いでヲタ活動にあててたから。まあ事情もいろいろあって。あいつの家はお父さんが歯医者なんだけど患者がぜんぜん来なくて、だから一番の稼ぎ頭が小板橋だったんですよね。学校も休学してヲタ活動やってる感じで、両親もヤフオクの発送とかで食わせてましたからね。

——転売で家族も養う！

掟　でも、転売してるイメージがすごく強くて悪いデブっていうふうに言われて。で、いいデブと悪いデブが和解したきっかけがあって、相撲対決で。ホントに闘い終わってノーサイドになってましたよ。

——結果的にそんな中からでんぱ組や虹のコンキスタドールが生まれるみたいなことを考えると人生いろいろで。

掟　まさか小板橋がアイドルグループの運営になるなんて思ってなかったですからね。

——そこの女の子に訴えられるとも（笑）。

掟　裁判の陳述内容とか見てると、頭の良さが出てましたね。

——それこそ、もふくちゃん（注37）**とかもモーヲタ周辺からこの世界に入ってきた人なわけで。**

掟　もともとはくぼうち君のとこのアルバイト。あのへんの人

たちがモーヲタ活動をきっかけにテキストサイトとかで書いてた文章力を武器にライター業を始めて、くぼうち君がライター事務所を開いて、そのアルバイトでもふくちゃんが入ってきて。もふくちゃんはまだ大学生で、「くぼうち君、観たいアニメがあるからさ〜、これ観てからやっていい？」「いいよいいよ」って、やっぱりいいデブなんですよ、くぼうち君。もふくちゃんがぜんぜん働いてなくて。すげえな、許すんだと思って。

——古川未鈴（注38）**さんも当時一緒にバイトしててテープ起こしとかしてたって言ってました。**

掟　そうなんだ、あのへんの人なんだ。

——でんぱは完全にその文化から生まれたっていう。それこそ掟さんが一時期、ボクの家に住んでたときに引っ越しの手伝いをしたのがでんぱのスタッフのBOZOさんでしょ？

掟　そうそう、BOZO君も『爆音娘。』後期のスタッフみたいな感じで最初は客で通ってて、一緒に現場行ったりして。それで俺んちが火事になって豪ちゃんの家に一時期住まわせてもらったときに、ものを運び出してもらうのをヲタの友達に頼んで。BOZO君はマヨネーズ1個持ってウロウロして、みたいな。

——ぜんぜん知らずに、「僕、昔豪さんの家に入ったことあるんですよ」って言われてビックリした。

掟　すみません（笑）。

――Jさんもそうだけど、その後の人生がモーヲタで変わる部分ってあるなと思ってて。モーヲタで人間関係が一気に増えて、Jさんの映画はもほぼモーヲタ人脈で作られたでしょ。

掟　『任侠秘録 人間狩り』主演の**伊藤（雄二）君**（注39）も『爆音娘。』のDJやってましたからね。杉作さんの映画、ヤクザ映画なのに出てくるのがことごとくモーヲタだから、予備校生が頑張ってるようにしか見えない（笑）。ビバ彦さん以外はいまでもつき合いある人が多いですね。ビバ彦さんだけが同じ世界から消えちゃったというか、社会活動をしてないんですよ。

――Twitterもポケモン GO専門アカウントみたいになってて、対戦募集&報告だけで。

掟　Twitterやってるんだ。『爆音娘。』もやめて仕事もせずにどうしてるのかな。奥さんがたしかけっこう稼いでて、生活していくには困らないんじゃないか、みたいな噂で。

――ずっと「俺はいまこんなにオンラインゲームが強い」みたいなことをずっと書いてて。

掟　勝利宣言（笑）。ターザンだね。

――ちなみに掟さんはモーヲタ活動によって変わったなっていう部分はあるんですか？

掟　まず最初に変わったのが、ロマンポルシェっていうバンドを始めたのが97年で、俺は子供の頃から姓名判断の本ばっかり

読んでて、ロマンポルシェって画数があんまりよくないんですよ。それで1画足すとすごくいい画数になるんで、なんかねえかなと思ったときにモーニング娘。みたいに「。」をつけちゃおうと思って、ロマンポルシェ。にしたんです。そしたらファンが半分になりました。

――え！

掟　当時、電気グルーヴみたいなものだと思っておもしろがってくれてた人がいっぱいいたんですけど。バンドとかステージに立つ人って、その人たちにとっては崇拝の対象じゃないですか。崇拝の対象の、いわゆる神みたいな人たちの上に神がいて、それが10代の女の子っていうのでみんなバカバカしくなっちゃって、ホントに半分以下になった。

――「なんだよ、こいつらヲタかよ！」と。

掟　そう！　それぐらいアイドルヲタの地位がものすごく低かったし。でも、迫害されればされるほど燃えるところもあるんですよ。アイドルカルチャーみたいなものをなぜか背負って立つことになり、その後アイドル絡みの仕事がすごく増えて。そのときバンドのファンは半分になったけど、結果的にヲタの人とかに、それこそヲタ仲間だと思われて。

――「掟ポルシェはちゃんとファンクラブに入ってる、俺たちの仲間だ！」みたいなね。

掟　そう、だからアイドルヲタであったこととかモーニング娘。を好きだったことは結果的にすごくプラスになってると思いますよ。自分のいまの仕事とか、いまだにアイドルとトークイベントで話すこともあるじゃないですか。もともとバンドの収入なんて微々たるもので、音楽で売れたわけではないので。コラムの収入で00年ぐらいから食えるようになって、そのコラムの収入のうちの何パーセントかはアイドルのことになり、アイドルの曲をかけるＤＪでもお金が稼げるようになって。だからアイドルとかモーニング娘。で人生が変わったんだと思いますね、いま言われて気づいたけど。アイドルヲタじゃなかったらこうはなってないというか、いまそのへんでバイトしてるんじゃないかなと思います。

――いまだにＤＪで当時の曲をかけてるし。

掟　そう、『はなをぷーん』とか、『ＳＥＸＹ ＢＯＹ～そよ風に寄り添って～』なんか06～07年ですよ。しかも、みんなが興味を失ったあと。あのプロモーションも安っぽいことに特化して、『ＳＥＸＹ ＢＯＹ』の振り付けが描いてあるティッシュを作って、風俗店のハッスルタイムの音楽みたいな、そういうものをあえて作ってて。こんな安っぽいものを目指して作ってるんだから、俺みたいなちゃんとしてないものを好きな人が評価しなくてどうするって気持ちがあって。ちゃんとしたものを評価する人っ

ていっぱいいるじゃないですか、アイドルソングにしろ作曲家の誰が作ってたとか。そういう評価の仕方じゃなくて、評論家がバカっぽすぎて触れないみたいな曲を率先してＤＪでかけて、『はなをぷーん』なんて、やってる本人たちも「恥ずかしいから二度とやりたくない」って言ってて（笑）。

――ただの黒歴史だから（笑）。

掟　西口（猛、アップフロント代表取締役）さんとのトークイベントで萩原舞さんは、「あ、あの曲（掟ポルシェに）あげます。もう歌わないんで」って、曲をもらう羽目にまでなるという。ヲタ冥利に尽きる話ではありますね。ミュージシャンとしては成功しなかったけど、アイドルヲタとしてはすごくいい人生を送ってると思う。何かに熱狂的になる姿を見せることによっていまの自分があって、人にもそう認識されてるだろうなって。

――ヲタとして知名度が上がれば上がるほど共演はしづらくなることもありましたけど。

掟　それはそう。メロン記念日の曲をかけて『爆音娘。』が盛り上がって、その情報が事務所にも伝わってたと思うんですよ。それで04年に『涙の太陽』ってカヴァー曲のリリースイベントをスタジオコーストでやることになったときに、現社長で当時ＺＥＴＩＭＡにいた西口さんはもともとアイドルヲタ出身で我々の気持ちがすごくわかる人で、スタッフのなかにはヲタが

やってることをおもしろがってくれる人もいたんですけど、アップフロントなんてちゃんとした芸能事務所じゃないですか。そこにファンの俺が……。

——もっと言うと『ＢＵＢＫＡ』の人が。

掟　そう、スキャンダル写真とか載せられて迷惑かけられっぱなしの『ＢＵＢＫＡ』の人が自分のとこのアイドルのイベントに関わってるっていうことが許せない人がやっぱりいて、当日になってから「掟ポルシェって名前を出さないでくれ」って言われて、しょうがないから適当に考えたオルケスタ・デラ・メロンって名前にしてその日はＤＪしましたけど、納得いかないことはありましたよね。

——宇多丸さんも『ＢＵＢＫＡ』のレッテルを貼られて、つんく♂さんとの対談もＮＧで。

掟　**宇多丸さんの本**（注40）が出るときにつんく♂さんに対談を申し込んで、「おたくとウチの関係わかってます？」って断られたんだよね。その後、06年ぐらいかな？　メロン記念日はシングルの売上も芳しくなくて、なんとかここでカンフル剤を入れなきゃいけないっていうときに、『メロンラウンジ』っていうメロン記念日をメインとした定期ＤＪイベントを『申し訳ないと』と組んで一緒にやることになるんですよね。何回目だったか、柴田あゆみさんと仲が良かった石川梨華さんがお客さんとして観に来てくれていて、舞台袖で「あのときはすみませんでした」って謝られたんですよ。「あのとき」っていうのは02年にロマンポルシェ。で一度だけ『ＨＥＹ！ＨＥＹ！ＨＥＹ！』に出たことがあって、そのときにカントリー娘。に石川梨華（モーニング娘。）と共演だったんですよ。それで一応挨拶に行ったら、りんねとあさみは「あ、どうも」みたいな感じだったんですけど、石川さんはプイッと、あからさまに「フンッ！」みたいな顔で向こうに行っちゃって。そのことを06年にもなって謝ってくれたんですよ。「あのときは事務所から、あいつは『ＢＵＢＫＡ』だから無視しろって言われた」って。

——まあ、それぐらい『ＢＵＢＫＡ』が各事務所から嫌われてた時代でしたよね（笑）。

掟　そうそう。モーヲタカルチャーを白黒ページで取り上げモーニング娘。を盛り上げることをしながら、スキャンダル写真を出してモーニング娘。の人気を失脚させていったっていう、『ＢＵＢＫＡ』の両面性ですよね。そのねじれ現象のおかげで、編集者でもなんでもない連載してただけの俺も同一視されて。

——全裸になってた（注41）**だけなのに敵視されて。**

掟　そう。ぜんぜん関係ないのに、「あいつら『ＢＵＢＫＡ』だから無視しろ」って。そのことを謝ってくれて、石川梨華ってすげえちゃんとしたいい人だなと思いましたね。

——それなのに、意外とみんな『ＢＵＢＫＡ』買ってたらしいですよね。藤本美貴のスキャンダル写真が『ＢＵＢＫＡ』の表紙になったときに、本人が「美貴、表紙になっちゃった」って見せながら自慢してたっていう（笑）。

掟　「ウケるよね！」って（笑）。

——そんな『ＢＵＢＫＡ』も平和な雑誌になり、モーヲタが映画になる時代が来る、と。

掟　人生いろいろだよね。

——あの映画ホントにちゃんと作ろうとしてるっぽいのが、「あの頃の有馬君の衣装ってどんな感じでしたっけ？」って確認がきて。

掟　えーっ!!

——「当時はまだホットパンツの前で、色つきのツナギとか着てた時代だと思うんですよ」って言われて、「そうかも！」って。

掟　劔君がおもしろいものを描ける人になったから、こうして大阪のモーヲタカルチャーもおもしろく伝えられてるけど、これで東京の『爆音娘。』で同じことやれって言われても絶対無理ですね。

——映画化してほしいよ！

掟　盛り上がりがないでしょ！

注1◆『あの頃。』……『あの頃。男子かしまし物語』（劔樹人・著）。ハロプロにのめり込んだ仲間たちとの日々を描いたコミックエッセイ。

注2◆モーヲタトークライブ……第1回は有馬岳彦氏（サムライ）が企画して２００１年６月５日にロフトプラスワンで行われた。ここから所謂モーヲタ文化が始まった。

注3◆あれ……フジテレビで放送された、チェキッ娘の出演番組『ＤＡＩＢＡッテキ!!』。

注4◆有馬……サムライの異名で知られる、有名ヲタ。このインタビュー連載にも登場した（１３７ページより掲載）。

注5◆『よい子の歌謡曲』……１９７９年創刊の歌謡曲専門ミニコミ誌。近年でも秋元康氏や武部聡志氏が評価。２０１９年に創刊40周年イベントを行う。

注6◆『モーヲタの部屋』……座談会などでモーニング娘。を取り上げた連載。

注7◆『ＶＩＶＡ　ＶＩＶＡモーニング娘。』……マンガ形式でヲタ活動を取り上げたりした連載。

注8◆ごっしー……『ＶＩＶＡ　ＶＩＶＡモーニング娘。』を連載した。このインタビュー連載にも登場した（２４３ページより掲載）。

注9◆ビバ彦……編集者。ＢＵＢＫＡでは『モーヲタの部屋』を連載した。

注10◆ブレーメン大島……ライター。アイドル関係の記事も多数執筆している。

注11◆金井覚……ライター。アイドルイベントの司会なども行なっていた。

注12◆うたか……有名ヲタ。このインタビュー連載にも登場した（207ページより掲載）。

注13◆『カゴ・アプレミディ』……うたかが加護亜依に聴いてほしい、いや聴くべきだと思った楽曲を集めたコンピレーション。趣味の良い楽曲が並んでいた。

注14◆『爆音娘。』……モーニング娘。等ハロプロの楽曲で踊りたい！という欲望が結実したDJイベント。初回は２００１年9月14日に新宿スペース絵夢。最盛期は３００名以上の人を集めた。

注15◆スペース絵夢……『爆音娘。』の第1回が開かれた会場。

注16◆2ちゃんの狼板……１９９９年12月18日に「モーニング娘。板」として開設（今は狼、鳩、羊の3体制）。最盛期は不夜城と言われるほど多数の書き込みが。

注17◆ロンドンナイト……大貫憲章が主催したクラブイベント。

注18◆『マンガ地獄変』……吉田豪の他、植地毅、宇田川岳夫らが参加した書籍のシリーズ。

注19◆久保内信行……編集者、ライター。このインタビュー連載にも登場した（105ページより掲載）。

注20◆村松友視……作家。『私、プロレスの味方です』などを執筆した。

注21◆コンバットREC……ビデオ考古学者。このインタビュー連載にも登場した（029ページより掲載）。

注22◆『音楽誌が書かないJポップ批評』……宝島社が刊行していたムック。

注23◆清里高原でハロプロのコンサート……２００１年9月8日開催。第2回モーヲタトークライブ後、出演者等がバスをチャーターして参戦。

注24◆ミッツィー申し訳……DJ。J-POPをかけるクラブイベント『申し訳ないと』を主催した。

注25◆貴族……有名モーヲタ。ナチスのコスプレをしていたがそのルックス及び物腰の柔らかさからなぜか貴族と呼ばれる。

注26◆neco.……貴族と並ぶ軍服系モーヲタ。娘。紋章の刺青をいれていた。ノイズ・インダストリアルの音楽が好き。

注27◆青迷彩……その名のとおり青い迷彩服を着て、モーニング娘。の振りを独特のノリで踊る人。保田圭のヲタだった。

注28◆くろティー……第2回爆音娘。にノイズバンドMerzbowの黒いTシャツを着て来場。『わたしはくろティー』という持ち歌あり。

注29◆鯰……なっちこと安倍なつみの親衛隊的な存在。鉄の団結力と厄介さの両方を併せ持っていた。

注30◆男の墓場プロ……杉作J太郎が立ち上げた映画製作プロダクション。現在は「狼の墓場プロダクション」に改名している。

注31◆ターザン山本……元『週刊プロレス』編集長。クセの強いキャラクターで有名。

注32◆掟さんの本……『男道コーチ屋稼業』。『ＢＵＢＫＡ』の連載をまとめた1冊。

注33◆矢口のスキャンダル……『フライデー』で恋愛スキャンダルが報じられて、モーニング娘。を脱退することに。

注34◆フットサル……ハロプロなどの芸能プロダクションがアイドルのフットサルチームを作って競い合った。『ＢＵＢＫＡ』誌面でも盛んに取り上げた。

注35◆嶺脇（育夫）社長……タワーレコードの社長。アイドル好きとしても有名。このインタビュー連載にも登場した（121ページより掲載）。

注36◆『ジェネジャン』……日本テレビで放送されたバラエティ番組。

注37◆もふくちゃん……でんぱ組.incなどを手がけるプロデューサー。このインタビュー連載にも登場した（047ページより掲載）。

注38◆古川未鈴……でんぱ組.incのメンバー。

注39◆伊藤（雄一）……山形県出身。クラブ系の音楽が好きなメロン記念日の熱狂的なヲタだった。愛称はイット。

注40◆宇多丸さんの本……『ライムスター宇多丸のマブ論ＣＬＡＳＳＩＣＳ アイドルソング時評２０００―２００８』（白夜書房刊）。

注41◆全裸になってた……『ＢＵＢＫＡ』の連載で全裸の写真を披露したことがあった。

コンバットREC

証言・02

文化祭よりももっと熱狂的な、リオのカーニバルが2年間毎日続いたような感じというか

Profile

映像コレクター、ビデオ考古学者。TBSラジオ『アフター6ジャンクション』などに出演。モーヲタ企画が盛んだった時期の『BUBKA』では、モーニング娘。関連のページにもたびたび登場した。

以前はアイドルに興味はなかった

——最近いろんなイベントでモーヲタ時代の話をしてるから記憶がよみがえってきてます？

REC　多少はね。まあでも20年前の話だから、当時の話をいましてみると、みんな話が食い違ってるでしょ？

——前回の掟ポルシェのインタビューにも「違う」って言ってる人が複数いるもんね。

REC　ああ。

——サミュL編集長（注1）も否定してたりするし。

REC　掟さんはサミュLにロリコン呼ばわりされたことをいまだに怒ってるみたいだけど、ロリコンって言葉に過剰反応しすぎなところもありますよね。以前、イベントで掟さんを「宮崎駿」監督に例えたら、「宮崎勤」だと勘違いした掟さんが大激怒してイベントが中断になったこともありましたから（笑）。

——原点から聞いていきたいんですけど、ボクの周辺がみんな狂ってたあの時代、RECがモーニング娘。に狂い始めたきっかけは？

REC　僕は00年の暮れなんでこの界隈ではすごく遅いんですよ。その前にサルティンバンコオーケストラのCMで『インスピレーション！』って曲がかかってて、「なにこのファンキーな曲！　えっ、モーニング娘。なの？」と、気にはなってて。掟さんがモーニング娘。にハマって1年ぐらいの頃ですかね。掟さんはモーニング娘。にハマる前は、**『DAIBAッテキ!!』**（注2）の話ばっかりしてる人で。

——チェキッ娘が大好きだったから。

REC　まずは、掟さんとのつき合いから話したほうがいいのかな？　掟さんと最初に会ったのは93〜94年だと思うんですけど、デリック・メイとかジェフ・ミルズとか、デトロイトテクノのイベントだったんですよ。共通の友人がいて、自然と挨拶するようになって。

——そしたら他の趣味も近い人だった。

REC　最初は月に1回ぐらいクラブイベントで会う人みたいな感じだったんだけど、話してみたらプロレス好きだっていうことがわかって。当時の夜遊び仲間にはプロレス好きが皆無だったんで、必然的に話し込むようになり。それこそ**『男の！ヤバすぎバイト列伝』**（注3）時代の掟さんですよ。

——つまり、いちばん貧乏だった時代。

REC　最初に会ったときは、まだ借金が30万ぐらいしかなくて余裕があったんだけど、それが最終的には200〜300万にふくれ上がったのかな？　理由を聞いたら女子プロの関東の興行はすべて行ってるって話で。長嶋美智子（LLPW）と結婚するとか宣言してて（笑）。

――ダハハハハ！　ガチ恋だったんだ！

REC　「俺が行かなくなったらほかのヤツが長嶋美智子と結婚することになるんだよ！　いまさら降りるわけにはいかないだろ！」とか言って、サラ金で金借りまくって通い続けてるうちに借金で首が回らなくなって、どんどん顔色が悪くなっていくという（笑）。あの頃の掟さんのエネルギーは凄かったですよ。まあそうやって掟さんとは一緒に夜遊びしたりプロレス観に行ったりしてたんだけど、僕はアイドルにぜんぜん興味なかったんですよ。

――モーニング娘。で目覚めたタイプで。

REC　うん。いまのふつうの若者が「広瀬すずちゃんかわいい」みたいな、ああいう感じで「早見優ちゃん帰国子女で素敵だわー」的なぼんやりした感情はあったんですけど、俗に言うガチのアイドルファンみたいなのとはぜんぜん違って。強いて言えば中高生の頃にJAC（ジャパン・アクション・クラブ）に対してはアイドル的に熱狂してましたけど、アイドル歌手にハマるのとはまた違いますからね。音楽は好きだったんで筒美京平を掘ったり、そういう一環でアイドルソングは聴きつつも、あくまで音楽としていいなって感じだったんですよね。だから掟さんにずっと『DAIBAッテキ!!』の話とかされても、なんのこっちゃというか。

――「チェキッ娘は曲がいいんだよ！」って言われても、ちっともピンとこないままで。

REC　チェキッ娘の曲は僕みたいな非ヲタまで届いてませんでしたからね。その後、掟さんがモーニング娘。に狂ってるときも僕はそんなには興味なかったんですよね。『ASAYAN』はときどき観てたんですけど、そんなに熱心に観てるわけでもなく、有益な健康情報があるときは裏のマチャアキ（堺正章）のほうを観てたんで。

――『発掘！あるある大辞典』を。

REC　それがさっき言った『インスピレーション！』が気になった数日後、『めざましテレビ』で『恋愛レボリューション21』のMV初公開をたまたま観て衝撃を受けたんですよ。その頃は、ハウスとかガラージ系の箱で遊んでたんですけど、『恋レボ』が僕的にど真ん中のディスコ歌謡で、それでガツーンときたんですね。あとMVのクオリティが急にあそこで上がったんですよ。それまでモーニング娘。のMVってショボかったんだけど、『恋レボ』は**田所貴司**（注4）さんが演出されて急激に映像のクオリティも上がって、ビジュアルでも殴られましたね。このご時世でこういう話するのもあれだけど、『ASAYAN』

ってリアリティーショーのはしりみたいなとこあるじゃないですか。

――完全にそうでしたね。

REC　リアリティーショーで追い込みかけられてた素人が、『恋レボ』のMVで超人に生まれ変わる瞬間を見ちゃった気がしたんですよ。それでガーンとやられて、もしかしたらいままで聴いてなかった音源も聴いたほうがいいんじゃないかと思って慌てていろいろ音源をチェックしたらいい曲いっぱいあって。しかもそこからつんく♂さんが特大ホームランを連発する時期なんですよ。

――あの時期ちょっと神がかってましたね。

REC　ミニモニ。が出て、タンポポの『恋をしちゃいました！』が出て、プッチモニの『BABY！恋にKNOCK OUT！』が出て。中澤裕子の卒業があり、松浦亜弥のデビューがあり、もう殺す気かっていう。『2001年のつんく♂』は**『1976年のアントニオ猪木』**(注5)に匹敵すると思いますよ。で、豪ちゃんは知ってるけど、僕はハマるの遅いくせにハマると急激に温度が高まるタイプじゃないですか。

――ダハハハハ！　毎回、一歩遅れて入るんだけど悔しいから一気に遅れを取り戻すタイプで。

REC　いままで流し見してた『ASAYAN』もちゃんと見なきゃと思ってヲタにビデオテープを何十本も借りて一気に全部見たんだけど、最終的にアストロ超人に生まれ変わる、勝利するという結果がわかってるから、リアリティーショー特有の嫌な感じとかもあまり気にならないというか、神話を見ているような気持ちで見れて。僕の好きなちばあきお先生の**『キャプテン』**(注6)的なドラマとかもあるし、興行として捉えてもよくできてたんですよね。もともとプヲタだから興行が好きなんですよ。(アントニオ)猪木さんの「スキャンダルを興行に結びつけられない経営者は失格」って有名な言葉がありますけど、アクシデントからどんどん次のドラマを転がしていって、どうしようもなくなった問題の答えはつんく♂さんが楽曲で出すっていうサイクルが完璧で。当時ちょうどプロレスがうまくいってなかった時期じゃないですか。

――新日本(プロレス)が落ちてきてPRIDEが盛り上がってきた時期ですね。

REC　プロレスが興行の点を線にすることができなくなってる頃で、PRIDEもそれがうまくできてなかったんですよ。桜庭和志が孤軍奮闘というかグレイシー狩りで点を線にして物語を紡いでましたけども、運営はランキング制も導入しないし、場当たり的に点の単発興行を繰り返すだけで、興行には連続性がなければいけないという意識は低かったですよね。そんなときに、あれ？　モーニング娘。それやれてるんじゃないの？　と思って。だから当時プヲタでモーニング娘。にハマった人、多かったですよね。それで最初にやった**モーヲタトークライブ**[注7]が01年の6月ぐらい？　そのころにはもう、24時間モーニング娘。のことしか考えられない状態になってたから、誰かと話さないと気が狂いそうで。

――まだ全然ニワカなのに（笑）。

REC　そう（笑）。話さないと発狂しそうなくらい煮込んでるのに、ヲタの知り合いがいないから、しゃべる相手が掟さんしかいないんですよ。とにかく時間ができると掟さんに連絡して、いますぐ会いたい、話したいっていうのを繰り返してたから掟さんもけっこうウンザリしてたと思うんだけど（笑）。で、「今度モーヲタトークライブってイベントがあるから遊びに来なよ」って掟さんが誘ってくれたんですよ。「チケット売り切れてるけど、楽屋に入れるようにしておくから。きっと、いまのおまえが話したい話を思う存分できる相手がいるはずだから」って言われて。

――そこで仲間が一気に増えたんだ。

REC　それまでに面識あったのは掟番の編集者だったサミュLくらいで、ほかのヲタの面々はモーヲタトークライブで出会った人がほとんどじゃないかな。それで楽屋に行ったら豪ちゃんもいたんだよね。

――よく覚えてないけど、たぶん……。

REC　何で覚えてないんだよ！　豪ちゃんは新宿で行なわれる会合はほぼいたよ。小さな会場でやった最初の『**爆音娘。**』[注8]とか。「豪ちゃんもハマったの？」って聞いたら、「いや、俺は観察しに来た」って一歩引いたスタンスで。話を戻すと、モーヲタトークライブの楽屋の端っこにいたのが宇多丸さんで。宇多丸さんもヒップホップ界隈でアイドルの話をする相手がいなくて、サミュLとふたりでひたすらモーニング娘。の話をし続けてたから「同好の士がこんなにいたなんて！」って感動に打ち震えてて（笑）。だから豪ちゃん、宇多丸さん、僕、掟さん、サミュLっていう、その後も長い付き合いになるメンバーが揃ったのがあの楽屋なの。

――当時、池袋コミュニティカレッジで『紙プロ』[注9]のイベントやってたとき、客として来たRECが言ってたことは覚えてますよ。「豪ちゃん、いま『紙プロ』は後藤真希と前田日明のツーショットを表紙にしなきゃダメだ！」とか。

REC　真樹日佐夫先生とのユニット「Wマキ」を表紙にしろとか主張してた記憶もありますね。スキャンダルを転がして興行にするとか興行とは点ではなく線であるっていうことを実現できてたのが当時のモーニング娘。だから、「世の中とプロレスする雑誌」なら取り上げて当たり前だと思ってたんですよね。ただ、その頃の『紙プロ』はもうそういう雑誌じゃなくなって、PRIDEオフィシャル雑誌に近づいてた時期だから、いま考えると無理言うなって話で（笑）。

——その時期、飲みの席でRECが「俺が豪ちゃんをモーニング娘。に折伏してくる」「いまの俺だったら豪ちゃんを説得できると思う」って言って、「無理だった……」って帰ってきたことがあったって聞いたけど。

REC　ああ、細かく覚えてないけどやってただろうね。いま考えると完全にどうかしてるんだけど、当時は全人類がモーニング娘。を好きになるはずだと思ってたから。命知らずなのが**植地毅**（注10）くんのとこも行ったんだよね（笑）。

——興味あるわけないじゃん！『マンガ地獄変』の編集だった ビバ彦（注11）さんがモーニング娘。でおかしくなって『地獄変』が出なくなった時期だから、むしろ敵視していた頃で。

REC　立石（肖子、植地夫人であり元『BUBKA』編集）さんにも止められたんだけど、「植地くんも絶対ハマると思うよ！」って無邪気に言ったら、めちゃめちゃ怒られて（笑）。当たり前だよね。

——とにかく、こんな素晴しいものをみんなに知ってほしいって思いだったわけだよね。

REC　そう、面白いものや好きなものを知ってほしい、伝えたい気質なんですよね。当時、『BUBKA』ではヲタがわちゃわちゃしてるページが主流だったんだけど、活字プロレスがあるように活字アイドルみたいな、アイドルを語る面白さを伝えるページをやりたいねってサミュLと話して座談会ページがはじまって。モーヲタトークライブの初回は宇多丸さんと僕は観客だったんだけど、**有馬（岳彦＝サムライ）**（注12）くんが宇多丸さんに出演要請して、僕の方は掟さんが「おまえも出ろよ」って言ってくれて、2回目以降は僕らも出るようになったんです。

——それでヲタ友達みたいなのが一気に増えた？

REC　増えましたねえ。掟さんも言ってましたけど、プラスワンに来る人たちは**テキストサイト**（注13）の人が多かったんで勉強になりましたね。僕は歴史とか文脈とか知りたいタイプなんだけど、当時はアイドルのことぜんぜん知らなかったから、モーニング娘。が生まれるまでの流れも知りたいと思って古参の人の話をよく聞いてました。その辺はモーヲタトークライブの主催者のひとりだった岩切（浩貴）さんとかがいろいろ教えてくれましたね。

——アイドルの歴史も勉強しよう、と。

REC　どこそこで宝泉（薫、『よいこの歌謡曲』代表）さんが飲んでるって聞いたら、面識もないのに訪ねて行って教えを乞うたりして。宝泉さんは超いい人で大場久美子の時代から優しく教えてくれました。そうだ、豪ちゃんにも90年代のアイドルを教えてってすごい言ってたよね。それで「おまえらそんなに楽曲派を気取るんだったらチェキッ娘を聴け!」って言われて、「うわ、**METAMO**(注14)ヤベぇ!」ってなったんだ。**金井**(覚)(注15)さんなんかもモーヲタが好きじゃなかったからよく怒られたけど、機嫌が良いときにはいろいろ教わった記憶がありますね。だいぶ脱線したけど、モーヲタトークライブがとにかく異常な盛り上がりを見せて、3ヵ月後に2回目をやることになったんだよね。ちょうどその翌日に**清里のコンサート**(注16)があるから、イベント後にみんなで行こうよって僕とサミュLで企画して。俺の知り合いに車輌屋さんいるからマイクロバスをチャーターするわって言って。

——あ、あのバスはRECが借りたんだ。

REC そうそう。それで2回目の登壇者では、僕、掟さん、宇多丸さん、サミュL、主催の有馬くん、ビバ彦さんがバスに乗ったんだけど、28人乗りだから、残りは会場のお客さんから挙手制で一緒に行きたい人を募集したんだよね。新宿でイベントが終わったのが朝の5時ぐらいで、朝8時にもう一回新宿に集合。あの清里でみんな仲良くなったんじゃないですかね。行きのバスで中澤(裕子)の卒コンのVHSかけて全員で号泣したりして(笑)。清里高原は僕の人生で一番美しい思い出だと思いますよ。

——杉作(J太郎)さんとも清里で会って。

REC そうそう。これは語り草になってますけど、曇天の草原にヲタの列ができてて、あれ1万人以上いたんじゃないかな。ライブがはじまった時は小雨が降ってたんだけど、後藤真希が出てきたら雨が上がり、雲間から一筋の光が射して後藤にスポットライトが当たったっていう。あの光景は宗教的でしたね。

——それに誰よりも興奮したのがRECで。

REC そのあとに石川梨華が出てきたら、どしゃ降りになったのが出来すぎだったんだけど(笑)。それでコンサートが終わったあとみんなでご満悦で、パチグッズを漁りに行ったんですよ。当時はオフィシャルグッズなんてほとんどなくて、コンサートの時はパチグッズ屋さんが屋台を出すのが恒例で。その日は新商品のモーニング娘。免許証が出たっていうんで買いに走ったら、誰よりも熱心に吟味してたのが杉作J太郎だったという(笑)。それで掟さんが「このあと新宿に戻って飲むんですけど、一緒にどうですか?」って声をかけて、新宿で杉作さんグループが合流して。

頻繁にヲタ仲間で集まり語り合った

——みんなでどんどん飲むようになって。

REC その新宿の飲み会で「吉田豪の家にサンプル盤が届いてるらしい」「なんかあいつゼティマとつながりがあって2週間前に届くらしいぞ」って話になって、そこから豪ちゃん参りをビバ彦さんがするようになったり、豪ちゃんは豪ちゃんでこの急激なヲタシーンの盛り上がりに注目してたから、「何々のサンプル盤が入ったよ」とか連絡が来るようになったんだよね。『Ｔｈｉｓ ｉｓ 運命』をみんなで聴いたときって豪ちゃんいたっけ?

——いなかったと思う。

REC じゃあ、ビバ彦さんが借りてきたのかな? 掟さんとか宇多丸さんとかみんなでウチに集まって聴いたんだけどね、朝まで『Ｔｈｉｓ ｉｓ 運命』の話してさ。

——「とんでもない曲が来た!」って。

REC 「メロン(記念日)が報われた!」って、掟さんとか泣き出しちゃってさ。そのあとの『Mr.Moonlight〜愛のビッグバンド』のときも、みんなでウチに集まって一晩中『ミスムン』について語り合った記憶があるね。当時『ザ☆ピ〜ス!』の次が**ヅカ(宝塚)**(注17)なのが衝撃的だったし、カップリングの『ポップコーンラブ!』もド名曲で。そんな感じで毎回ハローのCDが出ると豪ちゃんから誰かが借りてきて、いつものメンバーで僕んちに集まって試聴会やるっていうのをやってたんですよね。当時、僕がわりかし広い部屋に住んでたからヲタのたまり場になってって。

——ボクが最初にRECの家に行ったとき(01年12月8日)、宇多丸さんが『笑っていいとも!』に出た(注18)直後でみんなにイジられて雑な扱いをされてたから、「ヒップホップ・レジェンドなのに!」って驚いたけど。

REC イジッてるの、ふつうの大学生とかだからね。宇多丸さんがイベントとかコンサートのあとにヲタクの大学生に囲まれて、「宇多丸さんは僕たち童貞の希望の星ですよ!」とか言われて、宇多丸さんが「おめえらと一緒にすんな! 俺ライムスターだぞ、彼女いるからな!」とか言うと、「またまたー、無理しなくていいんですよ宇多丸さん」とか言われてて。あの光景はすごい好きだった。毎回お約束のようにやってて(笑)。

——宇多丸さんが雑に扱われてた時代。

REC そうそう。宇多丸さんもいまほど忙しくなかったから、けっこうな頻度で飲んでましたしね。ツアーもレコーディングもないときは週に3回ぐらい飲んでましたよ。

——みんな独身だったのが大きいだろうね。

REC　ねえ、いまじゃ考えられないよね。宇多丸さんと僕が仲良くなったのは酒飲んで議論するのが好きなのが僕らだけだったからなんだよね。掟さんは早い段階で寝ちゃうし、若者は僕と宇多丸さんが議論してるとドン引きだったしね。**うたか**（注19）くんとかはいいヤツだから、泣きながら「ケンカはやめてください！」って（笑）。「なんで娘。が好きなのにいつもケンカするんですか！」とか言ってうたかくんが泣いて、「いや僕らケンカしてるんじゃなくて、これ楽しんでるんだよ！」って。

——それぐらい、みんな仲良くなって。

REC　みんなが仲良くなったのは、清里行った翌月に、市井紗耶香が復活したのも大きいね。それまで行き場のなかった市井ヲタ一派が、市井復活祭だって言って、1ヵ月間毎晩飲み会を開催したんですよ。僕らもモーニング娘。の話がしたくてしょうがない時期だから、全力で参加して。そこで毎晩飲んでヲタと急激に仲良くなっていったんだよね。それまでやさぐれたゾンビみたいだった**久保内**（**信行**）（注20）くんとか**コイタ**（注21）くんとかも息を吹き返して。そのころ杉作さんとは流派が違う感じだったかな。

——最初からそんな感じだった？

REC　いや、最初はそうでもなくて。ときどき会ってコンサートのあとに合流してたんだけど。なんで揉めたんだっけ？『BUBKA』の連載を降りたじゃないですか。

——『BUBKA』のスキャンダル路線にJさんが怒って、連載3回とかで降板して。

REC　それで杉作組とこっち組がちょっと。僕らは「杉作さん、同じヲタなんだから仲良くしましょうよ」ぐらいの感じだったんだけど、杉作さんは筋を大切にする人だから。カラーページでスキャンダルやって、モノクロで応援してるっておかしいだろって。

——非常に真っ当な意見ですよ（笑）。

REC　うん、いま考えると杉作さんが正しい（笑）。で、夜中の1時とかに杉作さんから呼び出しかかってファミレスに行くと、当時、杉作組の飛車角だった**ごっしー**（注22）と**伴ジャクソン**（注23）が左右にいて。杉作さんとごっしーと伴ジャクソンに説教されるっていうことが何回かありましたね。「君は自分たちがやってることが正しいと思ってるのかね？」みたいな。

——ごっしーも『BUBKA』側なんだけど。

REC　確かに！　なんでごっしーが一緒に説教する側にいたんだよ！　まあ、杉作さんにはその件ではけっこう怒られましたね。杉作さんが完全にそのへんの怒りを解いてくれたのはいつ頃だろう？　05年ぐらいまでかかった気がする。**劔**（**樹人**）**くんの『あの頃。』**（注24）の思い出で、武道館のコンサートでビバ彦さんと杉作さんがケンカしてたって話あったじゃないですか。杉作さんに確認したら、「いや、ビバ彦さんとはケンカしてないよ。あのときは宇多丸に怒ってたんだよ」って。

――「おまえらと揉めてたんだ」と。

REC　そうそう。あのとき矢口真里のスキャンダルがあって、矢口問題で一番揺れてるときの石川（梨華）の卒コンで、俺たちは矢口が卒コンにも出られないっていうのはあんまりじゃないかっていうことで、僕と宇多丸さんとサミュLと3人で「俺たちが矢口を連れて行く」って言ってパチグッズの矢口キャップを被って行ったんですよ。「矢口、卒コンだよ」みたいな感じで僕たちは観てたんだけど。

――3人とも狂ってるよ、それ！

REC　杉作さんは「石川の卒コンに矢口の問題を持ち込んでるおまえらが許せない！」って、すごい怒ってて。だから、「あのときは宇多丸を殺すって言ってたんですよ。ビバ彦さんじゃないんですよ」って。それで僕も思い出したんだけど、卒コンが終わったあとに宇多丸さんと渋谷で飲んでたら、大岡山にあった頃の**アシッドパンダカフェ**（注25）で杉作さんが飲んでて、「宇多丸を呼び出せって話になってます」ってヲタから連絡が来て。こっちも矢口の問題でカリカリしてるから、「上等だよ！」みたいな感じで行ったんですよ。そしたら杉作さんじゃなくてヲタでもなんでもない**ギンティ**（**小林**）（注26）が宇多丸さんに絡むっていう（笑）。それで宇多丸さんが怒ってたのは覚えてるんだけど、宇多丸さんはこれ、もうぜんぜん覚えてないって言ってたね。僕も杉作さんに聞いて思い出しました。

――Jさんによると、Jさんが電車でアシパンに向かうときに「宇多丸を殺す」って言ってたら、それをネットに書き込まれて。

REC　……え、そうなの？

――電車内にスパイがいて誰かが書き込んだのを宇多丸さんが読んだらしくて、アシパンで会ったときに「杉作さん、俺のこと殺すらしいっスね」って言われてJさんが「なんでバレた？」って驚いたって話だった（笑）。

REC　そういう話だったんだ（笑）。あの頃もギスギスしてたけど、そもそもヲタの空気が悪くなりだしたのはやっぱり02年のハロプロ構造改革、ハローマゲドンですよね。同じ時期、後藤の卒業って情報もオフィシャル発表の1ヵ月ぐらい前には入手してて。あのへんからみんな心が揺れちゃっておかしくなっていきましたね。それまでの01年、02年の真ん中ぐらいまではとにかくハッピーなことしかなかったっていうか。飲んでてケンカもするけどすぐ仲直りするし、みんな仲良くやってたのが、やっぱりモーニング娘。がうまくいかなくなって、ヲタ同士にもいろんな溝ができていったって感じじゃないですかね。

――さらには『BUBKA』のスキャンダル路線でモーニング娘。にもダメージを与えて。RECには、スキャンダルが載ってる雑誌に書くっていうモヤモヤはなかったの？

REC　スキャンダルやってるカラーページと、全力で応援してるモノクロページは別の雑誌みたいな感覚でやってましたけど、いま考えるとぜんぜんダメですよね。僕が未熟だったと思います。言うまでもなく杉作さんが正しかったんですよ。まあしかし振り返ると01年から02年は楽しい思い出しかないですね。特に一緒にバスに乗った28人は、いまでも仲間っていう感覚で。

当時は皆おかしくなっていた

――それで一気に世界が広がって。

REC　それまで大学生の友達とかいなかったから新鮮でしたね。当時、久保内くんは社会人1年生ぐらいで、コイタくんは大学3年生ぐらいだったのかな？　うたかくんもそれぐらいで、逆にビバ彦さんみたいに年上の人もいたし、ヲタってだけでみんな対等というか、年齢も職業も関係ない友人がたくさんできたのは本当に楽しかった。

――無職だろうがなんだろうが。

REC　そうそう、無職とか関係なくてモーニング娘。の話ができれば幸せって感じでしたよね。代表的な無職と言えば有馬くんですけど、モーヲタトークライブの打ち上げが終わって家に帰ろうとしたら、有馬くんがついてくるんですよ。なんでかなあと思って聞いたら家が同じ方向だって言うんで一緒に帰ったんですけど、どこまで行ってもついてくるんでこの人なんなんだろうと思ってたら、たまたま家が向かいだったという（笑）。当時の彼はどこに行くときもミニモニ。のパジャマを着てたんだけど、幼児用だから破けそうなくらいピチピチの着こなしで。

――日常からどうかしてるんだなっていう。

REC　毎週火曜日の夜に『タンポポ編集部OH-SO-RO！』っていうTBSのラジオ番組があって、ラジオのお供にコンビニでポテチとかコーラとか買うんですけど、有馬くんもラジオの前には必ず同じ店に買いに来てて、毎週火曜日のその時間は有馬くんとコンビニで語り合う習慣になって、それで仲良くなったんですよね。モーニング娘。の1週間の動向を語り合って、「そろそろ『OH-SO-RO！』始まるから！」って別れるという。

――そんな仲良かったんだ！

REC　家の前の道も狭かったし、窓空けたらお互いの顔が見えるんで、タッちゃんと南ちゃんくらいの距離感（笑）。当時の有馬くんはまだ無職じゃなかったんですよね。中目黒の叙々苑でバイトしてて、毎日余った肉がもらえるからけっこういいもの食べてたんですよ。そのあと表参道にあったアップフロントの横の喫茶店でバイト始めて、事務所が赤羽橋に引っ越したら有馬くんも赤羽橋のアップフロントの横のコンビニでバイトを始めるっていう。

――そして、さすがにおかしいと気づかれ。

REC　そうそうそう、同じ店員が引っ越してもくっついてきたうえに、「こいつ、いつもハロコンの物販ですげえ買ってるヤツじゃねえか」ってスタッフが気づいて。その頃、有馬くんがクリアファイルにメンバーが買い物したレシートを集めてたらしく。

――何もヤバいものは買ってないんだけど。

REC　ダメですよ！　まあ最終的には事務所からクレームが入ってコンビニをクビになるという。

――死ぬほどどうでもいい話ですよ！

REC　中澤のラジオの企画でコイタくんの家に中澤が来たことがあったんだよ。近所の家にヲタ6人ぐらいで集まってラジオの生放送を聴いて、中澤が帰った後にコイタくんちにみんなで行ったら、一部ヲタがコロコロかけだして。

――それは、ほぼアウトです！

REC　「裕ちゃんの髪の毛発見！　額装して神棚に飾ります！」とか言ってるんだけど、どう考えてもそれコイタくんのお母さんの髪の毛だよ！

――当時、RECは後藤真希が大好きで。

REC　基本は箱推しなんですけどね。まあ誰かひとりということになるとやっぱり、ごっちん、後藤真希。

――後藤の店にはどれくらい行ってました？

REC　10回も行ってないですよ。ハロプロ構造改革の2～3ヵ月後、後藤が9月23日の誕生日にモーニング娘。を卒業するんですけど、それでちょっと心に穴が開いちゃった時期があったんですよね。その時期の飲み会でごまヲタが集まって「俺たちもそろそろ**『袋田の滝』**（注27）に行って応援するべきじゃないか、後藤真希を育てた家族と店も応援しなきゃいけないんじゃないか」みたいな議論になって。もともとは後藤が来るとかそういうのもよく知らなかったんですよ。AKBみたいな商法が流行る前はヲタクが自主的にやり方を考えて実践してたんですよね。例えば、ヤグヲタは矢口のお父さんが自動車売ってるって聞いたらそこで車を買いまくって、お父さんの営業成績を1位にするんだみたいな総選挙的な活動をすでにしてたりとか。

そういう意味では、秋元（康）さんはそういうのをシステム化した人なんでしょうね。

——当時はそれを手探りでやっていて。

REC　で、僕らもこんなに毎晩酒飲んでるんだったら、よくわかんない居酒屋じゃなくて後藤家に金落としたほうがいいんじゃないかって話になって。もちろん後藤さんがどんな環境で育ったのか知りたいっていうのもあったけどね。それで行ったら初回でいきなり（後藤）祐樹がカウンターで飯食ってて、これはヤバい世界に足を踏み入れてしまったんじゃねえかってなって。お店にいるのもお母さんとお姉さんだし、祐樹は近所のおじさんにガチ説教されてたりして。で、何回目かな。お店のテレビで『Mステ』観てたらモーニング娘。と後藤真希が出てたんですけど、出番が終わったら店に電話がかかってきたんですよ。お母さんが「あと20分ぐらいで帰ってくるって」「唐揚げ作っとけって言われた」って言うんだけど、現実感なさ過ぎて信じられないじゃないですか。半信半疑でいたら、9時20分ぐらいにごっちんが「ただいまー！」って元気よく帰ってきて、唐揚げパクパク食ってるんですよ。で、食べ終わったら、こっちに歩いてきて僕らの座敷席に後藤真希さんが座ったんですよ。「今日初めて？」「最近、太ったかなあ」とか、ふつうに話し始めるんだけど、もういま起きていることの情報処理ができませんでしたね。そのときはなるべく平静を装ってね、騒ぐと迷惑だし店では一言もしゃべらないようにして。で、店を出てからもずっと黙って誰もしゃべらずに歩いて、店から100メートルぐらい離れたところで「……そろそろいいですかね？」ってサミュLが言って、ナリ沢くん（コアマガジン編集者、イケメンズ）が「もういいんじゃないですか？」って言ったのを合図に、そこからみんなで「うおおおおーーーーーっ！」て絶叫しながら、300メートルぐらい走ったのを覚えてますね。

——ダハハハハ！　青春だなー（笑）。

REC　それで瑞江のCOCO'Sに行って、都心に戻ってまた飲んで、僕とサミュLとナリ沢くんで「どうする？」って会議になったんですよ。こんなに近づいていいのか、これはよくないんじゃないかって。お店の情報はオープンにしてるし、ヲタ歓迎ってことになってるけども、やっぱりあんまりプライベートに立ち入るのはよくなくない？ってなって、僕とサミュLは行くのをやめたんですね。でも狂ってるのが、そのあとナリ沢くんは江戸川区某所に一軒家を買ったんだよ（笑）。

——ダハハハハ！　店に通うために？

REC　「通うためにそこまでするの？」って聞いたら、「いや違うよ、たまたま家を買おうと思ったらお店の近くにいい物件があって」「これは『袋田の滝』と関係ないから！」って言い張ってて。「そんなわけあるか！　高田馬場で働いてるのになんでそこに買うんだよ！」って詰めたんだけど、頑として認めなかったね。彼は当時、すでに結婚もしてたんだけど、家族にどうやって説明したんだろうね（笑）。

――当時、みんな完全に狂ってたのはなぜなんですかね。アイドルにハマった経験がない人たちだから、どこまで狂っていいのかわからなかったっていうのはあるだろうけど。

REC　それはあったんじゃないですかね。でも、掟さんみたいに昔からアイドルが好きな人でもあれだけ狂ってたじゃないですか。90年代の「アイドル冬の時代」が終わったという高揚感もあっただろうし、インターネットの黎明期だったのもあって、それを語り合える楽しさがあったんじゃないですかね。市井復活祭で1ヵ月毎晩飲むとか、昔のアイドルシーンにはなかった気がするんですよ。モーニング娘。の横アリのビッグマッチのあとなんて飲み会50人とか超えてて、店全部モーヲタしかいないみたいな感じで。そのモーヲタに混じって宇多丸さんもいれば杉作さんもいれば掟さんもいれば、みたいな感じで、大学生も無職もみんなで語り合う、毎日がお祭りみたいな楽しさがありましたね。

夏休みは終わらないと信じていた

――RECはモーニング娘。の熱が冷めたあと、芸能人フットサルに狂うことになって。

REC　**ガッタス**（注28）にいったのは、やっぱりハロプロの音楽がちょっとダメになってきたっていうか、それもいま考えると贅沢言うなって話なんだけどね。

――一時期ホームラン出しすぎてただけで。

REC　そうなんですよ、01年と02年の打率が8割とか9割だったじゃないですか。03年ぐらいから打率が落ち始めて、いま考えたらそれでも5割超えてるからバケモノなんだけど、当時は贅沢になりすぎてて、音楽がイマイチになってきたなってことでちょっと冷めてきちゃったんですかねえ。ちょうど、そんなときにフットサルが始まって。やっぱり僕らスポーツも好きじゃないですか。**江夏の21球**（注29）みたいなスポーツドキュメンタリーとアイドルが合体したっていう興奮がありましたよね。

――アイドルが闘いの場に出てきて。もともとスポフェスみたいな企画が好きだったし。

REC　そうなんですよ、実力測定みたいなのが好きなんで。でも、格闘技が観たいわけじゃないから、負けるなら負けたうえで何を見せてくれるのか。なっちだったら逆に足が遅いのが魅力だったりするから、べつに勝ち負けだけにこだわってるわけじゃないんだけど。スポーツはハマったときにめちゃめちゃ感動があるじゃないですか。しかも初期の頃にそういう感動的な興行が多かったんですよね、それで一気にハマっちゃって。ガチの大会に出て20何対0で負けたりしてましたからね。で、05年に**みうなのPK**（注30）があったんで、それでドハマりしちゃったんですよ。

――ただ、ほかのイベントと違って、音楽のイベントは常に80点を出せるかもしれないけど、ガチはそうじゃないわけでしょ？

REC そうなんですよ……。

――当たり外れが死ぬほど大きい。

REC 大きいんですよ。興行の当たり外れもあるし、一番の問題は事務所のメンツ争いになっちゃったんですよね。べつにハロプロが勝てないから嫌だとかじゃなくて、**助っ人の戦い**（注31）になっちゃってつまんなくなったのが大きかった。アイドルだから、負けてもそこにドラマがあればいいのに。それでつまんなくなっちゃって。だからフットサルは05年が一番よかった時代で。

――たぶん、それが『BUBKA』にハロー!のページがあった最後の頃だと思います。

REC もちろん事務所からは取材NGだったけど。でも、毎月毎月フットサルの素晴らしさを語ってたら、ある朝、コアマガジンに野田（義治、サンズ）社長が突然入ってきて（笑）。『BUBKA』片手に「これ作ったヤツ誰だ!」って言われて、サミュLがヤベえ怒られると思ったら、「感動した! 話がしたい!」とか言って（笑）。そのあと「フットサルがどうなったらよくなるか、君たちとは定期的に話したい」って言われて、定期的に野田社長と食事会をするようになって。

――熱い人ですからね。

REC かたや野田社長の事務所のサンズのスタッフからは、「このままだと会社が潰れるから社長を止めてください」って裏で泣きつかれたりして（笑）。まあでも熱かったのは1～2年で、06年いっぱいぐらいでこれ以上はもうキツいかなってなったんだよね。だから07年から2年くらいはアイドルとは距離がありました。その頃僕らは沢尻エリカを応援してましたね。

――沢尻会（注32）幻想を作っていた頃。

REC 作っていたのは**堀越日出夫**（注33）ですね（笑）。だいぶ脱線しちゃいましたけど、結論としては楽しい時代でしたよ。僕、学生のころに部活に打ち込んだこともなかったし、小学校の頃から文化祭的な行事にも背を向けてきたタイプだったから、そういう部分でも。

——**初めて味わった文化祭みたいな感覚。**

REC　そうそう。文化祭よりももっと熱狂的な、リオのカーニバルが2年間毎日続いたような感じというか。その後、AKBとかももクロとかいろいろ見ましたけど、2年間ドーパミンが出続けていたような、あの頃のあの感じとはちょっと違いますよね。あの頃は、夏休みが終わる終わらないみたいな話よくしてたじゃないですか。

——**夏休みは終わらない論争ですね。**

REC　そうそうそう。俺は終わらない派だったんですよ。でも、豪ちゃんとか掟さんとか、おニャン子クラブとか見てた人は別で。

——**当時、このブームは終わらないと言ってる狂人が大量にいたんですよ。「こんな楽しいことが終わるわけない!」って言ってて、アイドルブームが何度か終わってるのを見たことある人たちは、「このブーム=夏休みは必ず終わるから、その先に備えて宿題とかやったほうがいいすよ」って言ってんだけど。**

REC　いつか終わるって言ってたよねえ。でも、僕らは「ハロプロ千年王国が終わるわけないだろ!」とか、ガンギマリの目で言ってて。僕は飲み会でもそうなんだけど、この楽しい夜を終わらせてはならない派だから(笑)。

注1◆サミュL編集長……現・『BUBKA』編集長。

注2◆『DAIBAッテキ!!』……フジテレビのバラエティ番組。チェキッ娘が出演した。

注3◆『男の!ヤバすぎバイト列伝』……掟ポルシェの自伝的エッセイ。

注4◆田所貴司……映像作家、CMディレクター。

注5◆『1976年のアントニオ猪木』……柳澤健のノンフィクション。1976年に行なわれたアントニオ猪木の歴史的な試合に迫っている。

注6◆『キャプテン』……墨谷二中を舞台に選手たちの成長を描く、ちばあきおの野球漫画。

注7◆モーヲタトークライブ……ファンが集まってモーニング娘。について語り合うイベント。

注8◆『爆音娘。』……ハロプロ楽曲をかけるクラブイベント。

注9◆『紙プロ』……プロレス雑誌『紙のプロレス』。吉田豪が編集部に所属した。「世の中とプロレスする雑誌」がキャッチコピーだった。

注10◆植地毅……ライター、デザイナー。著書として『爆走!!アクション・ムービー・ジャンキーズ』などがある。『マンガ地獄変』にも参加していた。

注11◆ビバ彦……編集者。『BUBKA』では「モーヲタの部屋」を連載した。

注12◆有馬（岳彦＝サムライ）……「サムライ」の異名で知られた、有名ヲタ。このインタビュー連載にも登場した（137ページより掲載）。

注13◆テキストサイト……文章を中心とした個人のサイト。インターネット黎明期に流行した。

注14◆METAMO……チェキッ娘内のユニット。

注15◆金井（覚）……ライター。アイドル系のイベントなども行なった。

注16◆清里のコンサート……2001年9月8日に山梨県の清里高原で行われた。

注17◆ヅカ（宝塚）……『Mr.Moonlight ～愛のビッグバンド』では宝塚をイメージしたMVも作られた。

注18◆宇多丸さんが『笑っていいとも！』に出た……2001年12月7日に、ライムスターがテレフォンショッキングのコーナーに出演した。

注19◆うたか……有名ヲタ。このインタビュー連載にも登場した（207ページより掲載）。

注20◆久保内（信行）……編集者、ライター。このインタビュー連載にも登場した（105ページより掲載）。

注21◆コイタ……小板橋英一。編集者、ライター。このインタビュー連載にも登場した（091ページより掲載）。

注22◆ごっしー……コアマガジンの編集者で、『BUBKA』では『VIVA VIVAモーニング娘。』などを連載した。このインタビュー連載にも登場した（241ページより掲載）。

注23◆伴ジャクソン……杉作J太郎の狼の墓場プロダクションに所属する編集者、ライター。

注24◆劔（樹人）**くんの『あの頃。』**……ミュージシャン、漫画家の劔樹人がハロプロにのめり込んだ仲間たちとの日々を描いたコミックエッセイ『あの頃。男子かしまし物語』。

注25◆アシッドパンダカフェ……個性の強いイベントが行われていたクラブ。ミュージシャンの高野政所が店長だった。

注26◆ギンティ（小林）……『映画秘宝』などで執筆しているライター。

注27◆『袋田の滝』……後藤真希の母が経営した居酒屋。

注28◆ガッタス……ハロプロメンバーで結成されたフットサルチーム。

注29◆江夏の21球……1979年11月4日の日本シリーズ第7戦・近鉄対広島戦での江夏豊のドラマチックな投球。作家・山際淳司がノンフィクション『江夏の21球』の題材とした。

注30◆みうなのPK……フジテレビ739カップの決勝戦において、自ら名乗りを上げたみうながPKを決めて、ガッタスが優勝した。

注31◆助っ人の戦い……チームによっては、勝つためにスポーツ経験があるもののタレント活動経験はほとんどない選手を加入させていた。

注32◆沢尻会……沢尻エリカを中心とした女性芸能人のグループ。一部の芸能マスコミが取り上げていた。

注33◆堀越日出夫……ライター。著書として『アイドル中央情報局』などがある。

証言・03

もふくちゃん

アイドルがホントに
アイコンだった
時代だったから
神格化がすごくて、
みんなのなかに文学が
生まれたんですよ

Profile

音楽プロデューサー、クリエイティブディレクター。でんぱ組.inc、わーすた、虹のコンキスタドールなどのアイドル、PUFFYなどのアーティストのクリエイティブおよび楽曲プロデュースを手がけている。

Berryz工房でぶっ飛んだ

——掟ポルシェ、コンバットRECに続いて、今回はもふくちゃんの登場になります！

もふくちゃん　この並び、やだー（笑）。

——いままで身内すぎたんで、下の世代も入れなきゃっていうことで、当時つながってたわけじゃない人たちも取材してみよう、と。

もふくちゃん　なんか……あんまり光栄じゃない（笑）。（記事を見て）あ、**ビバ彦**（注1）さんなつかしすぎる！　いま何やってるんですか？

——ほぼモバイルゲームですかね。

もふくちゃん　モバイルゲーム!?　あ、**久保内（信行）**（注2）さんとかも出てくる！

——だから、もふくちゃんが出てくるのも当然なので、よろしくお願いします。まず、もふくちゃんがモーニング娘。に目覚めたのはいつぐらいだったんですか？

もふくちゃん　ふつうに『モーニングコーヒー』です。『ASAYAN』観てたから、あれって何年ですか？　95年スタート？　ヤバッ、たぶん小学生とかだ。後々、鈴木亜美とかも好きになったりしてたんで。

——『ASAYAN』は人気番組でしたからね。

もふくちゃん　人気番組だったし、べつにオタクがどうとかあんまり関係なく、そういう番組があるってことでふつうに観てて。

——アイドルというものに対して偏見なく。

もふくちゃん　なく。あんまりそういう音楽とか聴いてなかったんで、モーニング娘。が出てきたときはけっこう衝撃で。『モーニングコーヒー』を聴いて、変な曲って思った（笑）。でも、その頃はモーニング娘。のファンじゃなくて、私は辻加護ちゃん（辻希美と加護亜依）が出てきたあたりで本格的に好きになったんですよね。当時、SPEEDとかほぼ同い年のアーティストがワーッと出てきて、後藤真希とかちょっと年下ぐらいなのに「なんだこの不良は！」みたいな、あの衝撃もすごい覚えてるし。プロジェクトとしてめちゃくちゃ目が離せない面白いことやってるチームだなっていうのと、あと音楽がいいっていうことでカラオケではすごいよく歌ってたし、モーニング娘。というもの自体がすごい好きだなっていうのは小中学生ぐらいから。でも、当時はライブに行くみたいな、そういうオタク活動があるっていうのを知らないぐらいの感じだったから。でもプッチモニとかホントにすごかったもんなあ。ごまっとうとかも全部好きでしたね。どうしたらこんな曲が書けるんだって。メロンとかすごかったですよ。この時代ヤバいね。

――とんでもなかったと思いますよ。

もふくちゃん　『ミスムン（Mr.Moonlight〜愛のビッグバンド〜）』出たときすごかった。シスコムーンとかもすごいよかったんだよな、すごい好きだった。売れなかったとか言われてるけど、いまだったらめっちゃヒットしてる規模でしょ。モーニング娘。と比べちゃうとだけど、ぜんぜん売れてたでしょ。

――売れてたし、最近の黒っぽいアイドルグループとかよりも圧倒的に黒いですからね。

もふくちゃん　ホントそうですよ。何年か前に久しぶりに聴いたらウォーってなりましたね。で、やっぱり私はベリキューが大きくて。ベリキューが出てきた頃ぐらいは自分もある程度大人になってるというか。Berryz工房のファーストアルバムでぶっ飛んだんですよ。

――名盤『1st超ベリーズ』で。

もふくちゃん　後藤真希はなんでこんな大人っぽいんだ、みたいな衝撃があったなかで、次は子供たちが大人みたいな歌を歌ったり踊ったりしてることに衝撃を受けて。

――つんく♂さん、ド変態ですよね（笑）。

もふくちゃん　いま思うとホンットに良い意味で変態だなって思うんですよ。『あなたなしでは生きてゆけない』はヤバいと思って。子供たちが「う〜ん」みたいな歌い方するのとか、「え、ダメでしょ！」みたいな。でも、そこでドーンとハマったんですよ。で、°C-uteも出てきて、『大きな愛でもてなして』とか、女の子から見ても可愛いみたいなことをやってることに衝撃を受けて、Berryz工房と°C-uteはライブに行くようになりました。たぶん大学生くらいだと思うんですけど、「鈴木愛理」ってTシャツを着て、グッズつけて参戦してたのは覚えてます。

――つまり、その時点でサブカル知識も得たうえでハマってたっていうことですよね。

もふくちゃん　そうですね。だから当時、**P-FUNK**（注3）のコンサートがジョージ・クリントンがなんかで逮捕されたせいで日本に来れず中止になって泣いて、その代わりにベリキューのライブに行ったみたいな思い出がある（笑）。

――ダハハハハ！　心の穴を埋めるには（笑）。

もふくちゃん　そうそう、子供で埋めてましたね。あと**新津保建秀**（注4）さん撮影のモーニング娘。の写真集、『Hamilton Island』を見て、なんていいんだと思って。ああいうコンテンツがたまに出ると、心揺さぶられるわけですよ。アートの勉強をまさにしていた頃だから、ちょっとどこかでポップ的なものをバカにしてるところに、たまにああいうのをブチ込まれると、「うわ、これはなんだ！　理解に苦しむ……どっちなんだ！」みたいな。

――好きなものがふたつ合わさってるのに。

もふくちゃん　そう、「この食い合わせは……」みたいな。どうやって飲み込んでいいのかわからないみたいなコンテンツをたまにぶっ込まれて、すごいグッとくるっていうのがハロプロとのつながりというか。「なんで今回こんな衣装なんだろう?」ってあとで、ああいう写真集みたいなのが出たり、やっぱイケてるわ、みたいな揺り戻しでずっと離れられない。あと松浦亜弥さんが出てきたのも大きくて、松浦亜弥さんのリズム感のよさみたいなところにも度肝を抜かれたんですよね。

――とんでもないレベルでしたもんね。

もふくちゃん　あの年齢でグルーヴがある、コンサートのときのグルーヴの出し方が尋常じゃないなって。なんでこの子はアイドルをやってくれてるんだろうって思うくらい無茶苦茶グルーヴィーな子だなと思って。ファンクアーティストとして松浦亜弥のことはめっちゃ見てて。なんかP-FUNKみたいな帽子かぶったりしてるし、ちょっとした**ブーツィー・コリンズ**(注5)みたいな格好するじゃないですか。

――……してたかなあ?

もふくちゃん　してました!　スパンコールとよくわかんないシルクハットみたいなのかぶってたらそっちなんで。松浦亜弥さんはめちゃくちゃカッコいい、リスペクトだった。

――当時、藝大の同級生とかでは、そういう話をわかってくれる人っていたんですか?

もふくちゃん　ひとりもいなかったですね。だから、そのあと大学生ぐらいのときに始めたアルバイトで久保内さんと会って。……あれ、なんで久保内さんに会ったんだろう?

――まずコンサートでモーヲタの大人たちが狂ってる姿を見るわけじゃないですか。それって若い女子からはどう見えてたんですか?

もふくちゃん　私はめちゃくちゃオタク怖かったから、逃げるように帰ってた。誰ともひと言も話さずに。絶対に嫌だと思って。後期はあんまりそういうくさいのが……当時ホントにコンサートがくさかったんですよ。

――そうだったらしいですね(笑)。

もふくちゃん　くさいし、女っていうだけでジロジロ見られるんですよ。それがすごい嫌だったから、20歳過ぎたぐらいから**中森(明夫)**(注6)さんか誰かの伝手でファミリー席に座るようになるんですよ。ファミリー席なら平和だし座っていいし、誰かの親族かな、ぐらいの感じでほっといてくれて。ファミリー席で観るようになってからは平和なコンサートゾーンに入りましたけど、それも全部ひとりで行ってひとりで観てひとりで帰るだけだったから現場には仲間はいなかったです。

——コンバットRECが言ってたのが、後藤真希が制汗剤のCMやってから急速に会場の匂いがよくなったってことでした。オタクだから制汗剤も買わなきゃっていうことで。

もふくちゃん　ハハハハハハ！　ああいうときみんなすっごい忠実だったもんね。コンビニでなんかみんな買ってた、枯れてたもん。オタクみんなティセラ使ってたもんね。それで大学生の頃に知り合った人に、「この人ハロヲタだよ」って紹介されたのが久保内さんで、初めてハロヲタの仲間みたいな。

——現場でつながったんじゃないんですね。

もふくちゃん　現場じゃないんですよね。ひとりでコンサート行ってかわいそうと思われて、恵比寿のカフェのオーナーが気を利かせたのか紹介されたのが久保内さん。当時、私はニートだったかバイトしてたかそんな感じで、それで「アニソンとかハロプロ好きなの？　だったらウチでバイトしなよ」って言われてバイトさせてもらうようになって。

——タブロイド（編集プロダクション）（注7）で。

もふくちゃん　タブロイドで文字起こしとかのバイトしてたんですよ。桃井はるこさんのインタビューとか、『涼宮ハルヒ』とかやってたから06年かな？　14年前だから大学卒業前後だな。藝大生時代に国技館のバイトしながらタブロイドにも行くみたいな感じで、バイトを掛け持ってました。

——国技館のバイトっていうのは？

もふくちゃん　当時、すごい相撲が好きで推しのお相撲さんがいたんですよ。その推しのお相撲さんに会うためにめっちゃ通ってて。それで15日間だけのバイトがあるんですよ、場所中ずっと毎日行けばいいみたいなヤツだから、それに応募して潜り込んで、毎日国技館に行くっていうバイトをしながら、ついでにタブロイドに行くみたいな感じで（笑）。

——好きなことしかやってない（笑）。

もふくちゃん　たしかにそうですね（笑）。国技館のバイトはめっちゃおもしろかったですね、国技館の下にある焼き鳥工場も見学させてもらって。スタッフはけっこうどこにでも入れるんですよね、花道まで行けるし、それがめちゃくちゃ楽しくて。あれ、公式ホームページの更新みたいな仕事でしたね。

——相撲の仕事と、「いいデブ」と呼ばれた久保内くんの仕事を両立させてたんですね。

もふくちゃん　そう、私の人生、あのときなんであんなにデブに囲まれてたのかなと思うんだけど、いいデブ、悪いデブ、白デブ黒デブと呼ばれていた**小板橋（英一）**（注8）さんと久保内さんと両方のデブのところでバイトしながら、さらに国技館に通うという。どうしたんだっていうぐらい。

——でも、その出会いが人生を変えて。

もふくちゃん　そうですね。ハロヲタの二巨体といえばあのふたりじゃないですか。あのふたり両方のところで働いてる人ってそうそういないと思いますよ。久保内さんのところで平和に働いてました。

——仕事してるのかと思ったらBerryzの振りコピとかしてたってことでお馴染みの。

もふくちゃん　仕事の内容あまり思い出せないってことは、ぜんぜん仕事してなかったのかもしれない！　たまーに仕事しながらご飯を食べに行って。

ラブレター朗読イベント

——そこで、いよいよ大人のモーヲタと呼ばれる人たちと大量に出会うわけじゃないですか、どういうふうに見えてたんですか？

もふくちゃん　キモいなって（キッパリ）。

——ダハハハハ！　率直すぎますよ！

もふくちゃん　キモいは褒め言葉ですから。でも、おもしろかったですよ、**うたか**（注9）さんとか**ねりな**（注10）くんとか、あの界隈みんなですね。

——久保内くんのところで働くと、自然とそのへんの人たちともつながるわけですよね。

もふくちゃん　当たり前のようにみんな職がなかったり、ご飯も自炊しないでコンビニ飯みたいな感じだから、来るんですよ。久保内さんがそういうオタクへの炊き出しみたいなことやってて（笑）。やっぱり食には並々ならぬこだわりがあるわけですよ。だから間違って何キロとか作っちゃうの。生ハムの原木を買っちゃったり。どこからかその匂いを嗅ぎつけた人たちがファーッと来て、「あのときのコンサートのこれがよかった」みたいな話をしながらご飯を食べて。その脇で私がずっと文字起こししてるみたいな感じの職場だったんで、ちょっとした地獄絵図でしたね、楽しかったですけど（笑）。

——ダハハハハ！　なかなか出会うことのなかったタイプの大人たちに一気に会えて。

もふくちゃん　そう。でも、あんまりキラキラしてる人たちと一緒にいるよりは、そういう人たちとどうしようもない話をしてるほうが自分も楽じゃないですか。**『爆音娘。』**（注11）とかも行って。でも私が行ったときは後期だったのかな、いったん『爆音娘。』は終わって、天井から**ヲタ汁**（注12）が降ってた頃の後みたいな感じで、うたかさんがキッズたちへのラブレターを朗読するみたいなイベントもありました。

――それはそれでキツい時期ですよ！

もふくちゃん　うたかさんが椅子に座ってそこにスポットライトが当たって、「（矢島）舞美さんへ。僕は本当にあなたのことが……」みたいなラブレターを読むのをずっとみんなで聴いてるイベント。何あれ？

――うたかくんは本物ですからね。

もふくちゃん　うん、キモかった！　それで私が**ディアステージ**[注13]を始めたから、最初はそういうハロヲタの仲間たちを呼んで。うたかさんの誕生日をディアステで祝った話します？　うたかさん、たしか誕生日が12月24日なんですよ。

――よりによって。

もふくちゃん　めっちゃおもしろかったです、クリスマスイブが誕生日で、どこにも行くところがなくてかわいそうだから、「誕生日ひとりでしょ、ディアステで祝ってあげるよ」って、オープンしたてのディアステでお祝いして（笑）。だけど、多分うたかさんってディアステのああいう雰囲気が合わないんですよね。

――もうちょっと若い子が好きだし。

もふくちゃん　ションボリみたいな感じになっちゃって、うたかくんコンカフェ向いてないなって。たしか「家で何してるの？」って聞いたら、「キッズたちのコンサートビデオを流しながら爆音でアイズレー・ブラザーズをかけてる」みたいなことを言ってて、「ああ、それはヤバいね。でも、わかるよ、キッズたちの映像を観ながらそういう音楽を聴きたくなる夜もあるよね」みたいな話をしたのは覚えてます。

――音楽がわかるロリコンですからね。

もふくちゃん　そうなのよ。でも、ハタから見たら、「何それ？」みたいな。うたかさんは本物ですね。

――本物ですよ。なかなか女子大生がそのへんに遭遇することもないでしょうからね。

もふくちゃん　そうね、でも楽しかったよ。ホントにみんな古き良き童貞感というか、アイドルに一途でしたよ。

――ですね、完全に。じゃないとホームページで自分のオ○ニー報告とかしないわけで。

もふくちゃん　ハハハハ、なつかしいね。あのとき**はてなアンテナ**[注14]系がすごい流行ってて、モーヲタのはてなアンテナみたいなのがあったよね、それをまとめてる人とかいて。

――テキストサイトの時代ですね。

もふくちゃん　そうそうそう。みんなやってたよね、コイタくんもそうだし、Berryzのオタクの**たか木**[注15]くん、いまディアステのCYNHNのオタクになっちゃったんだけどさ（笑）。当時、鎧みたいなの作って全身キッズのプロマイドを貼ってコンサートに行ってるヤバいヤツがたか木くんで、そういう編集界隈といろいろやり取りしてて。だからハロヲタは編集者が多かったんですかね。

――テキストサイトから流れる人が多かったんでしょうね。文章を書けるからビバ彦さんにライター仕事を頼まれて、知らないうちに出版の下請けみたいなことやってるという。

もふくちゃん そうだね、みんなそうだ、テキストサイト界隈なんだ。私も98年ぐらいからずっとネットやってて、ホームページやったりして。だから私も見てたんだよね、モーニング娘。が好きな人たちの日記とか。それこそ**安全ちゃん**(注16)だってそういう界隈だったじゃないですか。最初は辻ちゃんの女ヲタでヤバいテキストサイトがある、みたいな。

――初期ネット文化の有名人ですね。(古川)未鈴ちゃんが一緒にバイトしてた時期はいつですか?

もふくちゃん ディアステと並行してだから07年から08年ぐらい、ディアステで働きながらそういうところでバイトして。当時コイタさんがまだアニメの雑誌とかの編集やってて、「未鈴ちゃんアニメ好きだからやりなよ」って紹介して。久保内さんのところは掛け持ちしてたのかな。で、ちょうど**pixiv**(注17)が始まって、隣に社長だった**片桐(孝憲)**(注18)さんが座ってて、「今度、画像のSNSをやるんだ」とか言い出して、「絶対に流行らないし!」みたいにみんなでゲラゲラ笑って、「何言ってんだよ画像のSNS? mixi一択だろ」って爆笑してたら、なんか流行ってきて。

――まさかのmixiよりも。

もふくちゃん そう、mixiより売れてる! みたいになって。だからpixivも最初の立ち上がりから見てますね。最初はただのホームページ請負会社みたいなのやってて、まだみんな貧乏でそのへんのマンションに住んでて、っていう千駄ヶ谷時代からですね。千駄ヶ谷ってなんかチラッと出てきてましたよね……(『BUBKA』を見て)「一番の稼ぎ頭が小板橋」(笑)。

――家族を支えてた話をRECがしていて。

もふくちゃん ヤフオクの発送で財を築いた話まで……。うわ、「もふくちゃんちゃんはぜんぜん働いてなくて」って(笑)。

――掟さんがそう言ってました(笑)。

もふくちゃん やめろ!

――ダハハハ! 当時、いいデブ悪いデブの2人のことはどういうふうに見てましたか?

もふくちゃん ホントにわかりやすくいいデブと悪いデブで。あと小板橋さんのよく覚えていることは、コンビニで売ってる社会の底辺みたいな分厚い漫画ってあるじゃないですか。

――コアマガとかが良く出してるやつ。

もふくちゃん　そうそう、あれのコレクターなんですよ。だから コンビニに行くたびに新しく出たヤツ全部買ってて。だから社会の底辺オタクなんだなってそのときは思ってて。『SPA!』でもそういう特集をやってて久保内さんもそういうときライターをやっていて。

――そこに出てくるのもモーヲタっていう。

もふくちゃん　そう、私2回出たもん。

――あ、有馬(注19)くんが出たヤツですよね。

もふくちゃん　たぶん有馬くんと同じ回に私も出てる（笑）。ひどいよね、底辺枠っていう

――どう考えても底辺側じゃないですよね。

もふくちゃん　でも当時、藝大で貧乏だったから十何人でシェアハウスしてて。そこがあまりにもゲイの巣窟みたいになってて、「ゲイと藝大生が交差する地獄の社会底辺」みたいな書かれ方で（笑）。2回載りましたよ。

――当時は有馬くんと同じ枠だったと思うと。

もふくちゃん　ひどくない？　そう考えたら私めっちゃ頑張ったよ！

――周りが次々と捕まったりしていくなか（笑）。

もふくちゃん　ホントにそうだよね、よかった。あれ、今のところ、ハロヲタのいい話ひとつも出てこないですよ、これ（笑）。

目立つヲタには何かがある

――でも、個性的でおもしろい人材をいっぱい輩出したのは間違いないわけじゃないですか。なんで、あのときのモーヲタ文化がおもしろかったんだろうとは思ってるんですよ。

もふくちゃん　いわゆるはみ出し者みたいな人たちが初めてコミュニティを見つけたんじゃないですか？　当時まだSNSもそこまでなかったなかで、おもしろい人たちがつながっちゃったっていう初めてのケースだったのかな。クラスにはひとりしかいないはみ出し者だけど、クズが集まるとこんなにネットワークができるんだ、みたいな。似てる人たちが集まって、そうすると居心地がいいから。

――それはホントそうだと思います。

もふくちゃん　久保内さんのところに集まる人って、ほかでは絶対バイトできない人たちだったんですよ。私もそうだと思うんですけど、ほかでは駄目なんだけど久保内さんのところだけでは仕事ができるみたいな感じの人たちがうまく集まって。そういう一点突破型の才能のある人たちがハロプロっていう共通項でつながった、みたいな。エリートだけど落ちぶれたみたいな人がいっぱいいて。

――ホントにちゃんと頭がいい人もいたし、ホントに最下層み

たいな人もいたしで。
もふくちゃん　そうそうそう。そういう人たちが一緒になることってあんまりないけど、突き詰めるとホントにおもしろいオタクって、特にああいうハロー！プロジェクトぐらい巨大なコンテンツのなかで、さらにそこで目立てる人って何かあるじゃないですか。
――そうですね、良くも悪くも。
もふくちゃん　良くも悪くもなんかあるんだよね（笑）。なにがしかの才能がある面白い人たちが特にハロヲタには多かったなと改めて思いましたね。
――たぶんネット文化が生まれてからの初めての大規模なアイドルだったから、雑多な人たちが集まって。宇多丸さんと有馬くんが同じ位置で会話するような空間ができていって。
もふくちゃん　そんなのありえないじゃないですか、モーニング娘。がなかったら、まず一生出会わないですよ。
――ダハハハハ！
もふくちゃん　有馬さんもホントにおもしろかったですからね。
――いまだにちゃんとおもしろいし、いまだにちゃんと定期的に問題を起こすという。
もふくちゃん　でも、問題の起こし方がいまのオタクとは種類が違うのかなって。騒いで荒れてどうのとかじゃなくて。

――まあ、コンバットRECの回（証言・02）で出てくる話とかひどいですからね。アップフロントの隣のコンビニでバイトしてた話は有名ですけど、そこでハロメンが買ったレシートを取ってくるんですよ。それを見てみんなで盛り上がったっていう。ヤバいものを買ってるわけじゃないんですよ、「やっぱり誰々ちゃんは何味が好きなんだねー」みたいな（笑）。
もふくちゃん　アウト！
――ホントにアウトなんですよ（笑）。
もふくちゃん　わかる！　そういうなかでもホントにアウトなことをしてた人が一時期AKBに流れてたいへんそうだったけど。
――意地でもそっちには行かない人と気軽に行ける人とで、大きく分かれましたよね。
もふくちゃん　うん、行く人のほうが少数派だった気がする。だって宗派が変わったみたいな感じじゃないですか。キリスト教だったのに仏教徒になったみたいな感じですごい叩かれて。でも、いろいろありましたよ。大迷路の後のこともよく覚えてるな。
――飯田圭織結婚バスツアーのときですね。
もふくちゃん　そうそう。あとは「Berryzのハワイ旅行に絶対に行くから仕事を休みます！」って言ってクビになりかけた**ピ**

ロスエ(注20)さんとか。ピロさんはホントにしゃべらないからわからない。いつも会社にはいるのにひと言もしゃべったことない。ピロさんはアイドル楽曲大賞をずっとやってて。まだやってるもんね。あの人は仕事をほっぽり投げてハワイに行ったっていう伝説を残してますね。

――オタクとしては正しいんでしょうけど。

もふくちゃん　そうそう、「絶対にそれに行くんで仕事辞めます」みたいなマジな目つきのとき見ましたから、うわ怖っ、みたいな。

――そういう人たちがゴロゴロいる会社で。

もふくちゃん　そうそうそう。言い方悪いけど本格的に「気持ち悪いオタク」として世間に指をさされるような人たちばかりでしたからね！

――そこに心の距離はあったんですね。要するに、そんなに気持ち悪くないヲタが当時はほとんどいなかったっていうことなんですよね。

もふくちゃん　そうだよ、みんな気持ち悪かったよ！　でもそのくらい振り切っている瞬間が楽しかった。

アイドルヲタ文化の変化

――AKBによってオタクが変わったのって大きいじゃないですか。ちゃんとアイドルにモテようとするオタクが増えたっていう。

もふくちゃん　めっちゃ変わったよね。イマドキの若者が多くて。「え、身なりに時間をかけている⁉」みたいな。そんな人、ほとんど見たことなかったもん。

――ハロヲタの場合は、メンバーに認知はされたいけどモテたいわけじゃなかったから。

もふくちゃん　そう。間違った方向に行っちゃうじゃん。貴族の格好したり、全身に生写真貼りつけたり、頭を℃-ute刈りしたり。

――しゃもじを付けるとか、目立つ方向が違うんですよね。印象に残ればいいっていう。

もふくちゃん　今思うとハロヲタは当時、研ぎ澄まされてたのかも。

――良くも悪くもそこで文化が変わったのが、アイドル側もヲタを恋愛対象として見るようになったのがそこからなんですよね。

もふくちゃん　AKB以降は距離が近いですよね。ハロプロはどうしても絶対的に距離があったから、そのなかで大喜利してたわけじゃないですか。絶対つながれない、絶対つき合えないっていうなかでの妄想が入り乱れて、うたかさんみたいな気持ち悪い日記を書き始めたり……でもあれはすごく文学的な応援の仕方なんですよ。

——手の届かない存在だからこその。

もふくちゃん　そうそうそう、そこに最後のアイドルカルチャーが残ったというか。

——AKBだと距離が近いがゆえに、何か妄想してテキストで何かを発表するみたいな方向になかなか発展しないんですよね。

もふくちゃん　だって本人に言っちゃえるもん。だからそこで終わっちゃうから、そこで何かを募らせないじゃないですか。

——やれることは握手会での会話レポートとか、そういうふうになっていくんですよね。

もふくちゃん　そうそうそう。でも、そうじゃないんだよ、アイドルがホントにアイコンだった時代だったから神格化がすごくて、みんなのなかに文学が生まれたんですよね、たぶん。それがおもしろかったわけじゃないですか、ハロヲタのキモさっていうのは。

——うたかくんは完全に文学でしたもんね。

もふくちゃん　あの朗読を聴いて文学だなと思いましたもん。もうツルゲーネフぐらいの感じでしたから。

——でんぱ組がステージで朗読やったのは、その流れかもしれないですよね（笑）。

もふくちゃん　その流れにされたくない（笑）。あのピンスポット最高でしたけどね。いまも忘れられないもん、あのうたかさんの謎の回は（笑）。

——キモがりながらも、なんで彼らと一緒に働いてたんだっていう気もしますけどね。

もふくちゃん　気持ち悪いのがどっかで好きなんでしょうね。つかず離れず、特別誰かと仲良くもせず。

——ボクも『爆音娘。』とか毎回行ってたけど、あんまりヲタと仲良くしなかったんですよ。もとから仲良かった掟さんとかRECとかとは話すけど、ヲタとはすごい距離があって。

もふくちゃん　吉田さん壁あるもんね。でも、壁は私も作りがちで、この界隈でも作ってました。連絡先知ってるのは久保内さんとコイタさんぐらいで、あとは連絡先わかんない。だから私、そういう意味ではハロプロのオタクとは見られてないと思う。

——立ち位置としてはボクと近かったんですかね、サブカルの人が様子見に来てる感じ。

もふくちゃん　そう、様子見てた感じ。変なヤツらがいるなーって滝壺の下を見るみたいな、「おぉーっ、怖い怖い」って（笑）。

――『ＢＵＢＫＡ』の忘年会の流れでなぜかコイタくんがついて来てウチの玄関で寝てたときも、「なぜ!?」と思ってましたもん。

もふくちゃん　地獄絵図じゃないですか！　でも、コイタ、久保内は本当におもしろいふたりでしたよね、まったく対極だったので。

――コイタくんのその後はどれくらい話せるんですか？

もふくちゃん　そうですね。コイタくん、とにかくこの界隈で一番のお金持ちになって、みんなが「あいつ金持ってんぞ」みたいになったんだよね。昔から小板橋くんは、「俺がなんで金を貯めてるか知ってるか？　アイドルを作るためだよ！」って。

――コイタくんってもともとハロー！のときからものすごい金をぶち込み、ＡＫＢにもぶち込みってやってきた人じゃないですか。

もふくちゃん　ただ、私たちからはぶち込んでるように見えるけど、たぶん彼の稼ぎでは微々たるものなんですよ。で、「俺はすべての遊びをやり尽くした、お金も手にした、次にやることはアイドルを作ることしかないんだ」みたいな。楽しそうでしたよ、この世の春みたいな顔してましたよ、痩せて（笑）。

――人生のピークを迎えて（笑）。

もふくちゃん　楽しそうでしたね。

――印象的なのはＴ－Ｆのお披露目のとき、当時の仲間たちがコイタくんがアイドル始めるって聞いて、「絶対あいつ何か問題を起こすよ！」って言ってたのをすごい覚えてて。

もふくちゃん　彼の名誉のために言っておくと、結果的にそういうふうにはなったけど、それまではすごいまじめにやってましたよ。だから、近しい周りのみんなは「えぇっ!?」っていう感じだとは思いますね。どっかでトラウマがあるんじゃないですか？　それがたまに垣間見えるじゃないですか、人間不信というか。それが久保内さんと真逆なところで。久保内さんは間違って全員を信用しちゃうタイプだけど、小板橋は誰のことも信用ならんみたいな感じで最初から扱うから。

――久保内くんの文章が最近ちゃんと読まれるようになってよかったなと思ってますよ。

もふくちゃん　最近なんか書いてますよね、どうしたんだ急に。「おまえなんか書かれてるぞ」って言うから、なんだなんだって見てみたらめちゃくちゃ昔の話を書かれてて。

女ヲタの曲がデビュー作!?

――「私、20代前半のうちにメイド服着てみようと思って。若さの特権じゃん?」と言ってバイトを辞めて、メイド喫茶のバイト一ヵ月ぐらいで「そうだ、私、来週から社長になるから。で、メイドライブバー作るんだー」って言い出して、『ディアステージ』の「スク水社長(注21)」になってたとか書いてましたけど(笑)。このモーヲタ体験がなかったら、もふくちゃんも絶対こうなってはいないわけですからね。

もふくちゃん　そうだよね、たしかに。完全にモーヲタ体験からですよね。末鈴ちゃんと最初アイドルやるときに、ハロプロみたいなのがやりたいよね、みたいに言ってて。そしたら、ハロプロみたいにならなかったんですけど(笑)。

――まったく違う方向に。

もふくちゃん　そもそも歌とダンスをキッズの頃から仕込んでない、っていう挫折が最初にあって。同じことはできないっていうのが大きかったですね。

――ホントにもふくちゃんが無事でよかったっていう感じですよ。これだけ荒波に揉まれて。

もふくちゃん　ホントですね、まじめにやってますから。女でよかったなとは思います。

――当時チヤホヤされたんですか?

もふくちゃん　チヤホヤなんかぜんぜんされない。いま思うとみんな優しかったから、あれをチヤホヤって言うのかなとも思いますけどね。みんなあんまり女の子と話したりしたとこなかったから目を見てくれなかったし、あんまりしゃべってくれなかったから、いつも警戒されてるみたいな感じだったけど。

――当時は女ヲタが少なかったですからね。

もふくちゃん　超少なかったですよ。だから女ヲタが有名になっちゃって、いろいろいましたね。**くろティー**(注22)とか**モコモコ**(注23)さんとかとはアルバイト先でご飯一緒に食べたりして。くろティーは何やってるんだろう? 私と**とりっこ**(注24)でくろティーの曲、作ったもん。

――あ、それまだ音源を持ってるかもしれない。

もふくちゃん　その音源持ってるの、たぶんこの世に2~3人ぐらいしかいないですよ。

――『私はくろティー』でしたっけ?

もふくちゃん　そうそう(笑)。何やってたんだろう? 自分でも自分のやってたことが理解できない(笑)。くろティーの曲はディレクションした思い出があるわ。とりっこに「もっとこういう曲を書け」って。くろティーの曲のあと手がけたのが末鈴ちゃんのソロ曲で。

――ダハハハハ！　つまり、プロデュースワークの出発点がくろティーだったんですか！

もふくちゃん　処女作。私のキャリアの始まりを思い出しました、『私はくろティー』が初めての作品だったかもしれない（笑）。

――モーヲタになって人間関係が広がって人生が変わった人は山ほどいますけど、もふくちゃんも間違いなくそのひとりだったわけですね。

もふくちゃん　うん、アイドル界隈とかはそうだよね。いまも働いてるボゾくんを最初ディアステに引き連れたのも、そういう……当時ももクロには流れたんだよね、ハロヲタの子たちが。石丸電気のももクロのライブ観に行ったとき、有馬さんがいてたか木くんもいてボゾくんもいて、ビバ彦もいたかな？　こういうところに名前が出てくるような人たちがみんなももクロの石丸にいて、なんか始まるなっていう気がしたんですよ。

――アイドル文化がまた変わる段階が来た。

もふくちゃん　そうそうそう。そこにボゾくんとかが並んでて、暇そうなニートだったから、「働きなよ」って引っ張ったりしてて。それが秋葉原でたまたま一緒になった交差点ですよね。当時、AKB、ももクロ、ディアステってワサーッといたから。

――掟さんの家が火事になってボクの家に住んでたときに、掟さんの引っ越しを手伝ったのがボゾさんで。ある日、突然話しかけられて、「僕、吉田さんの家に入ったことあるんです」って言われて意味がわからないと思ったらそれで。なんで知らないオタクを家に入れてんだよとは思いましたけどね（笑）。

もふくちゃん　ホント、危険すぎる（笑）。でも、あれが青春だったんだよね。しかもちゃんといい距離感だった気がするな。いまのアイドルオタクはすごい近いからさ。

――接触の有無はホント大きいですね。

もふくちゃん　アイドルとの距離が近くなった結果、文学性はなくなっていったのかなと。あの頃はあのつらいつらい大迷路ですら伝説に残るくらい、コンテンツに替えようとみんながすごく頑張ってましたよ。もちろん当時は笑えなかった人たちいっぱいいたと思うけど、そういう伝説に残すやり方っていうのかな、今でもみんなで集まってるみたいなのがすごく美しいなと思いますね。

――ある時期まで、オタクはひどい目に遭ったことをすべてネタに替える生きものだったはずが、ふつうに怒る人が増えましたよね。

もふくちゃん　そうですね。それまでは距離があったから。神様に罰を与えられても、神様だからっていうのがあるじゃないですか。

――ひどいけど受け入れるしかない。

もふくちゃん　そう。ひどいけど神だから俺が悪いんだ、みたいな感じになれてたのが、誰かとつき合えばああだこうだ言われて。こっちは辻加護のスキャンダルで慣れてるからさ。

――長いスパンのドラマだからいいわけで。加護ちゃんの人生を見てると、ハロプロ復帰のライブとかボロ泣きできましたからね。

もふくちゃん　ホントに人生って素晴しいなってなるじゃないですか、乗り越えたから。いまのオタクが歳をとったときにそうなれるのかなと思って。単純にそういうコンテンツだと消費が早いからつまんないなと思って。スキャンダルがあったから嫌いになるとかは浅いのかなと思うわけですよ。辻ちゃんの結婚のときも、なんで辻ちゃんは記者会見であんなに「申し訳ありません」って言うんだろうってハテナでしたよね。「すみません」とか「申し訳ありません」を連発した記者会見だったから。

――妊娠は悪いことなのかっていう。

もふくちゃん　そう！　それも「辻ちゃんに何言わせてるんだコノヤロー」みたいな怒りはすごくあったし。加護ちゃんは何があっても応援したい気持ちって消えないじゃないですか。そういうのがファンだと思うんですよね。……書ける話ありますかね？

――全部書きますよ！

注1◆**ビバ彦**……編集者。BUBKAでもモーニング娘。関連の連載を担当した。
注2◆**久保内**（信行）……編集者、ライター（105ページより掲載）。
注3◆**P-FUNK**……アメリカの音楽集団。混沌とした世界観が特徴。
注4◆**新津保建秀**……写真家。映像やドローイングも手がけている。
注5◆**ブーツィー・コリンズ**……P-FUNKのベーシスト。音だけでなく服装もド派手。
注6◆**中森**（明夫）……評論家。アイドルに言及することも多い。
注7◆**タブロイド**（編集プロダクション）……久保内が代表取締役を務める編プロ。
注8◆**小板橋**（英一）……編集者、ライター（091ページより掲載）。
注9◆**うたか**……テキストサイトなどでも知られた（207ページより掲載）。

注10◆ねりな……ライター活動も行なっている。

注11◆『爆音娘。』……ハロプロ楽曲をかけるクラブDJイベント。

注12◆ヲタ汁……水蒸気となった汗が、天井から再び液体化して降ってきた汗のこと。

注13◆ディアステージ……2007年にオープンしたライブハウス＆バー。

注14◆はてなアンテナ……登録したサイトの更新が分かるウェブサービス。

注15◆たか木……2ちゃんねるの市井スレに常駐。ベリヲタに転身後、『爆音娘。』で顔見知りになっていた小板橋英一に雇われライターに。

注16◆安全ちゃん……有名ブロガー。

注17◆pixiv……漫画やイラストなどを投稿できるサイト。

注18◆片桐（孝憲）……pixivの他、DMM.comなどの社長を務めた。

注19◆有馬……「サムライ」の名前で知られる有名ヲタ。このインタビュー連載にも登場した（137ページより掲載）。

注20◆ピロスエ……現在でもライターとしてハロプロ関連の布教に勤しむ。編著書に『アイドル楽曲ディスクガイド』等がある。

注21◆スク水社長……コスプレ写真を披露することもあり、「スク水社長」と呼ばれた。

注22◆くろティー……第2回爆音娘。にノイズバンドMerzbowの黒いTシャツを着て来場。『わたしはくろティー』という持ち歌あり。

注23◆モコモコ……辻加護がCM出演していたカップケーキの素が名前の由来の女ヲタ。そのイノセントな雰囲気を推すヲタもいた。

注24◆とりっこ……2001年頃からナショナルアンセムという後藤真希のテキストサイトをやっていた後藤ヲタ。『わたしはくろティー』にも関わる。

証言・04

杉作J太郎

なんという
素晴しい人々が
ここに集ってるんだろう
ということで
その日から僕の
モーニング娘。は始まった

Profile

狼の墓場プロダクション代表。漫画家、タレント、映画監督。南海放送のラジオ『痛快!杉作J太郎のファニーナイト』のパーソナリティとしても活躍中。

ハマるつもりはなかった

——この企画にJさんは絶対に欠かせないわけですけど、まずJさんがモーニング娘。にハマったきっかけはなんだったんですか？

杉作　ハマるつもりはまったくなかったんですよね。というか、ある時期アイドルはすごく好きだったんですよ。80年代のアイドル黎明期の、まさにその頃に**藤木TDC**(注1)とかと一緒に、とにかく**『ザ・シュガー』**(注2)とかでアイドルの原稿はよく書いたんだよね。だけど、あるとき櫻木編集室の櫻木さんが……。

——『マガジンWOooooo!』編集長の？

杉作　うん、サン出版の**櫻木徹郎**(注3)さんっていう人がいるわけですよ。かなりの人物なんですけど。僕は貧乏な時期も長かったけど、テレビの仕事なんかも増えてきて、なんとかなってきたのかなと思ったときに、櫻木さんが「そろそろ杉作くんも名刺がいるね」って言ったんだよ。あんまり多くは言わなかったんだけど、その当時の売れてた僕の状態をあまり喜んでるようには言わなかったんだよね。

——肩書きがない、みたいな意味ですかね。

杉作　専門分野がないってことだと思う、なんでもやってたから。そこから僕はヤクザ映画とか男性路線に完全にシフトしたんだよ。アイドルの原稿とかもうやめようと思って。ちょうどその頃に**男の墓場プロ**(注4)って名前も作ったんだよ。ちょうどその頃だと思う、洋泉社で**『ボンクラ映画魂』**(注5)とか出したのは。**石井輝男**(注6)さんとかとのつき合いが始まったのもその頃からなんですよ。プロレスとか格闘技とかアニメとか漫画の話をするにしても全部男性の話で、女性専科からは遠ざかろうみたいな感じがあった時期だったんだね。ちょうど、そんな頃に**FMW**(注7)の仕事が始まって。

——プロレスの裏方をやり始めた時期。

杉作　そう。まさに男の世界でしたから、当時は女性的なものに惹かれるつもりはなかった。アイドルに関してはまったく興味なかったんですよね。ただ、初めてモーニング娘。の曲を聴いたのはFMWだったんですよ。FMWの客入れか何かのとき、『モーニングコーヒー』が流れてたんだよね。何回か聴いてるうちにいい曲だなと思って、聞いてみたら「モーニング娘。だ」って言うんだよね。でも、それがどんな人たちか確かめようみたいな気持ちもなくてね。だから最初はモーニング娘。とはすごい距離感があったんですよ。

——FMWに真剣に取り組んでた時期だし。

杉作　うん。FMWも真剣にやってたうえに、あの頃は**『トゥナイト2』**(注8)があったんだよ。『トゥナイト2』で僕はプロ野球でいうと中継ぎリリーフみたいな役だったんで、ヘタすると全曜日に出るんですよ。……これずいぶんモーニング娘。の話とズレてるように聞こえるけど一致してくるんです。もともとFMWで仕事をし始めたとき、「**WWF**(注9)を観ておいてくれ」と言われて、これは勉強する価値がある、観ておかなければいけないもんだ、ぐらいに思ってWWFを観るようになったんですよね。そしたら『ASAYAN』がちょうどCS放送の裏だったんだよ。それもあってまったく観られなかったの。家にいるとWWFを観ちゃうんで、旅先だったらCSが観られない。だから初めて動いてるモーニング娘。は市井紗耶香の卒業の模様を仙台のテレビで観たんだよ。それも、夜通し旅館で北野誠さんたちとロケをやりながら、朝5時から牡蠣を獲りに出漁しなきゃいけないっていう日で、「これがモーニング娘。か!」って。それでもまだまったく関係ない世界で。

――その時期だと、もう周りがけっこうモーヲタになっちゃってたとは思うんですけど。

杉作　周りにモーヲタはいなかったんですよね。後にモーニング娘。に熱狂的になった人たちとは当時まだ知り合ってないからね。最初は**伴ジャクソン**(注10)か。**植地毅**(注11)くんと打ち合わせでどっかの喫茶店でひととおり話が終わったときに、伴さんが袋を持ってて、「それ何?」って聞いたら「モーニング娘。のベスト盤が出たんだよ」って。そしたら植地くんは冷たい感じだったんだよ。俺もまったく一緒でしたね、『**浪漫アルバム**』(注12)を作ってるところに女の子のCDを持ってきて。

――こっちは男らしい本を作ってるのに。

杉作　なんだよと思ったら、伴さんも、「いやいや、僕も全然好きじゃないんですよー」「これは買っといたほうがいいヤツらしいんですよー」みたいな感じでね。当時は安倍なつみさんっていう人がすごくきれいだと思ったぐらいの関心しかなかったです。そうこうしてるうちに、今度はコンビニで『乙女　パスタに感動』が流れてたの。聴き始めた瞬間に、これすごくいい曲だなと思って、歌詞を覚えて帰って。それで調べたらタンポポっていう人たちが歌ってる曲だっていうことで、モーニング娘。に距離がグッと詰まって。

――名曲がコンビニで偶然流れてたから。

杉作　「え、こんな曲をいまアイドルが歌うのか!?」と思って、CDとかDVDとか買いまくったと思うんですよ。ちょうど『恋愛レボリューション21』が出た頃で、曲の雰囲気も彼女たちの雰囲気も含めて観たときに、なんて勇ましい連中がこの世の中にいたんだと思ったんだよね。僕はアイドル的なものとは距離を置いて、東映のヤクザ映画に代表されるような山城新伍さんとか梅宮辰夫さんとか安藤昇さんとか高倉健、鶴田浩二、若山富三郎、あと大部屋の人たち、そういうたくさんの人をこれから研究していこうと思ってた矢先だったんだけど、やっぱりそれは全部過去のものなんだよね。現在はといったらそんなでもないんだよ、東映の映画も含めて。

――昭和の男の世界はなくなっていて。

杉作　その頃、初めて梅宮辰夫さんとかに会ってお話を聞いたら、「いまのヤクザ映画とかつまんないだろ?」って言うんですよ。たしかにヤクザ映画だけじゃなくてプロ野球も、いわゆる男性的だったものが、ボクシングは好きでしたけど、それでも全体的に線が細く感じ始めてたんでね。そんな世の中になってきてるからしょうがないなと思ってたときにモーニング娘。の、特に『恋愛レボリューション21』の曲、並びに歌ってる世界を見て。いわゆる東映の俳優さんたちがみんな歳とって、どんどんみんな亡くなっていって男性的なものがなくなってるなかで、女性たちがついにその役割で帰ってきたと思ったんだね。だから当時、僕の目には……いま思えば完全に狂ってたんだけど、モーニング娘。のメンバーは男性的なものとして見えてた。ただ勢いは実際それくらいありましたよね。

――当時からJさんはモーニング娘。のメンバーを東映のヤクザ映画の俳優さんたちによくたとえていて、半ばギャグとして聞いてましたけど、実は本気だったわけですよね。

杉作　俺は大真面目だったんだよ。僕の目には後藤真希さんが完全に高倉健さんに見えてましたからね。辻ちゃん加護ちゃん(辻希美、加護亜依)は完全にカポネ団の梅宮辰夫さんと山城新伍さんで。それから石川梨華のポジショニングは、70年代の実録ヤクザ映画の渡瀬恒彦とまったく一緒なんだよ! だから万全の自信を持ってモーニングの世界に突入していったんです。

――よくアイドルは弱ってるときに心の隙間に入ってきやすいといいますけど、JさんはFMWでたいへんな思いをして、それを失ったっていう状況も大きかったんですかね?

杉作　それは大きかった。時間が余ったんだよ。FMWに週のうち半分以上は行ってて会議だって朝まで何十時間だから、それがなくなって。結局、僕はFMWから退くわけですけど、燃え尽きた感じになっちゃったんだよね。FMWのときは会議ばかりで思惑以外のところで動くことも多くて、たぶんストレスもあったと思うんだよね。特にFMWは家族ぐらいのつもりで僕はやってたんだけど、どうしても退かざるをえない状態で退いたんで、もしかしたら寂しかったんだろうね。

――ちょうど心にぽっかりと穴が空いて。

杉作　それでやることもない状態のとき、モーニング娘。は在宅で楽しんでいて。でも、女性のコンサートは数えるぐらいしか行ったことがない。おニャン子クラブも最後の代々木に行っただけだし、高岡早紀さんが内田裕也さんと一緒にやるっていうんでスパイラルホールに観に行ったのも、あのときは高岡早紀さんより裕也さんのほうが大きかったと思うんだよね。あと菊池桃子さんがラ・ムーになったときに観に行ったぐらいで、女性のアイドルのコンサートをどうしても生で観なきゃいけないっていうのはなかったんですよ。家で十分、テレビで十分。だから昔アイドルの原稿をよく書いてた頃も、『おはスタ』とか観てたらそれでいいだろ、みたいなね。

モーヲタに心を打たれた

——モーニングもテレビに相当出てたから、在宅でも楽しめる文化だったわけですよね。

杉作　たぶんそうだったと思いますよ。そんなある日にモーニング娘。のコンサートが清里高原であって、チケットがあるからっていうんで。ただ、清里高原なんて行ったこともなければ、避暑地みたいなところに対してのあこがれもまったくないし、むしろどっちかといったら憎しみがあるぐらいで。避暑地なんかに行くようになったらおしまいだ、ぐらいに思ってましたから。そしたら、伴ジャクソンが「車で連れてってくれるそうですよ」って言うんだよ。**ごっしー**[注13]っていう人物が車で連れてってくれる、と。「ごっしーが自分の車で行くからごっしーの車で行けますよ。ガソリン代もいらない、タダで構わない」ってことで。それで、ごっしーといわれる人物の車に乗り込んだわけですよ。まあ、それから長いつき合いになりましたけどね。

——それがファーストコンタクトで。

杉作　自動車もちゃんとしてたんで、なかなかの人物だと思ったんですけどね。まあ、その後いろいろわかってくるわけですけど。いま思えば、すでに出会った1日目からごっしーのすべてが出てましたね。カーステレオが壊れてたかなんかで、『恋愛レボリューション』ばっかりをラジカセで大音量でガンガンかけながら高速ずっと行ったんだけど、ごっしーが「道わかんねえな」みたいなことを言い出したんだよ。それで高速降りたら大渋滞になって。「おかしくないか？　始まっちゃったらどうすんだよ！」って。「いやいや大丈夫ですから任せてください」って言うんだけど、チケット見たらもう時間なんだよ！

——開演の（笑）。

杉作　あいつがうろ覚えで言ってた時間が間違ってたんだよね。「もう始まってんじゃないかよ！」って。「ここに車を捨てて行こう。歩いて行ったほうがまだ早いかもしれない」って言ったんだけど、ごっしーはあの車まだ買ったばっかりで、ずいぶん反発して。最終的に駐車場に着いたら、ものすごい遠くから大音量で音が流れてきてんの。おまけに駐車場から現場までかなり距離がありすぎてまだみんな入りきれてないのよ。でも、それが宗教画のようでね。たまに木漏れ日のように雲から光が射してる中を、何千という人の細い行列が会場まで続いて、はるか彼方の会場から音楽が聴こえてきて。結局、入場に時間がかかったらしくて、音は流れてるけどコンサートはまだ始まってなくて。ごっしー的には「ほらぜんぜん間に合ったじゃないですか」みたいなことでね。まあ、あの清里高原での出来事が大きかったと思うんだけど。

――みなさん清里は大きいって言いますね。

杉作　僕はてっきり、そんなところに来るのは強者ばっかりだと思ってたら、前の席でおじいちゃんが小さい子供を持ち上げて観たりしてるんだよ。僕は当時へビースモーカーだったんだけど、「ごっしー、今日はタバコ吸うのやめとこうよ」って言って。タバコを吸うことがためらわれたのも、その日が初めてだったと思うね。そして、後藤真希さんが現れると同時に光がサーッと射してね。すごく勇ましい女性たちのステージを観て、東映軍団が女性の姿で帰ってきてくれて。僕はカポネ団とかは時代がズレてるんで、ついにリアルタイムで戦ってる戦士たちに出会えたと思ってね。応援するというよりともに戦っていくというか、俺のなかでも最近ちょっと軟弱になってた部分もあるんで、このあたりからもう一回気持ちを入れてやっていこうじゃないか、さあ帰ろうって駐車場のほうに行ったら、バスで来てた軍団がいたわけですよ。

――『BUBKA』のモーヲタ軍団ですね。

杉作　僕は当時、ロマンポルシェ。と会ったことあるぐらいで、宇多丸さんもコンバットRECも知らなくて。ただ、その日はRECの記憶しかないんだよ。ワーッと人がいるなかで携帯電話をぶら下げて、当時の着メロってまだ単音なのに、それでモーニング娘。をずっと大音量で流しながら牛乳を飲んでニヤニヤしてるサングラスの男がいるんだよ！

――わかりやすく不審な男が（笑）。

杉作　こんな気持ち悪いヤツいるのかと思って、彼を見たときだけは若干身構えましたね。そしたら、ごっしーや伴ジャクソンは知り合いみたいなんだよ。あれだけ人がいたけど一番変なヤツでしたね。でも、僕そのときはまだ腹が決まってないんですよ。「モーニング娘。はたいへん素晴しかった」で終わってたんだけど、駐車場に着いてから出るまでに小一時間かかったと思うんだよ。僕らは外で待ってたら、窓を開けてる3人組ぐらいの車から、「石川って絶対処女だよな！」っていう声が聞こえてきたの。それ聞いて、ちょっと心が決まりかけましたね。なんというピュアな連中がここには集まってるんだ、と。それが小声じゃないんだよ、大声で「決まってるだろうが！」みたいな感じでね。

──そんなモーヲタに心を打たれた、と。

杉作　アイドルだから処女とかね、アイドルだから男とつき合っちゃいけないみたいな時代でもないし、そういうのを当たり前のことのように受け入れてきてたと思うんですよ。……こういうこと言うとホントに揉めると思うけど、男性が女性に対して支えたい気持ちになったとき、処女じゃなきゃいけないっていうことはないけど、処女性っていうのは否定できないと思うんだよ。それを声高らかに車のなかからバカ面下げて吠えてるヤツらを見たときに、ここに来たことは間違いじゃなかったと思って、心が熱くなったんだよね。

──名も知らないヲタのおかげで（笑）。

杉作　その帰り道にサービスエリアでラーメンを食ってたら、向こうから一団がゾロゾロ来て、「コンサートに行ってたんですか？」って僕に話しかけてきたんですよ。俺がモーニング娘。好きってことは誰にも言ってないし、原稿なんかでもまだ書いてるか書いてないか微妙なぐらいの時期で、まだその頃は隠してるぐらいだったんだよね。よくテレビには出てたから、それで声かけてくる人がいるのはおかしくないんだけど、「コンサートどうでした？」って言うから「え、なんで？」って聞いたら、そいつが温かい笑顔で、「ズボンに泥がついてますよ」って言ったんだよ。

──清里高原の泥が。

杉作　たしかにぬかるみだったんでね。でも、いいセリフだなあと思ってね。そしたら彼が「杉作さんは誰が好きなんですか？」って言ってきて。「僕は後藤真希さんが好きなんですよ。君は誰が好きなの？」「僕は吉澤ひとみさんが好きなんですよ」「じゃあ、どうしたいの？」って聞いたら、「できれば結婚したいです。でも、無理ですから応援を頑張ります」って言うから、さっきのことがあったんで、「いや、そんなのぜんぜん無理じゃないよ、相手は生きてる人間なんだから。僕は**綾波レイ**（注14）さんっていう人も好きなんだけど、綾波レイさんと僕は結婚できないけど、吉澤ひとみさんはこの世の中に生きていて存在してるじゃないか。だから結婚できないことはないよ！」って言ってね、パッと見ると彼の目に涙がワーッと浮かんだんですよ！

──いい話ですよね（笑）。

杉作　それを見たときに、なんというすがすがしいまでにピュアな恋心だと思って。そして、なんという素晴しい人々がここに集ってるんだろうということで、その日から僕のモーニング娘。は始まったんだと思いますね。

加護ちゃんが泣いていた

――出会いの話だけで50分いってますよ！

杉作　ところが、そのあとがあるんだよ！　そのあとバスチームが飲み屋に集まってて、「杉作さんも伴さんも行きましょうよ！」ってごっしーが言うから行ったんだよ。そしたらそこで初めて宇多丸さんに会いましてね。ちょうど**L.L.COOL J 太郎**（注15）をやり始めた頃だったんですけど誰だかわからなくて、「ヒップホップやるときにはお力になりますんで、なんでも言ってください」って言うから、変な人がいるなあと思って（笑）。そしたら伴さんが「ライムスターの宇多丸さんですよ！」って言ってね。しばらくすると、そこに集まってた若者と宇多丸さんが小競り合いしてるんだよ。５期メンバーを許さないっていう若者に対して宇多丸さんが、「そういうことを言うもんじゃない！」みたいな感じでふたりで揉めてて。その光景を見ながら、なんという熱い場所があるんだろうと思ってね。

――みんな本気でしたからね。

杉作　そうそうそう。それがまさに清里の1日の話ですよ。ず

いぶん長くなってしまいましたけど、それでスイッチ入ったんですよ。ただ、そこまでじゃない。『人造人間キカイダー』でいうところの、不完全な**良心回路**（注16）を手にしたままダークの破壊部隊と戦い始めたのはまだそのときじゃないですね。そのときは、素晴しいアイドルと出会えたなというね、モーニング娘。は素晴しいっていう。

――素晴しい仲間たちもいるな、ぐらいの。

杉作　いろんな熱い心を持った男たちがいるんだなって。みんなそれぞれ熱かったよ。僕はかなり遅れてきたファンなんですけど、最初は後藤真希さんだったんですよ。テレビ番組なんかで後藤真希さんのソロを見てると、ホントに大きい人物だ、と。東映に当てはめると高倉健って言ってたんだけど、小林旭みたいな感じも入ってきてね。小林旭のマイペースな、どこまでも広がってる景色みたいな雰囲気と、それと高倉健さんの痛みを感じないシステムみたいな、その両方を併せ持ったスーパーマンだなと思ってね。そんな日が続いていくなかで大きな変化があったのは、ある年のクリスマスの夜だったと思うんだけど、完全に加護ちゃんが泣いてたんだよね。

――テレビを観てたらってことですよね。

杉作　うん、生放送を観てたら加護ちゃんの様子がおかしかったの。最初はそれを誰かが面倒見てたんだけど、最終的に後藤

が面倒見て、後藤と加護が一番うしろの列に行ってずっとなぐさめてるみたいな感じが映ってて。

——それは歌番組だったんですか？

杉作　歌番組です。これはたいへんなことが起きたと思ってね。加護ちゃんに関してはその日だけじゃないんだよ、前からなんとなくおかしい雰囲気を出してたの。あの子だけちょっとしんどそうな、ＳＯＳが出ていてね。

——当時は元気でバカな子供だと思われていたけど、どこか陰が見えてたわけですかね。

杉作　これは当時いろんな人に言いましたけど、見えてたのは僕だけなんだよ。僕はたいへんな状態になってる人たちの困ってる状態に気づくのがものすごく早いほうだと思うんですよね。これはいけないってなんとなく思ってたんだけど、ついにその日の夜、生放送でそれが出てしまったから、「加護ちゃんがたいへんなことになってる」って掟さんとかいろんなとこに電話したんだよ。そしたら宇多丸さんがなかなか電話に出なかったんだけど、やっと出たら「風呂に入ってた」って言うんだよね。「風呂に入ってる場合じゃないよ！　たいへんなことが起きたんだ、いまからみんなで集まりましょう！」って言ったんだけど、その日は結局誰も集まらなくて。

——それでも行動を開始したわけですね。

杉作　そう。これは絶対に何かあったと思ったから、僕は原稿で加護ちゃんのことを応援するようにしたの。「加護ちゃん頑張れよ」とか「加護ちゃんは才能がある、でもつらいこともあるのかな」とか書いて。そしたら、しばらくしてロフトプラスワンでイベントをやったとき、みんなが帰ったあと知らない人が残っててね。なんだろうと思ったら、「杉作さん最近よく加護ちゃんの原稿を書いてますよね」って言うんですよ。「そうですね、加護ちゃんおもしろいよね」って言ったら、「ホントにそれだけですか？　何かほかにあるんじゃないですか？」って言うんで、「実はいま加護ちゃんがちょっと困ってないかなと思ってね。たいへんな状態になってるような気がするんだよ」って言ったの。そしたら彼が、「僕も前からそれが気になってたところで、杉作さんが加護ちゃんのことを急に原稿で書き始めたから、それに気付いたんじゃないかと思って、今日はその話をしたくて来て終わるのを待ってました」って言って。

——お互い同じことに気付いていた。

杉作　それが僕らがメルヘン長井と呼んでた人物で、ふたりでかなり話し合いました。「やっぱり加護ちゃんはあきらかにいまおかしい、なんらかのトラブルに巻き込まれてる。それが恋愛だとかふつうの出来事じゃない、本人の力ではどうにもならないような出来事で苦しんでる。子供がそういうたいへんな状況になる場合は親とか家族の揉めごとであることが多いから、これはたいへんナーバスな問題だから言えないんだ。だから杉作さんがやられてることは正しいと思います、『おかしくなってる』とは書かなかったから」と。あのときにメルヘン長井が残ってなくて出会ってなかったら、僕も自分ひとりでコツコツやったぐらいで終わってたと思うんだけど、まだ彼自身の職業も知らなかったから、なんにも仕事してない風来坊みたいなヤツだと思ってて。それからずいぶん話し合って、とにかく加護ちゃん救出運動だ、と。それで加護ちゃんをなんとかしよう運動が僕のなかでワーッと始まっていくわけですよね。

——それで『あいぼん祭り』(注17)が始まって。

杉作　そうです。みんなで話し合って、おかしくなり始めたのは写真週刊誌とかが加護ちゃんをターゲットにして家族のことを聞いて回ったからだ、と。実際それがあったわけですよ。家族のことで写真週刊誌が加護ちゃんを直撃してたんです。その頃から彼女がおかしくなったっていうことが僕と長井くんの研究の結果わかってきて。僕も最初は『ガロ』とエロ本から仕事を始めて、雑誌の世界ではあらゆる仕事をしてきたつもりだったの。でも、自分のしてきた仕事を振り返ってみると、おもしろおかしい仕事がどうしても僕の専門だったから、やってしまったと思ってね。

——やってしまった？

杉作　おもしろおかしくやってたらいいって俺らが思ってるあいだに、小学生に毛の生えたぐらいの子に大の大人が自分の食い扶持のためにそういうマスコミの仕事をしている。俺らがのんびりして世の中おもしろければいいって言ってるけど、実際こういう被害者が出てるんだと思って、そこで完全にスイッチが入ったんですよ。それは自分がいままでおもしろおかしくやってきたことに対する償いと、どうしてこんな世の中になってしまったのか、これは絶対に許すわけにいかないと思ってスイッチ入っちゃったもんだから、ここからがたいへんな問題になってくるんです。

——ややこしいんですよね。加護ちゃんの応援はそういう信念を持ってやってた行為だけど、その信念の部分を当時は話せなかったわけじゃないですか。

杉作　それを話したら意味なくなるからね。

地道な応援活動を続けた

——だから騒げば騒ぐほどJさんが頭のおかしいロリコンみたいに世間で思われるっていう、過酷な状況になっていくわけで

すよね。

杉作　そう。それがどうしてたいへんだったかというと、交際していた女性がいましたからね。それさえなかったら、たぶんいま僕にも子供がいたりするんだと思うんだよな。僕とつき合ってた女性もかわいそうだと思ったんだけど、とにかく加護ちゃんに関しては、自分がマスコミの人間としておもしろおかしい仕事をいくばくかのお金と引き換えにずっとやり続けてきて、もっと信念を持ってちゃんとした原稿をやれなかったのかみたいな苛立ちと腹立ちもあったんで、完全にやる気になったんですね。迷いがないから、そこからはすごかったと思う。まずは何人か仲間を集めようってことで、ゴールデン街の飲み屋に6〜7人集まったんだよ。「じつは加護ちゃんがたいへんなことになってる、加護ちゃんを助けなければいけない」って言って、「よし、どんなことをしても加護ちゃんの笑顔を取り返す！」と。いろいろ話し合って、世の中の仕組みが彼女を苦しめたけど、彼女たちが恐ろしいと思うのは、当時2ちゃんねるの掲示板なんかもそうだけど、自分たちのことを攻撃してる大人がたくさんいるのが怖いんじゃないかっていうことで、「そんなことない！　ホントに応援してる人もたくさんいますよ」って伝えることで、やれることがあまりにも効率の悪い作戦しかなかったんだよ。

――その結果、「加護ちゃん可愛い！」と叫び続けるおかしな集団が誕生して（笑）。

杉作　とにかく彼女がかわいらしいと、本当になんの魂胆もなく応援してる大人たちもいるんですよっていうことをやっていこうや、と。そしてまた、みんなできる範囲で自分の仕事の延長上で、たとえば僕だったら雑誌の仕事で加護ちゃんを誉める。加護ちゃんの置かれてる状況はわからないけど、「かわいいね」とか言われたら多少つらいことがあっても元気出るもんですよ、みたいなことになってね。じゃあ誉めることをたくさん世の中にちりばめていこうっていうことで、テレビの仕事がある者はテレビで、音楽の仕事がある者は音楽でって。それでメルヘン長井も最終的に本職に復帰するわけですけど、運動してるあいだにわかってきたのは、彼は21世紀のクリエイター十傑のなかのひとりでしたからね。ものすごく大きな会社に休職願を出して日本全国モーニングを追いかけてたの。

――ただのダメ人間かと思ったら（笑）。

杉作　「そんなことしてる場合じゃないよ、一刻も早く会社に戻って彼女を主体としたようなものを作らないといけない！」って。だから道で会った人にもよく頼んでた。たとえば飲んで帰る途中で**篠本634**（注18）とバッタリ会ったときにも、「これこれこうでいま加護ちゃんたいへんだから、加護ちゃんのことを誉める文章を必ず書いてくれ」って言ったらね、「わかりました！」って、その次の号から『週刊プレイボーイ』の『鬼合コン』の最後がいつも、「いやあ、それにしても加護ちゃんはかわいいなあ」とか書いてくれてね。

——ダハハハハ！　まず確実に、加護ちゃんは『鬼合コン』を読まないですよ（笑）。

杉作　でも、みんなそういうコツコツ運動をやりましたね、市民運動みたいなことを。当時、僕はドラマもよく出ていたから、共演した俳優さんたちで、この人は力になってくれる人だって思う人がいると、「加護ちゃんを応援してください！」って頼んで。渡瀬恒彦さん主演の『火曜サスペンス劇場』で伊豆のほうに行ったときは、ちょっと時間が空いたんで、でんでんさんとふたりで喫茶店に行って、「加護ちゃんの応援をしてください」って言ったら、「俺をアイドルの世界に連れ込まないでくれよ」って言われたんだよ。でも、事情を説明したら「わかった、俺も加護ちゃんを応援するぜ！」って、そうやって一人ひとり増やしてましたね。ドラマのロケで富山に行ったとき、西郷輝彦さんが「あなたは漫画家なんだってね、絵を描いてくださいよ」って言われたんで、西郷輝彦さんの台本に加護ちゃんの絵を描いて、「あいぼんかわいい」って描いたんですよ。そしたら西郷さんが「おぉっ、娘がファンだから喜ぶぞ！」って言ったんだけど、これは喜ばないだろと思って、ちょっとつらかったですけど。

——かなり地道な応援運動ですよ（笑）。

杉作　騙されたのは浅草キッドだよ！　後藤真希さんの話題で『虎の門』に行ったとき、ディレクターには「今日は加護ちゃんの話はなしですよ、後藤真希さんの話に絞ってください」とか言われてたの。そしたら浅草キッドが「加護ちゃん、いま一番キツいんだよな。杉作さん今夜絶対それやらないと加護ちゃん絶対つらいと思いますよ。今日なんか持ってるでしょ？」って言われて。「加護のハチマキは持ってるけど今日は止められてるんだよ」って言ったら、「いや、それは絶対して出ないといけないと思います」みたいなことをふたりで言うんだよ。いま思うと完全に罠で。でも結果的にはその番組でも応援できたから、騙されたとはいえいいですけどね。

——いろんな番組で加護ハチマキを巻いて。

杉作　爆笑問題の番組に出たときも、モーニングとか加護ちゃんの話をたくさんいい感じでしてくれて、それがついに初めてハッキリした形で実ったんだね。そのときも「加護亜依」ハチマキが公式グッズじゃないからしないほうがいいかなと思ったんだけど、爆笑のふたりが「いや、したほうがいいと思いますよ」って言うんで、ハチマキ巻いて加護ちゃんのことを話したんですよ。そしたら後日、それを加護ちゃんが観てたって言うんだよ。

——加護ちゃん本人がそう言ってましたよね。

杉作　爆笑問題のラジオの番組の前が『プッチモニダイバー!』なんですよ。そっちは欠かさず録音してたから、そのあとも15分ぐらい録っちゃうんだけど、それを家でなんとなく聴いてたら、爆笑問題が「そういやこないだ加護ちゃん観てたな、テレビ。杉作さんに教えてやりてえな。加護ちゃん元気出てたもんな、おばあちゃんと一緒に観たとか言ってさ」なんて言ってて、爆笑のふたりは温かいヤツらだなと思ってね。いろいろ迷いもありましたけど、もう全力でやってました。あと、加護ちゃんの応援看板も作ってね。加護ちゃんが見て一番元気が出るものはなんだろうって考えて、加護ちゃんはキティちゃんが好きだからキティちゃんの絵にして、暗がりでも見えるように電飾をつけて、そこに「あいぼん頑張れ」ではいけない、子供が一番喜ぶのは「かわいいね」だろうってことで、「あいぼんかわいい」って。これはその3年半のあいだに、まあ言いましたねえ……。

太平洋戦争くらい長い応援活動

——『あいぼん祭り』は具体的にどんなことをやってたんですか?　基本は映像を観て「あいぼんかわいい」と連呼したりとか?

杉作　加護ちゃんをかわいいってとにかくみんなで言っていこうとか、当時だと掲示板とか2ちゃんねるに加護ちゃんの悪口があったり加護ちゃんのよくない話があったら、それをもみ消すというか。本人の目には留まりゃしないかもしれないけど、いい意見が増えればいいじゃないかっていうことで、そういうのをみんなで書き込んでいこうよとかね。

——Jさんが唯一スレッドを立てた話とか。

杉作　それは加護ちゃん以前の話で、後藤真希さんの話ですから。それは僕が掲示板とか2ちゃんねるというものの真実がわからないままアイドルを急に好きになったもんだから、モーニング娘。の(スレッド)を見てみたら、小林旭さんとか高倉健さんと並ぶような本当にすごい、もしかしたらそれ以上かもしれないスーパースターの後藤真希さんを、ここまでこき下ろすのはどうかしてるよと思ったから。それが掲示板というものだとしたら悲しすぎると思ったんだよね。全部が悪口みたいな感じになってるから、これは悪口を書き込めるようなタイトルだからいけないんだと思って。悪口が書き込めないようなスレッドタイトルにすれば悪口を書き込みにくくなるんじゃないかと思って、「やっぱりごっちんの笑顔が最高！」っていうスレッドを立ち上げてね。

――ボクが好きなのは、当時の恋人と待ち合わせしたら彼女が怪訝そうな顔をしてたって話で。

杉作　モーニング活動が忙しかったから、久しぶりに会ったと思うんだよ。僕が六本木ヒルズのほうから走ってきて、向こうは六本木の警察署の前あたりからこっちに向かってて。だけど、彼女がすごい顔してクルッときびすを返して向こうに歩いて行って話もしてくれないから、「なんで？」って言ったら、「よく見てごらん！」って。それで見てみたら、「加護亜依」っていうハチマキと、加護ちゃんのピカピカ光るペンダントみたいなのをつけててね。それしたまま六本木まで行くぐらいおかしくなってたんですよ。相当な状態だったのは間違いないですね。サン出版の担当でずっとよくしてくれたヤツがいたんだけど、彼が独立して編集長になったの。「モーニング娘。の原稿をウチでもお願いします」って言うんで、「あんまりお笑いみたいにしないでくれよ、こっちは真剣にやってるんだから」と。完全に**野村秋介**(注19)さんみたいな気持ちでやってたんだよ。野村秋介さんが『斬殺せよ』なんて映画を作って、女郎を足抜けさせるのに一生懸命になる話だったの。そういう真剣な状態で加護ちゃんをなんとかしなければならないと思ってたのに、出来上がったのは『40歳からのモーニング娘。』みたいな、40歳からモーヲタになった人の発狂ぶりみたいなところにスポットを当てる記事で、「これはいくらなんでもおかしくねえか」みたいな話をしてね。これは許すわけにいかないな、みたいなずいぶんキツい言い方をしてしまった記憶はありますね。

――そこまで本気だったのに、世間でロリコン扱いされることはどう思ってたんですか？

杉作　ゴールデン街に集まったときに話を戻すと、これから加護ちゃんを応援しようってなったけど、加護ちゃんは子供じゃないですか。まあ、後藤真希さんともそんなに年は違うわけじゃないんだけど、見た目の雰囲気がありますから。加護ちゃんを推すということはロリコンみたいになる恐れがあって、けっこう恥ずかしいっていう認識があったんだよ。でも、「そんなことを言ってる場合じゃない、彼女を助けるために俺たちは全力で彼女の応援をやっていくしかない」って言ってね。「じゃあいつまでやるんですか？」ってなったとき、「ホントは成人までと言いたいところだけど、17～18歳になったら、未成年でも大人としても見てもらえる年齢で、自分で発言できるようになると思うから、それまで頑張ろう」って言ったら、メルヘン長井が「3年半ありますね。太平洋戦争くらい長いことになりますね」って言ったんだよ。それを聞いたとき、いろいろ覚悟しましたね。いろんなものと決別したりするようなこともあるのかもしれないな、と。ゴールデン街を出たときはもう朝でした。みんなで決意して、これから頑張ろうって話し合って、花園神社が芸能の神様だっていうんで、夜明けの花園神社でみんなで並んでお参りをしようってことになって。ひとりが「加護ちゃんが元気になりますように」って言ったんだよ。そしたら誰かが怒ってました、「おい、口に出したら願いごとが叶わねえじゃねえか！」って。

――それが開戦記念日みたいな感じで。

杉作　それから3年半、まあ頑張りました。それで加護ちゃんの17歳の誕生日がきたときに集まってて、「いやあ、長いことお疲れさまでした！」って涙を浮かべてね、その頃は加護ちゃんそんなにしんどそうでもなかったんで、「ここから先は自己責任だし、長いことお疲れさまでした！」って言って、みなさんとはそこまでのつき合いでしたね。

――その後で加護ちゃんのスキャンダルが出て、「Jさんはどうするんだ？」ってなったときは、Jさんはもうモードが変わってたわけですよね。

杉作　そう、もう完全に大人だったから。

『BUBKA』の連載を降りた

――モーニング娘。の応援活動に夢中になると、みんな本気だからこそ揉めたりもするわけじゃないですか。そういうヲタ同士の濃密なつき合いみたいな話も聞いてみたいです。

杉作　僕はモーニング娘。の応援というよりも、途中からは「あいぼんかわいい運動」に突入しましたから、すごく揉めるみたいなことはないっちゃないんですよね。モーニング娘。の応援からも一線は引いてたつもりなんですよ。特に6期メンバーが入った頃から勇ましい感じの歌が若干影をひそめて、ずいぶん全体的に女性的な歌が多くなってきたんだよね。やっぱり後藤真希の卒業が大きかったんだよ。後藤真希さんがいるモーニング娘。と、後藤真希さんがいなくなったモーニング娘。で、ハッキリ言ってつき合い方が違ったと思う。

――ただ、スキャンダルの対応の仕方がほかの人たちとJさんは違ったじゃないですか。

杉作　たとえば加護ちゃんがたいへんだから応援しようって言ってるときに、『ミニモニ。ひなまつり！』が出たタイミングで某月刊誌が某メンバーのスキャンダルをすっぱ抜いたわけですよね。それ自体は抜かれたほうも加護ちゃんみたいに子供じゃないんでね。

――家族の問題みたいにどうにもならないものじゃないし、恋愛なら自己責任だろうし。

杉作　うん、加護ちゃんがやられたときみたいに小学生がイジメられたみたいな話じゃないので、それはそのメンバーの問題だから自分で解決してくださいってことなんだけど、ミニモニ。の曲が出たタイミングだったんだよ。それも加護ちゃんとか辻希美との若年層がフロントに出された曲で、ここで売れれば加護ちゃんも機嫌がよくなるけど、これが売れなかったら加護ちゃんがまたおかしくなるかもしれない、加護ちゃんをとにかくみんなで支えていかなきゃいけないときなのにっていうのがあったもんだから。あと、スキャンダルが出るとCDのイニシャル（初回出荷数）が低下すると思ったんですね。イニシャルが低下するかもしれない記事を載せてる本のなかで真剣に応援してる原稿を書くことはあまりにも無理があるよなと思って連載を降りたので。

――この機会だからハッキリ書くと、要は『BUBKA』の話なんですよね（笑）。

杉作　ハハハハハハ！　某月刊誌です！　でも、降りざるをえなかったと思うよ。だから僕が「やめさせてください」って言ったときも、ケンカ状態になったわけでもないしね。

――担当の女性編集が泣いたって話は聞きました！　宇多丸さんと揉めたのは矢口スキャンダル（注20）きっかけだったと思うんですよね。

杉作　あれは石川梨華の卒コンと重なったんですけど、そんなに真剣に「殴り込みだ！」みたいな感じで怒ってるわけでもなくて、石川さんも加護ちゃんにはよくしてくれたし、みたいな気持ちがあったわけですよ。僕らも引き際は考えてたの。「どこまで応援する？」っていう話はしてたんですよ。で、加護ちゃんがお世話になった人たちに関して応援はやっておこうよ、みたいな。それで石川さんの卒業にも駆けつけたわけです。石川さんが辞めるのは大きいできごとで、関西からは**恋愛研究会。**（注21）が自動車で詰めかけてきてるわけですよ。石川さんの卒業をみんなで一生懸命盛り上げようとしてるんだなと思って武道館に行ってみたら、「矢口真里」っていうキャップを被った一団がいたわけですよ！

――それが宇多丸さんとかコンバットRECとかサミュLとかの一派ですよね（笑）。

杉作　矢口のスキャンダルで何かもの申すことがあるのはわかるんだけど、今日は違うだろって気持ちがあったんだよ。今日は石川さんの卒業の日なんだから。そのとき僕がハッキリ見たのは宇多丸さんだったんだよ。宇多丸さんが矢口のキャップを被ってたから、「いや気持ちはわかるけど、今日はやめようよ」

っていうのが僕の気持ちだったんです。その日の夜に宇多丸さんも一時期面倒見てた**イット**（注22）くんの誕生会が**アシッドパンダカフェ**（注23）でやるっていうんで、そこに向かう途中で、今日のあれはどうなのかなっていうことで、「宇多丸がいたら殺すしかない」みたいなことを電車で言ってたら、着くなり宇多丸さんが、「なんか僕のことを殺すらしいですね」って言うんだよ。即座に否定したけど、誰がそんなことを……おかしいなと思ってね。電車のなかでしゃべっただけなのに。僕にとってその出来事とは、モーニングうんぬんよりもSNSが、たぶんmixiだと思うけど。

――その頃から監視社会が始まって。

杉作　ちょっとゾッとした出来事として大きく捉えてますね。それよりも前、後藤真希さんが辞めるかもしれないっていう誤報がずいぶん乱れ飛んだんですよ。何度目かの誤報のときにごっしーが、「内密の話がある、電話でも話せないんでちょっと時間ありますか？　人がいないところに行きましょう」ってことで稲城のファミレスまで行って、ここなら大丈夫だってことで「ごっちんがどうやら何月で辞めるようなんですよ」って話で。それが「ごっしーと杉作J太郎がどこそこのファミリーレストランで密談をしていた。何かがあるんじゃないか」ってネットに出たんだよ。怖い世の中になったなと思ってね。

――当時、何かあるとすぐファミレスで会合をしてたけど、意外と見られてたんですね。

杉作　その頃、ごっしーや宇多丸さんとか掟さんは『**爆音娘。**』（注24）とかやってて、いわゆるファンがレコードかけてイベントやるようなグループだったけど、僕はそれはまったく関係なかったから。むしろ僕がやりたかったのは、困ってるメンバーやつらい思いをしてるメンバーがいたら、それを支えてあげるような活動で。これが中学生や高校生のファンだったら「かわいいかわいい、いい曲だ」で喜んでればいいけど、俺たち大人がわざわざ応援してるということは、俺たちにしかできない応援の仕方があるんじゃないか、と。それで熱い心を持った義勇軍みたいな現場のファンを集めて交流を深めてたのは事実なんですよ。

――また別の派閥ができてたわけですね。

杉作　あっちはマスコミの人間とかレコード会社の人も多かったと思うんだけど、こっちは在野の人々が多い、いろんな職業の人がいるわけ。その両方が男の墓場プロで一緒になってるんだよ。男の墓場プロダクションの映画はぜんぜん違う派閥のファン同士が、きれいに半々ぐらい一緒にいるんだよね。俺たちも、なんの縁もゆかりもない男たちが集まってきてるわけですよ。家族よりも濃密なつき合いで損得抜きで時を過ごしてたわけ。それでも好きなメンバーが辞めたり、なかには彼女ができたらやめるヤツもいるんだけど、せっかくこうやってみんなが集まってるんだから、1本の映画にみんなで出てたらいいじゃないかっていう気持ちもあったんだよ。だからなるべくモーニング軍団を集めて出した、それが**『任侠秘録　人間狩り』**(注25)なんですよ。

アップフロントに助けられた

——当時Jさんがよく言ってたのは、「彼女たちの目の前に水たまりがあったら、自分はその上に置かれる上着になりたい」という話でした。

杉作　そうですそうです。だから彼女たちを守る『ランボー』みたいな気持ちだったんですよ。お世話になった人とか素敵な人たちが目の前にいて、困ってる状態にちょっとでも大人として気がついたんだから、なんらかの形で助けてやろうよっていう気持ちで集まってたのは事実なんだよ。それがたいして役には立ってなかったとは思う。たとえば『あいぼん祭り』で、どうしたらいいかをみんなで話し合ったんですよ。**リリー・フランキー**(注26)なんかも来てくれたときだと思うんだけど。リリー・フランキーの持ってきたプッチモニのTシャツとかをオークションで出して、みんなでお金を集めて加護ちゃんに何か贈りものをしようってことになったんですよね。何をあげたら喜ぶんだろうっていうことで、ライブ会場とかで観られるように持ち運びのできるDVDプレイヤーと、ディズニー映画が好きみたいだからディズニー映画のDVDの詰め合わせを事務所宛に郵送したんだよ。そしたら後日、「年少者に高額商品を渡すと増長してしまうので、年末のビンゴ大会でみんなで分けました」って言われて（笑）。なんの役にも立ってねえじゃねえか、みたいなね。

——ちゃんとした会社ですよね（笑）。

杉作　まっとうな会社なんですよ。「まあ加護ちゃんがそこのみなさんにお世話になってるからいいじゃないか」って言ってね。

——Jさんはその姿勢のおかげか、事務所ともうまくやっていたのも大きいですよね。

杉作　事務所がよくしてくれたのはリリー・フランキーの口利きもあったんだよ。あと、僕らが映画を作るってなったとき、『あいぼん祭り』に来てた女の人が「私たちにも何か応援させてください」って言うんだよね。「私たち、詳しくは言えませんけどミュージシャンを支えるような仕事をしてるので」って言うから、「そのときはお願いします」って言ったんだよ。その人たちが帰っていくのを見ながら、一緒にいたヤツらに言ったんですよ。「かわいそうに、あの子はバンドの食いものになってるんだよ。ああいう人たちも俺たちは救出しなきゃいけないっていう役目があるから、一緒に盛り上げて何かやっていこう」って。そしたら映画がいよいよ完成して上映する前の年に、劇場も公開日も決まってたんだけど、劇場に払うお金がギリギリあるのかないのかぐらいで。でも、劇場でちゃんと公開するからにはポスターが要るんだよ。俺はてっきり10枚ぐらい作りゃいいと思ってたら何百枚も作らなきゃいけなくて。そのお金がどこにもないんだよ。そのなかでポスターの納期が刻一刻と近づいてるなかでどうしようかなと思ってね。そしたら誰かが「横浜で**ハロプロの文化祭**（注27）やってるから行きませんか」って言うんだよね。出かけていったら、すごく楽しくなってきてね。僕は自動車で行ったまま3日3晩横浜で車中泊して、起きたらまた文化祭に行って終わったら駐車場で寝て。部屋に帰ると現実が待ってるから。

——ダハハハハ！　現実逃避で（笑）。

杉作　現実逃避で3日間文化祭に行ったの。そしたらよくしてくれてたアップフロントの人が、「毎日来てますねえ！」って言うんだよ。「いや、やることないんですよ。いまちょっと困ってるんです、ポスターを作らなきゃいけないのにお金の当てがないから」って言ったら、「ウチで作りましょうか？」って言うんだよ。「ウチの部下も杉作さんたちの映画を手伝う約束してるみたいだし」って。なんの話だろうと思ってね。そしたら、その『あいぼん祭り』に来てた女性がいて、その人が部下だったんですよね。「じゃあポスターはウチで作ろう。お金は後日、請求書を送りますからそのときに払ってもらえれば。年明けたらお金ありますか？」って言うから「その頃にはもうあります」って。それでポスターとパンフとリストバンドとバッジをアップフロントが作ってくれたんですよ。生写真セットはアップフロントと同じ仕様にしてくれて。そのとき思ったのは加護ちゃんを助けるとか大口叩いてたのに、助けてもらったのは完全にこっちだよなと思ってね。

——加護ちゃんや後藤さんがもし仕事がなくなって困ったとき仕事を振れるように、映画会社を作るって言ってたのに（笑）。

杉作　そうそうそう。まだそっちのほうでは加護ちゃんとも合流できませんけど、彼女たちが困るのもこれから先かもしれないから。

——Jさんの運動シリーズでいえば、もう1個あったじゃないですか。「後藤真希をゴマキと呼ぶな、ごっちんと呼べ」運動が。

杉作　これはずいぶんな場所で言いましたけど、それの最大のしっぺ返しみたいなのがきたのが、2時間ドラマの撮影で高知県に行ったとき、寺島進さんと奈美悦子さんの息子さんの並川倖大さんとずっと一緒で。撮影の前の晩、並川さんと飲みに行って、「後藤真希さんと加護ちゃんの応援してくれよ」って話とモーニング娘。の話をいろいろしたんですよ。そしたら楽しんで聞いてくれてね。そのとき「ゴマキ」って言ってたから、「それは絶対にやめてくれませんか、僕が嫌なんじゃなくて本人が嫌なんだから。ごっちんですから！　ゴマキじゃないですから」「ああ、いいこと聞きました！」みたいなことで別れたの。次の日、僕がお寺の住職みたいな役で、そこに寺島進さんと並川さんが来たところで僕が「このお守り札が」みたいなことを言ってたら、助監督と監督が「すみません杉作さん、それお守りの木じゃなくて**護摩木**(注28)です、護摩木！」。俺もうビックリしちゃってさ。

——ホントよく出来た話ですよね（笑）。

杉作　「この護摩木が！」って言うんだよ、俺が。そしたら並川さんが目の前で笑いをこらえてるんだよ（笑）。だから、さっきの話でいうと揉めたことは揉めたけど、みんなその頃どんなつもりで応援してたかっていうのは人それぞれ言うに言えない事情があるんだよね。特に僕らと一緒にやってた人のなかには家が丸焼けになって家庭もそれでなくなってしまって、何もかもなくなったんだけどその燃えかすのなかからモーニング娘。のCDだけが出てきて、「それで涙がワーッと出ていまも応援してるんです」みたいな人がいたんだよね。いろんな事情を抱えた人が、言うに言えない理由で応援してる人もいるんで、これはなんとも言えないんですけど。みんな言葉不足のなかで突っ走ってるから、そりゃ揉めるよ。だから宇多丸さんも、今日は石川梨華の卒業だけど、それでも矢口がっていう強い思いがそこにあるわけでね。

——それぞれ義侠心みたいなものがあって。

杉作　そういうことなんだよ。それぞれ説明の言葉が足りないから揉めやすい状況だったのは間違いない。L.L.COOL J太郎のCDを作ったとき、初対面の言葉どおり宇多丸さんにはずいぶん協力してもらってホントありがたいんだけど。レコーディングが終わって乾杯しましょうってことで**ダースレイダー**(注29)と3人で三宿のジョナサンに行ってみんなで乾杯した10分後ぐらいには揉めてましたからね（笑）。それはなんでかっていったら、「杉作さんの加護ちゃんに対する応援の仕方はなんか間違ってるんじゃないか」と言われて。

——ほう！

杉作　ダースレイダーが必死に割って入るんだけど、朝の4時か5時までどうにもならないぐらい揉めてね。おまけに次の日の昼には取材で宇多丸さんと会わなきゃいけなかったんだよ。あれだけ揉めたあとにどんな顔して会えばいいんだろうと思ったんだけど、それは大丈夫でしたね。だからわりと日常的にトラブルみたいなことが多い時期ではあったとは思うんですよ。小競り合いみたいなことはしょっちゅうあったけど、それを包む大きな連帯感は間違いなくあったと思いますね。

全員にそれぞれの事情がある

――こんなに、ヲタ同士の人間関係が広がるムーブメントもそうないなと思うんですよ。

杉作　僕が当時よく思ってたのは、つき合いだしてみたら本来はものすごく男性的な文化がずっと好きだった人たちが選りすぐって来てたと思うんだよ。そこが、その後のどのアイドルムーブメントと比べても違いますね。もともとヤクザ映画だとかアクション映画とか西部劇とかプロレスが好きな人たちが集まってると、「まあ飲んでいきなよ!」みたいな雰囲気があってすごく温かい集団だったことは間違いないんだよ。ただ、ある時期から女性のファンが増え始めてちょっと変わったと思います。それは女性がいい悪いじゃなくて、男の間抜けな部分かもしれないんだよ。さっきまで揉めてたのに今日は仲良くしてたり。それは最後の男性文化だったのかもしれないっていう気がしないでもないね。

――女性が入ってくると、どうしても女ヲタヲタ(注30)的な人が出てきたり、いいところを見せようとしたりして、ややこしくなりますね。

杉作　それと話が細かくなる。僕たちがファミレスで朝まで話すとき、何を話してるかっていうと、「結婚するなら誰がいいか」とかで、とにかくそれが長いんだよ。「やっぱり結婚するなら誰それだよ」「でも誰それって外で遅くまで飲んで帰ったときにキツそうじゃないか」とか、その話をし始めると24時間ぐらいあっという間に過ぎてましたよ。「僕は誰と結婚したいですね」「いいねえ、どんな家?」「どこに住む?」とか、そういう意味では話の内容が違ってましたね。

――あと、単純に疑問なのが、モーニング娘。ってAKB48以前の国民的アイドルで、子供から老人まで見てるぐらいの存在だったのに、なんでファンが当時ヤバい人扱いされてたのかが不思議でしょうがないんですよね。

杉作　……ヤバい人扱いだったんですかね?

――実際、宇多丸さんもヒップホップの世界でかなり迫害されたり、Jさんも「いい年してアイドルに夢中になってるおかし

な人」みたいな扱いをされてたわけじゃないですか。

杉作　……思い出したわ、そうです！

――なんで忘れてるんですか（笑）。

杉作　完全に忘れてたけど。俺、女性誌の仕事もしてたけど全部なくなりましたからね。女性誌、ファミリー誌みたいな仕事は全部なくなりましたね。僕はこう見えても女性にウケがいいところがあって、女性誌の仕事ではいつもそこの女子社員が３～４人で会いに来るんだよ。それでキャッキャいいながらお茶したりしてたんだけど、一切来なくなる最後のときにロリコンの話題が出ましたよ。

――やっぱり！

杉作　ロリコンの話題が出て暗い感じになって、それが最後でしたよ。まあ、そう見えたんでしょう。そう見えたというか、そうなんだろうね、いい年して若い子に群がってる時点でアウトっちゃアウトなんだろうから。

――時代が移り変わるタイミングだったってことですよね。Jさんがあれだけ迫害されてたことを思うと、ボクも49歳（取材当時）でこの仕事してたらもっと迫害されてるはずなんですよ。

杉作　そうそうそう、公私ともに迫害されてましたね。それは自分のことじゃわからないけど、掟さんなんかを見てて思ってたね。アイドルの応援をやめたほうが絶対に音楽的にもいいのにと思ってね。ライムスターはまだあとのふたりがちゃんとしてるからバランスが取れてて、逆に宇多丸さんのそれがかえってファニーな、ちょっとおもしろい感じに見えてたけど。ロマンポルシェ。は一番いいままでやってきたことが台無しになってしまってるような気がしましたね。ロマンポルシェ。ってちょっと怖い感じがあったんだけど、あれで怖さがなくなりましたね。それすらも長い目で見たらいいことかもしれないけど。

――最終的には仕事も増えたし。

杉作　自分らで映画を作ってみようっていう気持ちになれたのは、それはもちろんＦＭＷもありますけど、モーニング娘。がとにかく大きかったんだよ。なんでかっていったら迫害視されるだけのメンバーが集まってたんだよ。あの時期みんなほとんど仕事してなかったから。相当変な連中が集まって、おまけにライブがいつあってもいいように、いつでも動けるようになってるわけですよ。それを見たとき、映画を作るのはいましかないと思ったんですよ。すごい顔とすごい見た目のヤツが集まってて、一番逃しちゃいけないと思ったのはＲＥＣなんですよ。最初に口説きに行ったのはコンバットＲＥＣですからね。

――いい位置のキャスティングでしたからね、当時の知名度を考えたらありえない。

杉作　いつでもそのメンバーが稼働できるんで、いわゆる東映とか昔の映画会社の撮影所のシステムみたいに、俳優さんが常にいたわけですよ。全員殺気みたいなものと温かみみたいなものがあるからすごくよくて大成功だと思ってたんだよ。そしたらハッと気がついたのが、最初に撮った『人間狩り』にモーニングのファンが相当出てたんだけど、数えてみたら後藤真希のファンが6割ぐらいでほかのファンは4割しかいなかったの。やってしまったと思ってRECに相談したんだよ。「じつはこれ後藤のファンが6割で、モーニングのファンをなるべくまんべんなく出したかったんだけど、後藤のファンが6割ってこれマズいよな?」って言ったらね、RECが、「杉作さん、世の中で一番優れてるのは後藤真希ですからね、自然に集めたら後藤のファンが6割になるのは当然の話です」と。

――ダハハハハ! 前にJさんが「アイドルを好きになる人たちは基本的に何かで傷ついてて、みんな何かの事情がある」みたいな話をしてましたけど、そういう人たちが集まって特殊な活動をしていたってことですよね。

杉作 だから僕がよく言う話ですけど、人から見ておかしいと思うことは本人が見たらもっとおかしいんだよ。「いい年してアイドルに夢中になって」とか、人から文句を言われやすいようなことをやるのは相当パワーが要るわけで。ふつうアイドルの応援は隠れてしますよ。高校生が好きなアイドルがいても親が来たら隠したり、壁にはブルース・リー貼ってたりね。嘘で固めた部屋を作ったりしますけど。堂々とアイドルのファンだって言う、そしてみんなで集まってアイドルアイドルって言うのはホントは相当つらいというか恥ずかしいのはわかりきってることで、わざわざそのハードルの高いものをやってる時点で、それは絶対に言うに言えない事情があるんだよ。事情がなかったらそんなもんやめてますよ! 言うに言えない事情とか、成長過程での心の中のしんどいものとか、けっこうあると思うんだよ。親との関係性とか、夫婦だったら夫婦間の関係性とかね。何かがないと越えられないよ、そこの壁は。それをただ単に「いい年して子供を応援して」とかは、見てるところが間違ってるんですよね。

――もうちょっと想像力が欲しいですね。

杉作 ただ、僕は加護ちゃんが17歳になったら応援をやめたし、後藤真希さんからもモーニングを外れたあとは離れてますけど、それは最初から決まってたことで、やっぱり応援自体はそれくらいしんどいことだったんですよ。それはわかってほしいんだよね。「なんでやめたんだ」とか「ずっと応援すればいいじゃないか」っていう人もいるんだけど、ものすごく燃費の悪い車に乗ってたわけだから、これ以上は無理だったんだよ……。

――ホントに戦争やってた感覚なんですよね。加護ちゃんがハ

ロー！のコンサートに復帰するときにJさんを誘ったら、ものすごい真剣な顔で悩んで、「それって僕にとってはもう一回戦いに行けって言われてるようなものなんですよ……」って話をしてましたね（笑）。

杉作　ハハハハハハ！　ちょっと労力が違うんでね。人それぞれのアイドルの応援があると思うんだけど、そこで誤解してほしくないのが、そこで余計ロリコンみたいに言われるけど、大人になったから応援しなくなったんじゃないんだよ！　それは、そこから先は自己責任で自分の人生を切り開いてくださいねっていう意味で、その代わりに誰かほかの若い子に乗り換えたわけじゃないので。だから僕はその贖罪の意味も込めて、それもハロー！プロジェクト系ですけど、あるアイドルがどうしても20歳になってファンが離れていく、こういう問題はどう解決すればいいのかっていうのをお題としていただいたもんだから、これは絶対に間違ってるということで、もう一度重い腰を上げたことはありました。

――もう一度戦いに出たことがありましたよね、ホントに『ランボー』ですよ（笑）。

杉作　ハハハハハ！　ただホントに戦いはしんどいんで、もう許してくださいっていう気持ちはあるんだよ。やっぱり一番つらいのは、いまモーニングのファンの人とかいまモーニングをすごく応援してる人が、「なんでやめたんですか」みたいなね。戦場を放棄したみたいに言う人がいて、それを言われたとき腹も立つんだけど、それよりも悲しくなりますね。それと同時に思うのは、「おまえたちはよっぽど楽な応援してるんだろうな」と。

――ダハハハハ！　なるほど。これだけボロボロになるような応援をしてないだろ、と。

杉作　そうそう。

――ホントに『ランボー』ですよ、間違いなく戦争の後遺症がありますからね（笑）。

杉作　ハハハハハハ！　ホントそうだよ！

注1◆藤木TDC ……ライター。芸能、酒場、AVなどをテーマにした著作を持つ。
注2◆『ザ・シュガー』 ……サン出版のグラビア雑誌。
注3◆櫻木徹郎 ……サン出版の編集者。『マガジンWOooooo!』の他、様々な雑誌を手がけた。

注4◆男の墓場プロ……杉作が代表をつとめる団体。映画製作のために立ち上げられた。現在は、「狼の墓場プロダクション」と名を改めている。

注5◆『ボンクラ映画魂』……東映作品の俳優たちをテーマにした杉作の1996年の著書。2016年に完全版が徳間書店より発売された。

注6◆石井輝男……『網走番外地』などの映画監督。

注7◆FMW……プロレス団体。エンタメ路線で人気を博した。杉作は試合解説などで団体に深く関わった。

注8◆『トゥナイト2』……テレビ朝日系の深夜の情報バラエティ番組。

注9◆WWF……現WWE。世界最大のプロレス団体。

注10◆伴ジャクソン……狼の墓場プロダクション所属のライター。

注11◆植地毅……ライター、デザイナー。映画、ゲームなどをテーマにした著作を持つ。

注12◆『浪漫アルバム』……杉作、植地毅が手がける徳間書店の書籍シリーズ。『仁義なき戦い』などを取り上げている。

注13◆ごっしー……コアマガジンの編集者で、『BUBKA』では『VIVA VIVAモーニング娘。』などを連載した。このインタビュー連載にも登場した（241ページより掲載）。

注14◆綾波レイ……アニメ『新世紀エヴァンゲリオン』のキャラクター。

注15◆L.L.COOL J太郎……杉作がヒップホップのミュージシャン活動を行なう際の名義。

注16◆良心回路……『人造人間キカイダー』の主人公キカイダーに内蔵された回路。良心回路が不完全なため、悪の組織ダークと戦うキカイダーは苦しむことになる。

注17◆『あいぼん祭り』……杉作が中心となって行われていた加護亜依版モーヲタトークライブ。登壇者には音楽評論家の能地祐子もいた。

注18◆篠本634……ライター、イラストレーター。『鬼合コン』は、週刊プレイボーイに連載されていた合コンルポ企画。

注19◆野村秋介……1993年に朝日新聞東京本社で自決した右翼活動家。『斬殺せよ～切なきもの、それは愛』は若山富三郎らが出演した映画で、野村は企画・監修を担当した。

注20◆矢口スキャンダル……2005年に『フライデー』に恋愛スキャンダルの記事が掲載され、矢口はモーニング娘。を脱退することになった。

注21◆恋愛研究会。……劔樹人の回でも言及される「ハロプロあべの支部」から発展していった、劔が仲間内のモーヲタを集めて結成したバンド

注22◆イット……掟ポルシェの回にも登場した伊藤雄一の愛称。クラブ好きということもあり一時期宇多丸と昵懇の仲だった。

注23◆アシッドパンダカフェ……ミュージシャンの高野政所が店長を務めていたクラブ。

注24◆『爆音娘。』……ハロプロ楽曲をかけたクラブイベント。

注25◆『任侠秘録　人間狩り』……杉作が監督を務めた映画。2006年公開。

注26◆リリー・フランキー……イラストレーター、エッセイスト、小説家、俳優など幅広く活動している。吉田豪の師匠でもある。

注27◆ハロプロの文化祭……2004年から開催されていたエコイベント「モーニング娘。〝熱っちぃ地球を冷ますんだっ。〟文化祭」。インタビューで言及されたのは、2005年10月8～10日に行われたもの。

注28◆護摩木……祈願することなどを書く木で、「ごまき」と読む。仏に祈る際に燃やす。

注29◆ダースレイダー……ヒップホップミュージシャン。L.L.COOL J太郎の『プッチRADIO』に参加している。

注30◆女ヲタヲタ……ハロプロファンの女性、所謂女ヲタをあたかもアイドルのように扱う人達の総称。一方的な色恋沙汰になることも多々。

小板橋英一

証言・05

人生こんなに
楽しいことは
もうないだろうから
狂えるだけ
狂ったほうが、
みたいに思ってた

Profile

モーヲタ活動を経て編集者、ライターになり、『BUBKA』をはじめとした多数の媒体で執筆活動を行なう。2007年にはピクシブ株式会社の取締役副社長に就任。2014年からは「虹のコンキスタドール」の総合プロデューサーも務めた。

ヲタのコミュニティに感動

――この連載は読んでくれてるんですよね。

小板橋　はい、基本的には全部読んでます。

――毎回、自分の話が出てくるから（笑）。

小板橋　そうそうそう（笑）。この連載が始まったときから、サミュL編集長に「いつかお願い」って言われてたんで。

――ついに登場したわけですが、これは騒動（注1）以降、初のメディア出演ということですか？

小板橋　そういうことになりますね。

――正面からの撮影はNGなんですよね。

小板橋　そうです。まあ、こんなことしなくてもバレバレなんですけど、一応（笑）。

――了解です！　まず、モーヲタ的な文化と接点ができたのはどの時期だったんですか？

小板橋　僕自身がモーニングにハマッたのが『LOVEマシーン』なんですよ。もともと『ASAYAN』はずっと観てたんですけど。

――当時はただの歯科大学の学生で。

小板橋　そうです、ただの大学生で、CDを買ったり動画を観たりぐらいはするけどコンサート会場に行くまではなくて。それが後藤真希の加入と『LOVEマシーン』のPVを観て、突き動かされるものがあって。タイミング的に、ふつうの大学生でもある程度インターネットにアクセスできるようになった時代で、かつ2ちゃんとかも流行り始めだったんで、自然な流れで個人ホームページを立ち上げて、好きな人と交流したいみたいな情熱で始まった感じで、99年の9月ぐらいから。

――それでヲタ同士のつながりもできて。

小板橋　ホントにきわめて個人的な話になっちゃうんですけど、まず最初にモーヲタ文化に対する居心地のよさというか素晴らしさを感じたのが、初めてコンサートを観た00年の中野サンプラザの正月ハロコンだったんですよ。そのときに曲を聴いたりPVを観たりしたときの10倍100倍の衝撃を受けて、すぐ次も行きたい、可能なかぎり早いタイミングで観たいと思ったら、1週間後に名古屋でコンサートがあって。チケットは当然売り切れてて、当時まだヤフオクもそこまでって感じだったんで、当時のファンサイトの交換掲示板みたいなところで、「ものすごい感動したんでもう一回観たくて名古屋に行きたいです」みたいな書き込みをしたら譲ってくれる方がいて。しかも相当いい席だったんですよ、3列目ぐらいで。そんな席をネット上で見かけた知らないヤツに定価で譲ってくれてすごい感謝したら、「そういう人にこそ観てほしかったんだ」って言われて。しかも当時、矢も楯もたまらず行ったんでお金もなかったから、泊まる先も特に決めてなくて。

——つまり、当時はまだお金がなかった。

小板橋　そうです、あんまりお金がなかった時代で。名古屋に行ってコンサート観たけど、「帰りのことは何も考えてません、これから考えます」みたいなことを言ったら、「じゃあウチ泊まりに来なよ」って感じで、その人の豊橋の家まで連れてってくれて。

——もしかして豊橋でボクや杉作J太郎さんのイベントを手伝ってるガリガリ君(注2)**ですか？**

小板橋　いや、ガリガリ君ともヲタコミュニティで交流のある**エアロさん**(注3)って人で。その人の家でモーニングの本とかグッズを見ながら夜を明かして。こんな温かい人がいるコミュニティで、しかも当時ハマッたばっかりで、夜を徹してもずっと飽きることなく話せて最高だと思って。とにかく語りたいとか人と交流したい欲求がすごく高まったのが、その00年初頭なんですね。最初がすごくいい体験だったんで、もっといい人に会いたいみたいな感じでネット上でいろいろ交流を始めて。次に大きかったのが、当時2ちゃんで「いちごま会」っていうのがあったんです。市井紗耶香と後藤の関係性を愛でる会みたいな。

——当時、市井ヲタだったわけですよね。

小板橋　そうですそうです。市井と後藤が好きで、その関係性も好きだったんで。かつ、やや同人っぽい、百合っぽい文化圏じゃないですか。そこの人たちと仲良くなって。あんまりこの界隈だと名前が出てこないですけど、そこで**師匠**(注4)っていう人と仲良くなって。その人が『BUBKA』とか好きな人だったんですよ。その人の影響で『BUBKA』とかこっちの界隈を知るようになって読み始めて。

——当時、『BUBKA』はビバ彦さん(相良好彦、水声社やマガジン・ファイブの編集者)**とかがモーヲタ連載**(注5)**を始めた時期ですかね。**

小板橋　モーニング関係も始まった頃ですね。そこにモーヲタイベントやるぞ、みたいなのが出てて、その師匠って人と行こうって話になって。あ、市井の集まりのほうが先かな。市井が辞めたあと、武道館に集まろうっていう話で。その師匠も市井ヲタだったんで、そこに行こうってなって、市井が辞めた1年後の武道館に行って。そこでサミュLさんとか有馬(岳彦＝サムライ)さんとかと出会ったんですね。ガリガリ君はそのとき東京でホームレスやってたんで、誰よりも寿司を食いまくってるヤツがいると思ったらそれがガリガリ君なんですけど。そこでの出会いが『BUBKA』コミュニティとの初ですね。そのあとわりとすぐ**トークイベント**(注6)があって、清里になるんですね。

——清里のコンサートはかなり重要だったみたいですよね。コ

ンバットRECも「あのとき一緒にバスに乗ってたヤツらはいまでも全員仲間だ」みたいに言ってますけど。

小板橋　そうですね。僕も例の件があったあと、わりと最初に心配して連絡をくれたのがRECさんで、わりと渦中の時期に飲みに行ったんですよね。じつはRECさんとは仕事上でも付き合いがあったんですけど、「そういう関係性とかじゃないから。当時一緒に盛り上がったヤツらはダチだから、何があっても変わんねえよ」みたいに言われて、それにも感動したというか。その恩義もあって、今回もこの企画には出ないとって気持ちになったんですよね。あと、いままでヲタ同士がネット上で盛り上がったり、数人で盛り上がるみたいなことはあったんですけど、ロフトプラスワンという会場に数十人で集まって。

――しかも当時の有名人も普通にいて。

小板橋　そうそう、文化人とヲタが同じ目線で、ただ狂って語り合うみたいなのがすごい体験だったなと思って。あれも大きいです。

――RECなんか「あのときは楽しかった、あれが青春だった」って言いますからね。

小板橋　ホントにあれが青春ですよね。僕も狂ってたんですけど、半ば冷静に、たぶんこんなに狂えるものがあるのは10年に一度レベルではなく、もしかしたら一生で最後かもなと思って。

最後ならこれに懸けなきゃと思って、狂うことに対して自分のなかでGOを出す理由づけみたいなことをしてましたね。

――いまやれるだけやっとくしかない。

小板橋　そうそう、いまやれるだけやっておかないと将来後悔するだろうなと思って。

――その客観性がなかった人たちがモーヲタにいっぱい集まってたと思うんですよ、「この盛り上がりがずっと続くぞ！」っていう。

小板橋　ハハハハハハ！　たしかに。後期はどうしても気持ち的に萎えてやめていっちゃう人と、「まだ祭りは続いてる！　裏切り者！」みたいな、そういう内ゲバみたいな感じになって(笑)。だから変わらず本隊を推し続ける組と、新しい希望であるキッズとかに流れて行く組、僕もいったんそっちに行っちゃったんですけど。それと新しいAKB48とかそういう方向に行く組みたいに、どんどん分裂していった時代がありましたね。

駆け抜けた市井ヲタたち

――「当時は市井ヲタが一番狂ってた」って誰もが言うのは一体なんなんですかね？

小板橋　やっぱりあの駆け抜けた感、凝縮感がすごかったじゃないですか。僕は99年の9月にどハマリして、市井が辞めるまで半年しかなかったんで、1秒たりとも見逃せないって気持ちがすごくあったし。あと当時、突然人気が出て突然盛り上がり始めて、『ピンチランナー』ってひたちなかでマジで駅伝やるみたいな企画とかにこっちも参加していくことによって、熱量が溢れかえりすぎたというか短い期間にすごい体験を詰め込まれて。

――そして早々に彼女は復帰して（笑）。

小板橋　そのあとも変わらず、市井がいなくてもモーヲタとしてはすごく幸せな時期だったんで。リアルタイムでは戻るまで長かったイメージなんですけど、いま振り返ると市井が復活するまでってけっこう短いですよね。モーニング娘。の頃は常に前でコンサートを観る方法論すら知らなかったんでそんな発想がなかったんですけど、市井はファンの母数が、特に**CUBIC-CROSS**（注7）を始めてから少なかったし、ふつうにやってたらいつも来る人は10人ぐらいみたいなコミュニティだったんで（笑）。自然とその10人ぐらいで最前列みたいなポジションをみんなで取って応援しようみたいな流れになって、それが自分でも半ば義務化していったという感じでした。

――市井さん復帰記念で1カ月間連続で飲み会をやったとき、宇多丸さんもそこに参加したことがあるって聞いて衝撃を受けました。

小板橋　たしかに。当時、珍獣を見に行くみたいなノリがあって。市井ヲタじゃないんだけど、市井ヲタの狂いっぷりを見に行きたいみたいな、たぶん宇多丸さんもそういうノリで来てました。でも、参加してるうちに自分ごとみたいに熱くなり始めて、けっこう周りに「市井ヲタはすごい」って語り始めてて。

――貧乏な時代にモーヲタの世界に入ってきたら、だんだん金回りがよくなっていくわけですか？

小板橋　そうですね。もともといろんなものをヤフオクで売買して、そのお金をヲタ活動に費やしてたんですよ。最初はよくわからなかったんでチケットはやってなかったんですけど、やっていくうちにチケットの売り買いが自然と入ってくるんで、そうするとそのノウハウを使わないと損だな、みたいになって。で、けっこう規模が大きくなっていって。

――家族ぐるみでヤフオクやってたという。

小板橋　そうです。母親に内職で封筒に宛名シールを貼ってもらってました（笑）。

――ヤフオクで家族を支えていたんですか？

小板橋　そうですね。いい話みたいに言っちゃうとそれがきっかけではあるんですよ。父親が癌になっちゃって、「来月から家どうしよう?」みたいに親に相談されて。それで、「なんとかお金を作ってみるわ」って言って、自分のコレクションとかを何度か使ったことがあるヤフオクに本格的に出してみたんですよ。そしたら思ったよりぜんぜん高く売れちゃって。

――それはハロー!関係のもの?

小板橋　当時は主にアニメ関係とかゲームとかの限定品で、そういう二次元ヲタだった時代のコレクションを主に出してたんですよ。そしたら100万円単位で売れちゃって。これを狙って続ければ生きていけるかもなと思ってエスカレートしていったんですよね。

――その結果、若いモーヲタにしては金回りのいい人という印象になったわけですかね。

小板橋　印象としては(笑)。もちろんある程度そうだったことは否定しないですけど、躊躇なくチケット代に遣ってただけ、みたいなところはありますけどね。それだけのお金があったことは確かですけど、100万持ってる人が趣味に10万20万遣うわけじゃなくて、稼いだぶん全部遣ってたんで。

――市井ヲタとしてやり切る部分もあったわけですよね。取材があればスーツケースから市井紗耶香写真集をドバーッと出すような。

小板橋　そうですね。当時、『BUBKA』的なノリで生きてたのもあって、テレビ的においしい絵を自分でも作ろうみたいな意識があって、狙うとしたら何かなって考えたとき、ものがバーッとあるのってウケるから、「復活のときに握手会で全国を周って買った写真集が何十冊かあります」って言ったら、「じゃあそれ持ってきてよ」みたいになって。

――『BUBKA』の連載『ごっしーのVIVA・VIVA・モーニング娘。』(注8)**で自宅訪問ルポ漫画が掲載されたりしていたのも、その時期で。**

小板橋　そうです、なつかしいですね。あのときは人生こんなに楽しいことはもうないだろうから狂えるだけ狂ったほうが、みたいに思ってたんですよね。半分言い訳ですけど。

――まあ、家が危機的状況になってたらそうなりますよね。稼ぎつつ現実逃避しないと。

小板橋　そうですね。だから、いまでもそれに後悔はないです。あのときが人生で一番楽しかったのは間違いないので。

――『爆音娘。』(注9)**の会計もやってましたよね?**

小板橋　会計ってほど大それたもんじゃないですけど、一応お金の管理はやってました。僕はお酒を飲まないんで、酒を飲まないヤツに任せないと金が消えるみたいなことがあって(笑)。あとはそこそこ金持ってるからこいつならごまかさないだろう、みたいな。

――ダハハハハ！　なるほど。金に困ってるヤツに会計を任せたらヤバいから（笑）。

小板橋　そうそう。もともと、イベントをやりたいっていう盛り上がりに、ビバ彦さんの周りの僕とか有馬さんとかが協力してたから、最初はビバ彦さんがやりたいことを手伝いますよ、みたいな感じでやってて。で、みんなでＤＪやろうよって。有馬さんはいろんな音楽に造詣が深いし、最初はどれくらい集まるかもわからなかったから、とにかく身内が楽しけりゃいいじゃん、みたいな感じで。ＤＪも初期はやらせてもらってたのかな？

――そしたら想像以上に集客できて。

小板橋　だいぶ大きくなりましたね。

――想像以上に稼げるようになり、いろんな人たちが疑心暗鬼になってくるっていう。

小板橋　そうですね（笑）。ホントに最後のほうは僕もお金を触らなくなったんだよな。最初の50人ぐらいの規模でやってた頃は、ミニ金庫を僕が持たされて最後に報告して、打ち上げ代を出して、残りは爆音基金みたいなところに入れて次につなげようっていうのをやってたんですけど、途中からビバ彦さんがやるようになったのかな。パセラでやり始めて２００人とか入るようになって。そうすると後期はそういう問題が起き始めて。

――自分のためのＤＪ機材も買い始めて。

小板橋　はい。あとその頃から全国にナンチャラ爆音みたいなのが増えてきて。ビバ彦さんが本家みたいな感じでいろんなところに呼ばれて、そっちのほうがたぶん増えていったんですよね。そっちのほうが楽ですしね。

ライターとして活動を開始

――で、活動しているうちにビバ彦さんとの関係からライター業を始めるわけですよね。

小板橋　宝島社の『音楽誌が書かないＪポップ批評』のモーニング特集でデータ集めとか手伝ってるうちに、僕も文章を書くのが好きだったんでライターの真似ごとみたいなのが始まって。当時、僕と**久保内**（信行）（注10）くんとか有馬さんがその部隊みたいになってて。

――すごいですよね、ビバ彦さんのモーヲタをパシリにするっていう、独自のシステム。

小板橋　ビバ彦さんの会社にメールチェックに行く役のモーヲタがいましたもん（笑）。

——ダハハハハ！　本人は出社しないで。

小板橋　その話を聞いたとき、それを許してる会社の社長がすごいなと思いました。

——当時、相当な数の本を出してますしね。いまとなっては奇跡的なコイタくんと有馬くんの共著まで出していたっていう（笑）。

小板橋　ハハハハハハ！　**京ぽん本**（注11）ですよね（笑）。当時、月2で出すって言われてたかな。ビバ彦さんがやってた編プロがそういうデジタル系の解説本をよく出してたんで。

——それがコイタくんと久保内くんが編プロを作って独立する流れになっていくわけで。

小板橋　仕事量だけはありましたからね、あんまり稼げなかったですけど（笑）。僕のところも久保内くんのところも社員ほぼモーヲタで、そのつながりで手伝ってもらって。

——そのユービック（注12）**という会社に、なぜかもふくちゃん**（注13）**とかも紛れ込むことになって。**

小板橋　（古川）未鈴ちゃんともふくちゃんがバイトしてたのかな。もともと久保内くんのタブロイドって会社にいて、当時、ユービックでアニメ関係の仕事が増えてたんですよ。そっちはアキバ系詳しいだろみたいな感じで、それのアシスタントというかたちでもふくちゃんに手伝ってもらって、そのうち「私、

秋葉原で会社作ることにしたから辞める」って言われて、「急に辞められたら困る」って言ったら、つなぎで未鈴ちゃんを紹介されて。

——ダハハハハ！　人身御供だった（笑）。

小板橋　そう。しかも最初はあからさまに怪しそうな話だったんで、「それ、やめといたほうがいいんじゃない？」って言ったんですけど、「いや、やる！」って言って。それがディアステージなんですけど、結果的にうまくいってよかったですけどね。

——ヲタを集めて会社をやるのは、要するにまだお祭りが続いてる感じだったわけですよね。

小板橋　続いてはいましたね。作った頃はまだ僕もモーヲタでもあったし、Berryz工房にけっこうハマってた頃かな。あとは当時、それ以外に人間関係がなかったんで。人生のほとんどがモーニングだったから、そのつながりのなかで何かできることを考えて。やっぱり共通体験があるので、当時狂ってた人たちは信用できる感もありましたからね。

——ちなみにBerryzに流れたきっかけは？

小板橋　もともと市井から入ってたんで、市井以降のモーニングってグループとしてはもちろん好きだったんですけど、特定の推しがいる状態ではなくて。いったん亀井（絵里）とか推してる時代もあったんですけど、やっぱり熱量的には若干落ちて

て。曲とか体制がどんどんボロボロになっていくなかで、どうしても引き気味になっていて。そのなかでキッズ、Berryzっていうのは楽曲もすごくよかったし、単純に新しい希望として、このBerryzが大きくなっていったらまだ続けられるんじゃないかという気持ちでしたね。ちょっと前にそれが松浦（亜弥）でありましたよね。モーニングがちょっと弱っていったけど松浦が新しい希望だ、みたいな感じで。

――Berryz以降のヲタ遍歴は？

小板橋　Berryzもわりと早々に、石村舞波が辞めた時点でいったんケリをつけたんですよ。Berryz自体の曲の勢いもちょっと落ちてきてて、これを繰り返してもあのときのお祭りはもうないなっていうあきらめみたいになって。ちょうどその頃、自分の会社や新しい仕事が忙しくなり始めたのもあって、どっちかにけじめつけないといけないなってなって、じゃあいったんそこでヲタをやめようと思って現場とかには行かなくなりました。

――その時点で仕事はなんだったんですか？

小板橋　まだ編プロで、その後の**ｐｉｘｉｖ**（注14）にも関わり始めたぐらいですね。ただｐｉｘｉｖ自体ができるのはその1年後ぐらいですけど。その編プロの社員もほとんどBerryzヲタだったので、全員でヲタ活やってると、同じ日に休むから仕事にならない（笑）。

――ボクが聞いた伝説だと、その後ＡＫＢにも大金をブチ込んでたって聞きましたけど。

小板橋　それはブランクが5年以上あって。ｐｉｘｉｖが始まってからある程度大きくなるまではホントに忙しくて、ヲタ活とかもぜんぜん何もやってなくて。その頃ちょうどＡＫＢがガーッと伸びていった時期で。ある程度、会社が大きくなるとだんだん自分の仕事って拘束時間が短くなってくるんですよ。そうすると暇だから、いろんな趣味を考えて。まっとうな趣味からアニメとかいろいろやったんだけど、やっぱりモーヲタが一番楽しかったなと思って。そのときに周りを見ると、ももクロとかＡＫＢがまたすごい勢いで、またここに行くのもいいかもなってなんとなく思って、なんとなく情報を集め始めてた頃に、当時のヲタ友から、僕が好きそうな子がいるって連絡が来て。それがＨＫＴの朝長美桜で。

――そしたら、しっかりハマっちゃって。

小板橋　たしかに僕が好きそうなルックスだったんで、これは一度行ってみるかって感じで5年ぶりぐらいに握手会に参加したら、やっぱり楽しいなと思って。それは当時の熱ともちょっと違うんですけど、単純にアイドルと接触するというか会話するのは刺激的だなと思って、そこでまたハマり始めたんです。

――で、総選挙にも全力で投入してみて。

小板橋　やっぱりあれも楽しそうだなと思って。お祭りとして楽しかったですよね。当時、投票する人のグループみたいなのを作って、速報に入れるためにみんなウチに泊まりに来て。CDが段ボールで何十箱も届くんですよ。それも速報に入れるためにはすぐ受け取らなきゃいけなくて、郵便局に交渉して「いまから取りに行くんで留めといてください」って。それで車で取りに行って、深夜から投票作業をして。そのときのノリっていうのが当時のモーヲタに近かったんですよ。

――お祭り感が久々によみがえってきて。

小板橋　そうそう、やっぱり楽しいなって。

――バイトを雇って大量に投票して。

小板橋　でも、神7とか入れるグループの話とか聞くともっとすごかったですね。キヤノンかなんかの技術者がまゆゆ（渡辺麻友）ヲタにいて、その人はスキャンして自動で投票するプログラムを作ってるからまゆゆ陣営はマジでヤバい、みたいな話を聞いたりして（笑）。

――金額的にはどれくらい使ったんですか？

小板橋　高級車が何台か買えるぐらいの……。3年間やったんですけど、最初の2年間は同じぐらい入れたかな。最後は、ホントはもうその年はやりたくないって言ったんですけど、周りに「ホントにヤバいんで、できるだけでもお願いします」って言われて。僕も、突然大きな票数が減るのはあまりにも忍びないなと思って、「僕がこれまでの半分入れるから、残ったみんなで頑張ってね。来年からはいなくなるから落ちないように」って言ったんですけど、やっぱり……。

――まあ、順位は確実に落ちますよね。

小板橋　残念ながら。

モーヲタ仲間に救われた

――そして、元カントリー娘。のみうなさんとなぜ仲良くなったのかもすごい不思議で。

小板橋　先週久しぶりに会って、静岡の彼女の実家に行って一緒に『TENET』見てきましたよ。なんで仲良くなったかというとIT系の社長でちょっと有名な人がいて、その人がみうなとつながってたんですよ。で、僕がハロー！がすごい好きだったっていう話を聞いて紹介されて。あの子ちょっと変じゃないですか。だから僕が狂ってた時代の話をしたら無茶苦茶喜んで（笑）。

――ある程度成功してからの交流だった、と。

小板橋　そうですね。彼女は成功者みたいなのが好きな人なんで。堀江（貴文）さんとか、港区界隈にけっこう人脈があって。それで引き合わされたという。

――もふくちゃんが「本棚が全部脱税の本だった」って言ってたのはホントなんですか？

小板橋　ハハハハハハ！　税金関係の本は並んでましたけど、脱税の本はないですよ！

――え！　あと、もふくちゃんが言ってたのが、「俺はすべての遊びはやり尽した、お金も手にした、次にやることはアイドルを作ることしかないんだ」って言ってたって話で。

小板橋　それも相当盛られてますけど、さっきのエピソードにちょっと近いというか、要は仕事がある程度落ち着いてお金もある程度できて趣味を考えたときだったんでいろいろやってみたけど、やっぱりアイドルが人生のなかで一番楽しい思い出だったんで通い始めて。でも、そんなに好きでお金もあるんだったら自分でアイドルを作れよみたいな話はホントに周りから言われまくったんですよ。最初は嫌でずっと断ってたんですけど、それを一番煽ったのがもふくちゃんです（笑）。

――ダハハハハ！　そうだったんだ（笑）。

小板橋　なんなら企画書持ってきたんです。彼女は当時、自分が絡んでアイドルを作れそうな会社とか人に声をかけまくってた時代があったんですよ。たまたまそのときに僕が一番そういう暇加減が高い時期だったんで。

――金があって暇でアイドルへの熱があって。

小板橋　そうそうそう（笑）。じゃあいい加減やるか、みたいになったんですよね。だから彼女に煽られてやったっていう認識です。

――言いづらいですけど、「コイタがアイドルグループ作ったら絶対に問題起こすよ！」って言われてたのはよく覚えてますよ。

小板橋　……誰が言ってたんですか？

――コンバットRECとか掟ポルシェです。

小板橋　ハハハハハ！　予言どおりですね。

――アイドルグループを作った後悔とかは？

小板橋　うーん……そうですね。もふくちゃんもインタビューで言ってくれてましたけど、僕なりにけっこうまじめにやってたんですよ。いまでも彼女たちが存在してて活躍してるということはホントにうれしいんですよね。だから、そのこと自体は後悔ないです。

――豊橋のガリガリ君も「コイタくんを励ます会をこの前やりまして」って言ってました。

小板橋　そうですそうです、さっき言った師匠とガリガリ君とはいまでも年に何回か会う仲なんですけど、僕が叩かれまくってたときがちょうど5月で、市井の卒業が5月だったんで、「じゃあみんなで武道館に行こうよ」みたいになって、3人で武道館に行って。そしたら台湾の男性アイドルの日だったんですけど、その前で3人で記念写真撮ったりして。さっきのRECさんの話もそうですけど、あのときはそういう当時のモーヲタに救われたんで、それはあの祭りに参加しててホントによかったなって思うんですよね。

――それも含めて、結局のところ人生としては当時の祭りを引きずり続けてたんですね。

小板橋　そうですね。いろいろあっても、いまでもそうです。それ自体が嫌いにはなれないというか。いま現在進行形のアイドルは正直観なくなったんですよ。観るとつらいことを思い出すんで。でも、当時の人たちとか当時のモーニング娘。はいい思い出なんです。

――市井ハロコン復帰は行ったんですか?

小板橋　行ってないです。行きたいなとはちょっと思ったんですけど、僕はゴタゴタがあったんで、そういう現場に行くと面倒くさそうだなと思ったっていうのが一番の理由で。

(ここでサミュL編集長が合流)

サミュL　コイタくんはいろんな顔がありすぎて、全部が同じ人なのか怪しいぐらいの感じがあるというか。指原莉乃がTIFの控え室で、「え、永田(寛哲、小板橋の本名)ってあの永田⁉ 何やってんの?」って驚いたこともあって。ヲタだと思ったらプロデューサーになってたっていう。

小板橋　たしかに(笑)。

サミュL　**大嶺(こず恵)**(注15)さんの話はしたの?

――「大嶺さん」って単語がこの連載で出たことないよ! 市井紗耶香に似てるってことで『爆音娘。』にも出ていた女性編集者ですね。

サミュL　偽ちゃむとして市井紗耶香界隈の人たちに神格化されて、そのピークに達したのが、大嶺さんを囲む会みたいな感じでボウリング大会が行なわれて、とんでもない人数が集まって。ボウリングやって打ち上げでみんな酔っ払って、大嶺さんも酔っ払って寝始めたら、コイタくんが膝枕して頭なでてて。

小板橋　ハハハハハハ!

サミュL　あのときのコイタくんは、これ市井紗耶香だと思ってやってるのか大嶺さんとしてやってるのかがわからなくて(笑)。

小板橋　たしかにそういうのありましたね、擬似的な神を祀るみたいな。ただ、あの頃のことは「無茶苦茶楽しかった」みたいな感情の記憶しかなくて。だから思い出すことが、たとえば『ザ☆ピ～ス!』が初公開されたとき、ラジオですごい断片的に紹介されたんですよ。みんなでカラオケボックスに集まってそれをイヤフォンで聴いて、僕が聴く役だったんですけど、「どんな曲なのかいま歌って！」みたいに言われて（笑）。だから、僕がそれを聴きながら歌って、それを聴いたビバ彦さんが興奮するみたいな、地獄のような光景が。毎日そんなことやってましたね。

――『BUBKA』の忘年会とかにも来てて。

小板橋　行ってましたね。

サミュL　その頃はもうライターを始めてて。AKBとモーニング娘。の最大の違いって、モーヲタからはライターが何人かデビューするくらい、当時のブログとかでおもしろい書き手がいたと思うんですけど、AKBのときも同じようなことを期待したら、そういう人がほとんどいなくて。モーニング娘。のときはいろんなジャンルからいろんな人たちが集まって来てたんだなっていうのは思ってて。

小板橋　僕も両方のコミュニティに参加したけど、AKBのほうは語るみたいな人はぜんぜんいなかったですね。AKBのほうは基本的に誰かを推してるみたいな状態で、みんな同じ場所に集まるけどやってることが違うみたいなイメージがありますね。だからあんまり仲良くなりようがないというか。結束するのは選挙のときだけですから。だから、あのイベントが楽しかったんでしょうけどね**【この後、いまの基準だと完全アウトだった時代の『BUBKA』で2人がやってきたアウトな思い出話で盛り上がるが、掲載不可能！】**。

注1◆騒動……プロデュースしていた『虹のコンキスタドール』の元メンバーと裁判で争った。

注2◆ガリガリ君……名前の由来は製氷菓子のキャラクターに似ていることから。一時期ホームレスだった市井ヲタ。常に半ズボン。

注3◆エアロさん……豊橋在住。名前の由来は浅田真央の飼い犬から。辻加護から菅谷梨沙子に推し変した生粋の子供好き。

注4◆師匠……小板橋の朋友でモーヲタというよりどちらかといえば市井紗耶香ヲタ。初期・『爆音娘。』ではスタッフとしても活躍した。

注5◆モーヲタ連載……『モーヲタの部屋』。ビバ彦、宇多丸、掟ポルシェ、コンバットRECなどが登場し、『BUBKA』のモーヲタ論壇が形成された。

注6◆トークイベント……モーヲタトークライブ。第1回はロフトプラスワンで2001年6月5日に開かれた。

注7◆CUBIC-CROSS……市井紗耶香の音楽ユニット。たいせーとギタリストの吉澤直樹で結成した。

注8◆『ごっしーのVIVA-VIVA-モーニング娘。』……編集者ごっしーによる連載。モーニング娘。やモーヲタを取り上げた。

注9◆『爆音娘。』……ハロプロ楽曲をかけたクラブイベント。

注10◆久保内（信行）……編集者、ライター。編集プロダクション「タブロイド」の代表取締役。小板橋とイベント内で相撲をとったことも（105ページより掲載）。

注11◆京ぽん本……『京ぽんマニアックス！　使いこなし裏マニュアル』のこと。京セラのPHSのAH-K3001V、通称「京ぽん」に関する書籍。

注12◆ユービック……小板橋が立ち上げた編集プロダクション。

注13◆もふくちゃん……でんぱ組.incなどを手がけるプロデューサー。ライブ&バー「秋葉原ディアステージ」、アニソンDJバー「秋葉原MOGRA」の立ち上げにも関わっている。このインタビュー連載にも登場した（047ページより掲載）。

注14◆pixiv……漫画やイラストなどを投稿できるwebサービス。小板橋は副社長～社長を務めた（2018年に辞任）。

注15◆大嶺（こず恵）……編集者。『週刊女性』などに携わっている。

証言・06 久保内信行

面倒くさいヲタが
総計で10人ぐらい
住んでるビルがあって、
僕もそこに
住んでました

Profile

編集者・ライター。編集プロダクションの株式会社タブロイドの代表を務める。著書として『カオスアニメ大全』などがある。自身のnoteでは、サムライこと有馬岳彦の6万字インタビューも公開している。

政治家秘書からヲタへ

——前回の**コイタ**（注1）君の記事はどうでした？

久保内　コイタの後ろ姿、僕と無茶苦茶似ていてビックリしましたよ（笑）。これまで毎回おもしろい髪型でメディアに出ていたのに、コケたら適当になってて、これが一番衝撃を受けました。コイタに比べると僕は地味だから、記事になるんですかね？

——まず何者なのかって話なんですよ。

久保内　でも、説明してもべつに読者は興味ないという。吉田豪さんともお話しするのも、たぶんいままでで合計7分あるかないかぐらいで。

——そう、かなり薄い関係なんですよね。

久保内　たぶん**『紙プロ』**（注2）で机を持たれてたとき、CDを強奪しに行った**ビバ彦**（注3）のうしろに2回ぐらいいたのと、あとはモーヲタ系の飲み会とかで、「仕事たいへんですか？」とか、それぐらいの話しかしてないんで。

——久保内君はどのくらいのタイミングでモーヲタ的な流れに入っていったんですか？

久保内　当時は大学生で関西に住んでいたから『ASAYAN』の放送もなくて、シャ乱Qってすごい電気グルーヴにバカにされてたじゃないですか。実際、大阪城ホールとかでシャ乱Qが路上ライブやってた頃、バンドの番組で勝ち抜いていく過程とか苦々しい思いで観てて。僕はJIGGER'S SON派だったんで。当時、僕は京都のメトロとかで、ユナイテッド・フューチャー・オーガニゼイションとかそのあたりのシーンのフォロワーでアシッドジャズや渋谷系のDJしてたんですよ。Fantastic Plastic Machineとレコード屋さんで、お互いデブだからすれ違えなくてメンチ切り合ったり。だから、シャ乱Qは大阪の一番見せたくないダサい部分を歌う人たちって認識で、モーニング娘。もバカにしてたというか。

——そこからよくハマりましたね。

久保内　『真夏の光線』ぐらいであれ？と思って、それで『LOVEマシーン』ですよ。そしたら当時、つき合ってた彼女が「市井紗耶香が最高だ！」って言い始めて、ぜんぜんメンバーわかんなかったんですけど、僕は広末涼子が大好きだったんで、それで好きになって。それが急に市井が辞めるってことになって。観に行こうと思ったんですけどチケット取れなくて、初めてヤフオクでチケットを落としたら想像以上の金額で、5万円ちょっとだったかな？　金ないんで、普通電車で向かったら掛川あたりで電話かかってきて、「ごめん、ほかの人に高く売ったから」って言われて、そのまま降りて浜名湖のあたりですげえ黄昏れて携帯をブチ投げたんですよ。

——会場推しすらもしなかった。

久保内　そうそう。結局、年明けの名古屋で初めて観たときはもう市井はいなかったという感じですね。そして当時は就職氷河期で、僕も派遣社員で働き始めて。そしたら親が「自民党の議員の私設秘書をやれ」と。「誰の秘書だ？」って言ったら、「**野中広務**（注4）だ」と。それで野中広務のところに連れていかれて。

——え！　ホントに!?

久保内　ホントに。園部の駅前の喫茶店で野中広務は毎朝モーニングを食べてて、秘書が順番にそこに来たヤツを捌いていくのを見学させられて。そのあとに自民党の区会議員とかのホームページを作る仕事をやらされたんですよ。そしたら、親の不動産屋を継ぐために議員とのパイプを作れっていう話になって、「嫌だ」と。気づいたら俺えらいとこ来とるやんけ、と。学生時代から修行と言われて街宣車のなかで正座させられてたり。

——なぜ！

久保内　野中広務はいろいろデリケートなところにも関わってたらしいから、右翼の親玉が来たりして。ウチの会社の顧問弁護士が**中坊（公平）**（注5）の敵役で京都駅前のホテルでものすごい裁判をやったときの相手方だったりして、このままだとえらいところに連れていかれる感じがあって、反発して東京に出てきたんですよ。それでまずモーヲタ関連の**ごっしー**（注6）とか**アキバ**（注7）さんがやってた市井紗耶香のイベントにいって、そのあと飲みに行ったら**有馬**（注8）がいて、「今度ロフトプラスワンでモーニング娘。のトークショーするから」って言われて行ったのが最初。

——じゃあ上京して早々、いわゆるモーヲタシーンにスポッと入っちゃったんですね。

久保内　プラスワンのモーヲタイベントも2回目3回目とかには壇上に出たんじゃないかな。でも、曲的には『ザ☆ピ～ス！』とか『Mr.Moonlight～愛のビッグバンド～』とかぐらいまでですよ、純粋に好きなのって。

——誰もが「あれは重要だった」と言っている清里コンサート（注9）にも行ってるんですよね？

久保内　清里に行くときバスで掟（ポルシェ）さんの隣に座ってたんですよ。それで「トイレしたくなってきた、トイレしたくなってきた」って掟さんが言い出して。「久保内君、ビニール袋ない？」って言うからヤベえと思って、「ありますけど」って出したら隣でジャーッとして、「うん！」みたいな。

——昭和のプロレスラーですよ、それ！

久保内　そのあと、「あったけえあったけえ」って言って、掟さんが手に持つオシッコを揉みながら清里に行ったのはすごい覚えてる。あと、市井紗耶香の一周忌みたいな感じで、死んでもないのに卒コンをやった武道館に集まるっていう。そのあと毎年毎年5月31日に何も言ってないのに市井ヲタが集まって、でも市井ヲタって基本的にそんなに交流しないんで一匹狼の会みたいな感じで、「一人娘さやか」っていう日本酒を空けて帰るとか、ずっとやってましたね。10年間やりましたよ。

——市井ヲタがいちばん狂ってるとか言われてたのは、いちばん盛り上がっているときにいなかったとか、その後も振り回されまくったとか、いろんな理由があるんでしょうね。

久保内　そんなことやってるうちに、モーヲタカラオケをやたらとするようになって。カラオケっていっても誰もマイクを持たずに素で歌いながら飛び跳ねるという奇行をしてたんですよ。こいつ声が高いとかぐらいでヒーローになりかねない感じで。そこでもっとデカい音で聴きたい、もっとデカいカラオケボックスに集まりたいみたいな話になって、「クラブイベントとかしないんですか?」って聞いたんですよ。そしたら「……クラブ?」「そこに行けば音楽が聴けるというのかい?」みたいな感じで。説明したらぜひやろうってことになって。でも、みんな分からないんで自分が動いたというか。その当時って和モノをかけること自体が珍しいのと、アイドルものをかけるってゲイ箱にチョロッとあるぐらいで。

——リリー・フランキーさんとボクが90年代頭にアイドルDJイベントをやってたときも、当時は昭和歌謡しかかけちゃいけないみたいなのがあったんですよね。CDをかけるのがアウトで、CDJという文化すらもないからやりにくくて。

久保内　僕の世代だと和モノは小西康陽が裏書きしたものならOKみたいな気持ち悪い感じだったから、『LOVEマシーン』かけたら周りからものすごく嫌な顔される。だからクラブ選びも難航するかなと思ってたんですけど、そういえばオタク系ならコスプレダンパがあるじゃんと思って、そっち系の箱をリストアップして、それでスペース絵夢にしたんです。

——たぶん初回から行った記憶がある。

久保内　いらっしゃいましたよ。1回目は50人ぐらいの箱で最初ビビってたんですけど、いつも集まる連中が16人ぐらいいて、友達連れて来て30人ぐらい入るだろう、だから50人の箱でも寂しいことにはならんのではないかって言ってたら、始まった頃に階段のところにズラーッと人が並んで、全部で150人とかそんな感じでしたね。その支払いの前に、「僕がやるから、これ僕の主催ってことでいい?」ってビバ彦が言って。

——なぜ!っていう(笑)。

久保内　「まあ、俺が主催ってことにしてもべつにいいことないからいいっすよ」って。そこから『**爆音娘。**』(注10)がパセラに移行して。

――そしてモーヲタシーンの代表がビバ彦さんという見られ方になっていくっていう。

久保内　そうです。集客も400人ぐらいまでになって、ヲタの汗が蒸気になってヲタの雲とかヲタの雨とかできて。パセラの店員さんとか完全にビビッてたし。『爆音娘。』の後は、1日消毒日として割り当てるという。『爆音娘。』自体も最初はネットでしか告知してなかったんでネットのモーヲタとその友達関連とかが集まってたんですけど、3回目の開催で大阪とかからヲタが遠征してきて、サイリウムを持ってヲタ芸やるようになって。僕がDJしてるときに推しジャンプしてる客と目が合って、「……なんでこいつに推しジャンプしてるんだろう？」みたいになってるさまとかよく覚えてますよ。たぶんアイドルでサイリウム振る文化が出来たのがこのあたり。その『爆音娘。』の話を聞きつけたサイリウムの会社が段ボールで持ってきたんですよ。

――「これを使ってください」と。

久保内　そうそう、ほかにも有名なモーヲタ日記とか書いてる人にも箱で送り始めて、みんなに配ってくれってことで。それで徐々に使う人が増えたところで飯田圭織の卒コンのタンポポのヤツがあって一気に広まって。

――黄色のサイリウムで埋め尽くされた客席を見て「タンポポがいっぱいだよ！」と飯田さんが言って。

久保内　それを見たつんく♂が色分けとかにこだわり始めて。そのあと完全に素人のウチらを呼んで、大阪とか新潟とか九州とかにも『爆音娘。』としてアゴアシつきで行くようになるんですけど、当時、大阪から遠征してきたヤツが大阪爆音の話を持ってきたんですよ。そのときに**劔（樹人）**[注11]さんとか**赤犬**[注12]とかとつながるのかな。その頃になると会計上もどうなってるのかわからなくなってて。

――いろいろ疑惑が出始める時期ですね。

久保内　ビバ彦から月に2回ぐらい長い愚痴の電話がかかってきて、「わかってくれるのは久保内君だけだよ！」って言ってたのに、最終的に僕から引導を渡した、みたいな。『爆音』の2回目ぐらいのときには**ミッツィー**[注13]さんから「『申し訳ないと』やってる者だけど、宇都宮でやってくれないか」ってメールが来て、ビバ彦にメールを転送したんですよ。そしたらビバ彦がその文面の何かにカチンときたらしくて、「ふざけんな、宇都宮のサルが！」ぐらいのことを言い始めて。

――うわー！

久保内　それで、「なんかビバ彦が怒ってるんですけど」って連絡したら、ミッツィーさんが泣きながら「ダメなんですか？」

って言ってた記憶はありますね。なんでビバ彦がそんなに怒ったのかはわからないですけど。あとNegiccoの**connie**（注14）ちゃんは4回目ぐらいの『爆音』のときに丁寧なメールが来て、「楽曲をアレンジしたりしてるんで、すごい興味あります」って話で。DJやらせてくれっていう人はいっぱいいたけど、ちょっとおもしろそうだから会って話してたら意気投合して、コスモタイガーという名義で一緒に出るようになったり。そのうち、「新潟に帰ります」って言ったらあんなことになって。connieちゃんはおもしろかったです。

ヲタの世界のテラさん？

――ヲタがアイドルの世界に入っていって。

久保内　その頃は『SPA!』とかに書かせてもらうようになって、本では『まるごとモーニング娘。音楽誌が書かないJポップ批評』が最初でしたね。コアマガジン周辺の編集さんが名前を変えて書いて、途中で締切りが来たり校了が来たり、面倒くさくなって放り出したぶんをあとで回収して誌面にしていくという。最初は「データ取ってよ、初出とか調べてくれたら別でギャラ出すから」とか言われて、それやってたらビバ彦の仕

事の8割ぐらい僕がしてて。最初のうちはクレジットも「ビバ彦&くぼうちのぶゆき」になってたのがだんだん「ビバ彦」だけになって。巻頭の『つんく♂物語』とか、あれ僕が最初から全部書いたら、「甘いとこがあるから手直ししといた」って。

――手直ししたうえで自分の名前で発表？

久保内　うん、敬称を変えたぐらいで。この本に参加したのはコイタと僕と有馬かな？　第2弾はもっとヲタの熱意を集めた本にするって言うから、編集としても参加していろんなヲタに発注かけたら上がってくるものがどうしようもなかったんで作文教室みたいなことを始めて、6人ぐらいウチに泊まり込んで原稿に赤入れて戻してを繰り返して。「載せたかったらこのままでいいけど、あとで恥かくよ」とか言って。

――それが編プロを始める原点なわけですかね。ヲタに文章を教えて、仕事を教えて。

久保内　そうですそうです。それが**タブロイド**（注15）の原点ですね。その頃にビバ彦が「コイタと久保内は自分の弟子だ」って周りに言い回ってるっていうのが聞こえてきて、「はぁ？」と思ったのは覚えてます。コイタのときにも書いてあったけど、ホントにビバ彦はそのあとどんどん仕事をしなくなって、編集部に行く自分の影武者バイトを雇ってましたからね。

――ヲタが会社のメールをチェックして。

久保内　それが、**うたか**（注16）と有馬ですから。

——え！

久保内　完全に人を見る目がないんですよ！　だって有馬先生に自分の代わり頼めます？

——不安ですよ！　掟さんはすごいと思ったもん、有馬君に留守番させたりしてるの。

久保内　そうそう！　有馬に留守番させるのは**枡野浩一**（注17）と**南Q太**（注18）と掟さんしかいない。

——掟さん、子守までさせてたからね。

久保内　信じらんないよ……。

——でも、娘さんが生まれたら「娘の子守はダメ！」って奥さんが止めたっていう（笑）。

久保内　掟さんの家が燃えたとき、「会社の余ってるパソコンありますよ」ってノートパソコン一式と無線LAN一式と、ちょっとお金も包んで掟さんに渡して、すしざんまいで寿司食いながら話してたら、「聞いてよ久保内君！　杉作さんに火事になったって言ったら、家から歩いて東中野まで来て、『これ！』ってクッシャクシャの5000円を渡して帰っていったんだよ。俺、一生ついていこうと思う」って男泣きし始めて。俺はパソコン一式と無線LANとお金包んでるけど負けてんの！

——『申し訳ないと』で掟さんの火事基金みたいなのをやったときも、Jさんはその日のギャラを入れてサンダルで歩いて帰りましたからね。

久保内　たしかにカッコいいんですよね。でも、やたら白山通りにごっしーを呼んで説教しまくってたじゃないですか。そのせいで仕事頼んでもごっしーが約束の時間に来ないんですよ。「いや、ちょっと杉作さんがさー」って。で、「寝てなくてさー」って途中で寝始めるし。ウチはとにかく人が寝てますよ。有馬なんか俺が寝てるあいだに来て風呂に入って、俺がうっすら目覚めるとなんかシャンプーの匂いがする髪の長い奴がいるんですよ。「あれ？　いや、俺には彼女いないなあ」と思ったら有馬で。「おまえ、人の家に勝手に入って風呂に平気で入る男なんだ」ってツッコんだんですけど、もちろん平気で入る男でしたね。

——コンバットRECの家でも入ってました。

久保内　引っ越したら有馬の家にすごい近かったことがあって、「風呂入っていい？」って来るんですよ。ヤツ、自分の部屋がとんでもない状態になってて入れないですからね。

——風呂に入れる側の気持ちもわかるんですよ。ボクが引っ越し手伝ってもらったとき、一緒に荷物を運ぶ瞬間に悪臭がして、見たら有馬君が靴を脱いでたから、「……今日はもういいや」って帰ってもらったこともあった。

久保内　それできるからいいですよね。僕は言えなくて、引っ越し後、最初に風呂に入るのがなぜか有馬っていう流れになる。そこまで許した後で怒るか怒らないか考え始めるんで、たいがいひどい目に遭うんですよ。それで世話になってるあいだはヲタたちは「いいデブだ」って言うんだけど、結局恨みを買うのは僕なんですよ。あの頃をトキワ荘だとしたらテラさんみたいな。

——寺田ヒロオ（注19）の役割（笑）。

久保内　そうそう。テラさんって「いい人だ」っていうのと「才能がなかった」っていうふたつしか言われない人じゃないですか。

——売れなくて、金貸して、そして先に死んじゃって。

久保内　そうそう、その役目を押しつけられる。金の無心してくるヤツはいっぱいいるわ、貸したら来なくなるわ、メールで「どうなってる？」って言ったら、「脅すのか！」って言われるわ。バイトに来たらBerryz工房の振りつけしかしなくて、大相撲を観ながら初音ミクの青白ボーダーパンツ丸出しで寝てた**福嶋麻衣子**（注20）ってヤツもいるし。アニソン雑誌手伝ってたんで、作曲家の**神前暁**（注21）さんと飲んだりしたんですけど、その場ににぎやかしとしてハルヒのコスプレで参加したと思ったらあとでディアステージの作曲の発注とかしてましたからね。**村カワ基成**（注22）も一時期、「くぼたん、俺、中卒で行くとこがなくてお腹が減った」とか言ってたから、近くの会社のホームページ作る担当に放り込んで、それで毎月20何万払ったり。俺がそうやってたら、コイタはｐｉｘｉｖで一山あてて編プロの経営に飽きてきましてね。

——もともとコイタ君と同時期に編プロ業務を始めた感じだったわけですよね？

久保内　そうですね。「俺とりあえず編プロにするわ」って言ったとき、コイタは「じゃあ俺も作る」みたいな感じで。それで、どうせ始めるの一緒ならイベントでもしようやって言って、それでコイタと相撲取ったの。神事だから（笑）。でも、いざやったら当たりが弱くて、「あれ？　思いのほか軽い！」みたいな。あの当時、コイタって金魚鉢にいっぱい薬を入れて、それを手づかみで飲まなきゃいけないみたいな話だったから、「こんなふくれてるのに力は弱いんだな」と思って。実家の母親をおんぶしたら軽かったみたいな切ない気持ちになって。

——その結果、相撲には圧勝して（笑）。

久保内　で、コイタの事務所の下に**片桐（孝憲）**（注23）さんがいて、気がつくとコイタの飲み友達＆ネットナンパ友達みたいになってて。で、コイタと片桐さんは一緒に作ったｐｉｘｉｖのほうが調子よくなって忙しくなってきたらコイタは編プロがどうでもよくなったらしくて。「来月、編プロ的に売上120万ぐらい乗せないといけないんだけど、何かない?」っていうものすごくそのまんまの電話がかかってきて、必死でそこに流したりしてましたね。

——そうだったんだ(笑)。コイタ君は当時から何かしらの問題はあったんですか?

久保内 ……それは法に触れる感じで?

——ダハハハハ!どっちでも(笑)。

久保内 彼はメンバーの家とか把握してたじゃないですか。だから……【以下、自粛】。

——載せられないです!

久保内 僕らはそれを流行らせたメディアの人間ですよ! 僕はアングラでも『ゲームラボ』とか『ラジオライフ』とかで仕事やっててアイドルはノータッチだったんですけど。

【この辺りから本誌サミュL編集長も合流】

——『BUBKA』が白夜書房になって、自社ビルの地下でアイドルイベントやるほどにもなって。

久保内 ホントに『BUBKA』はAKBあたりからうまくやったというかなんというか。

サミュL 時代もあるというか、あの頃はそういうカルチャーがまだあったんじゃない?

久保内 時代とカルチャーのせいにし始めました!

サミュL 90年代悪趣味カルチャーみたいなものがまだギリギリ残ってた時代というか、そういうのをおもしろがる空気があって。

久保内 まあ、いま同じ基準で語るのは難しいとこありますよね。でも、いつからこんなにクリーンになっていったんだろう? AKBの初めての握手とか、初期のヲタにいろいろ話を聞いたことがあるんですけど、あれはPAがおかしくなったかららしいですよね。

——トラブルのお詫びとして握手をして。

久保内 そこでバーッと盛り上がって、いままで「暇だったから来てます」ぐらいだったヲタが急に命を吹き込まれた集団みたいになって。最初のうちはモーヲタが招集されて、戸賀崎(智信)とかにピックアップされてハロプロとかの商売のやり方をずっと話してたらしいんですよね。

——そろそろコイタ君の書ける話をしましょう!

久保内 あ、テレビの取材で市井紗耶香写真集をトランクから大量に出してきた話とかしたじゃないですか、それを「ネタになると思ってやった」と言ってて、実際ちゃんと話題になったんですよ。2ちゃんねるにコイタが日記サイトに載せてる写真を使ったコイタの顔文字ができて。そしたら揶揄する感じのサイトに訴訟をチラつかせて。肖像権の侵害で。あれだけテレビに出ておもしろいことやっといて。

サミュレ　もともと仲は悪いんだっけ？

久保内　最初、高円寺でふたりで会ってコイタ君の家に行ったとき、仲良くなれるか不安に思いましたけど。「俺、妹も食わせていかなきゃいけないから」的な言い分で、同人誌の裏流ししてるとか。それでファンとしての矜持を語ってる後ろにポッキーガールの等身大のポップがいっぱいあるとか。

——通常なルートでは手に入らない物が（笑）。

久保内　そうそう。いいんですけど、なんかわりとそのへん乖離してるじゃないですか。有馬に定期的にインタビューするようにしてたんですよ、2年に1回ぐらい。そのときに「チェーン店からは万引きするのはいいけど個人店から万引きするのはよくない」って言ってて、「どこから盗んでもミニカーはミニカーでしょ」って言うしかない。僕はどっちかというと口は悪いけどお金関連とか融通したりするタイプで、コイタは口はきれいだけど金関連はガッツリするタイプ。だからまず合わないんですよ。でも、ハロプロのファンクラブの申し込み名義は貸してました。「チケット浮いたら回すから」って、コイタからチケット回してもらった記憶はないけど。

——やっぱり悪いデブではあった、と。

久保内　ビバ彦がいたマガジン・ファイブの本で忘れられないのは、「久保内君、俺コミケのことわかんないからゲラ見てよ」って、ビバ彦がついに自分で赤入れするのを拒否して、コイタの書いた『コミケの歩き方』っていう本のゲラをこっちに回してきたんですよ。そしたら最初から最後まで転売屋の座談会、転売の仕方、事前チェックの仕方で『コミケの歩き方』じゃねえよ！っていう。

——俺にとってのコミケでの稼ぎ方（笑）。

久保内　そうそうそう、こんな本を出していいのか、と。あれはすごかったですね。コイタも途中で忙しくなって放り出してから、わりと僕は編プロ関係で迷惑を受けたと思いますよ。丸パクの原稿送ってきて気づかず納品して謝りに行っても契約切られたりとか。あと僕自身、「いいデブ」と言われながら人のえり好みをするんで、あんまりオタクマインドに立脚した人とはそんなに友達になれないっていうのがあるから、コイタも有馬もおもしろい話として受容はできるんだけど、その人とホントに友達になれるかっていうとそれは別の話っていう感じ。

——確実に常識が違う気がするわけですね。

久保内　そうそう、出会って早い段階でおもしろい枠に入らないと批判対象になっちゃうから。

モーヲタたちを養った

サミュL　食えないモーヲタがそこに集まってたって話だけど、あれはどうやってたの？

久保内　気に入ったのと本気で困ってるのは、とりあえず住まわせて2カ月ぐらいはなんとかしてやろう、と。それで飯食わせて。

サミュL　みんな仕事はちゃんとしてたの？

久保内　まったく仕事しなくても2カ月は部屋の片隅で生きてよしっていう状態にして。

――そりゃあダメなヲタも集まりますよね。

サミュL　モーヲタ界隈でもダメな人オンリーがあそこに集まってた印象があって。

久保内　俺も家出してフリーの編集の人に2〜3週間泊めてもらって、初めてのアパートの保証人のハンコも押してもらったから、その恩を後輩に返してあげようって気持ちでいたら、オタクがギュウギュウに来て、ワンルームに大学生が3週間ぐらい住み込んだり。ノートパソコン持って久保内の家にたどり着けさえすれば2週間ぐらい飯が食えて15万ぐらい現金を持って帰れるみたいになってたんですよね。その当時はヲタビルっていって馬喰町に面倒くさいヲタが総計で10人ぐらい住んでるビルがあって、僕もそこに住んでました。

――ダメなトキワ荘だ！

久保内　もふくちゃんがウチに来たのだってよくわからないですからね。「最初は違う人を紹介する予定だったんだけど、この子で」って、そんな紹介の仕方あるかと思ったんだけど、「いまはあることをやって六本木のほうを追われたので潜伏中です」とか言ってて。何かの画廊に入ってて、**村上隆**(注24)関連だったかでなんかやらかして逃げ出して、でも食ってく術がないから雇ってくれって話で。「そいつらの悪口をいっぱい聞かせてくれるんだったらいいよ」って言ったのが最初ですね。でも話すのは**中森明夫**(注25)の面白エピソードだけで。「金を持ってる人の悪口を言うのは怖いから、実権なさそうな人の悪口を言うね」みたいな感じで（笑）。

――あまり人望もない人だから（笑）。

久保内　もふくちゃんがいつの間にかウチとコイタのところとふたつでバイトしてたっていうのも驚いた。ぜんぜん知らなかった。それでお互いに情報流してたっていう（笑）。

――ダハハハハ！　スパイのように（笑）。

久保内　もふくちゃんは「メイド服が似合うのはいましかないから」って言ってウチの会社を辞めていって、秋葉原にディアステージとMOGRAってクラブを作って。あそこ騒音問題が激しくて、周りから苦情が来まくって営業できない状態になりかけてて、そのたびに扉を1枚ずつ買ってつけるっていうことをやってるんですけど。そのたびにあいつから電話かかってきて、「くぼたん、50万円ない？　扉つけたいんだけど。いま扉のお金を出してくれたらウチの取締役にしてあげるから」って。

——ダハハハハ！　そんな交換条件なんだ！

久保内　「そんな雑な言い方はあるか、おまえのとこの取締役になるっていうのは、それはそれでリスクだぞ。それで50万円出させるなら、もうちょっとおもしろいパワポでも作ってこい。それで笑ったら出してやる」って言ったら電話かかってこなくなって。数カ月後、コイタが取締役になったのを知った（笑）。

——ダハハハハ！　50万、出したんだ！

久保内　あとは氷河期時代って2ちゃんの娘板って2ちゃんで最大の匿名掲示板だったんですよ。だから僕はIT企業の社長のインタビューとかよくするんですけど、ときどき「久保内っていいデブのほうの久保内さんですか？」って聞かれることはいまだにあります（笑）。

——そうなんだ（笑）。

久保内　そうそう。デカいIT会社の事業戦略課長と話したあと、「実際のとこコイタさんと仲悪いってホントだったんですか？」って聞かれたことあります。

——コイタ君の成功はどう見てたんですか？

久保内　最初は「うまくやりやがって」ですよね、やっぱり。でも半年ぐらい経ったら、これはそんなレベルじゃねえなと思って。もう成功のランクが違うんで、ムカつくとかじゃなくなって。ｐｉｘｉｖの事務所が移転して、僕が知ってるモーヲタが入っていって、それとともに編プロがどんどんおざなりになっていって、コイタ先生が飽きた部分を僕が必死に養いながらも、僕自身は仲悪いから絶対にコイタには引っ張り上げられない、と。

——そしたらコイタ君はアイドルグループまで作り。

久保内　でも、コケろとは思ってましたよ。うらやむとか、あいつムカつくとかじゃなくて、いいコケ方したらおもしろいなって。

——結果的に、グループがコケたんじゃなくてコイタ君がコケたわけですからね（笑）。

久保内　だから最高におもしろくて。裁判にも3回ぐらい行きましたよ。あれはおもしろくなかったですけど。

——有馬君の裁判に行ったとき、モーヲタに「コイタの行きますか？」って聞かれて、そこまでのつき合いじゃないって断りました。コイタ君のゴタゴタのときに興味深かったのは、ヲタが「俺たちはずっと友達だ」って言いながらも誰もコイタ君の

潔白は信じてないっていうことだったんですけどね。

久保内　そうそう、「ああ、やったか。俺はコイタの味方だからわかる」って（笑）。だから、コイタが社会的に成功したことよりも、コイタがアイドルプロデュースって聞いたときの衝撃のほうがホントはずっとデカかった。「宝くじに当たりました」って言われたら、まあ悪いやつにも宝くじは当たるだろうと思うけど、こっちは奴隷商人が奴隷を飼い始めました、みたいなことに聞こえるじゃないですか。

——うわー！

久保内　だから、僕も本人の前で「おまえは絶対に問題起こすよ」って言ってました。

——イメージでいうと有馬君がアイドルプロデューサーになるようなものなんですかね？

久保内　もっと危険だと思う。有馬先生は昆虫に近い生きものだと思ってて。何かしらの生存本能のみで生きてると思ってるから。

——有馬君にご飯を奢るのって楽じゃないですか。あの人、高いものは食べないから。

久保内　でも１５００円とか１８００円の上とんかつ御膳をおごりでパクつきながら、「１食１０００円以上の飯を食うヤツはバカだ」っていうことを熱弁してきたりするから、細かくは腹立ちますよ。自分が払うときは１０００円以上のものは買おうとしないっていうタイプだから。

——ボクが引っ越しを手伝ってもらったとき、「奢ってもらうだけでいいです」って言うんで飯を食いに行ったら、１０００円以下のセットを食べたあとに、ご飯おかわり自由だったからご飯を頼んでテーブル上の塩とかで食べ始めたから、「追加でおかずを頼んでよ！」って言ったら、「ホントですか!?」って感じで、安上がりだなと思ったんだけど。

サミュL　よくビバ彦さんにけっこう無茶苦茶な仕事の振られ方してて、その代わりたまに飯をたらふく食わせてもらうことで満足してたみたいなんだけど、あるとき腹空かせて仕事してたときに「今日はこれしかないわ」ってメロンパンを渡されて、「俺これだけかよ！」ってブチ切れて、「ケチッた」とか「見切った」とか言ってたことはあったね。

久保内　たしかそのとき、飯を食わせるのはいいんだけど一緒に飯を食うのは嫌だってビバ彦は言ってて。水で爪を洗い始めたり、すべてのものの匂いを嗅いでから食うとか、テーブルにある福神漬けとかは全部食っていいと思ってるとか、持って帰るとか、そういうことを目の前でされるのがものすごく嫌で、最近はパンを与えてるってビバ彦が言ってましたよ。

——ボクが一番衝撃を受けたのは、ファミレスで何も注文しな

くて、1人だけ粉チーズとケチャップを丸めた団子を作ってたことで。

サミュL　あれは衝撃でしたね、アフリカの人が見たこともない料理してるみたいで。

久保内　彼はある程度、団子状になったら食えるものだと思って口に運びますからね。彼の部屋は真ん中にベッドが置いてあって、その周りにレコードがザーッとあって、ベッド以外のスペースがないんですけど、ベッドシーツがブルーシートなんですよ。遊びに行ったらとりあえずベッドに乗らないといけないんですけど、乗ったらベッドシーツに角度がつくじゃないですか。そしたら有馬の毛と噛んだ爪がザーッとこっちに流れて来るんですよ。

──ホラー!

サミュL　地獄だ……。

久保内　コイタから電話かかってきて、「聞いた？　いま有馬君から電話かかってきたんだけど」とか、有馬はマズいって話をしてるときだけコイタとも気持ちがつながった気がする。コイタ、体のいろんなところがおかしくて。ある日突然、痛風で倒れて運ばれるときに、「なんで久保内じゃなくて俺なんだー!!」「あのデブじゃなくてー!」って叫んだっていうのが即ウチに連絡が来たのは憶えてる。

サミュL　コイタ君そんなに食わないよね。久保内君も久しぶりに見たら超巨大化してるからビックリしたけど。いま何キロ？

久保内　160とか。去年130だったんですよ。1年ぐらいで45キロ痩せて、痩せる本の出版を決めかけて。でも170が125になったって、どれくらいすごいかわからないから100キロ切ったら進めましょうって言われて。本は出るってことだなって安心したら気がついたら半年で40キロ戻ってて。

サミュL　この前、コイタ君も太ったと思ったんだけど、そのレベルじゃないよね。

久保内　ヤツのデブは人間の努力でできるレベルですよ。こっちは才能があるんで、ちょっとやそっと努力したってこうはならないです！　だから僕はモーニング娘。自体を追ってたのってそんなに長くないし、AKBの仕事もけっこうしたんですけど、そもそもアイドル個人には興味ないんですよね。市井ちゃんが美しくないとか言ってるヤツは殺しますけど。

──それはいまでも?

久保内　カチンとはきますね。前も市井が復活するときにRECさんの首元をつかみ上げるってことを何回かして。「いまさら何しに復活すんの？」とか言うから。しかもRECの野郎、「矢口のほうが芸能人としてぜんぜん使えるでしょ」って言うんですよ？

――正解なんですけどね。

久保内　許せないですよ！

注1◆コイタ……小板橋英一。編集者・ライター、元pixiv取締役。このインタビュー連載にも登場した（091ページより掲載）。

注2◆『紙プロ』……『紙のプロレス』。プロレス・格闘技雑誌。かつて吉田豪が編集部に所属していた。

注3◆ビバ彦……編集者。『BUBKA』では「モーヲタの部屋」を連載した。

注4◆野中広務……官房長官、自民党幹事長などを務め、「影の総理」「政界の狙撃手」などと呼ばれた。

注5◆中坊（公平）……弁護士。森永ヒ素ミルク中毒事件や豊田商事事件などの被害者救済で知られる。

注6◆ごっしー……編集者。『BUBKA』では『VIVA VIVAモーニング娘。』を連載した（241ページより掲載）。

注7◆アキバ……編集者。「イケメンズ」の一員として『BUBKA』誌面に登場した。

注8◆有馬……「サムライ」の異名で知られた有名ヲタ。このインタビュー連載にも登場した（137ページより掲載）。

注9◆清里コンサート……2001年9月8日に山梨県の清里高原で行われた。

注10◆『爆音娘。』……ハロプロ楽曲をかけるクラブイベント。

注11◆劔（樹人）……ミュージシャン。ハロヲタとしての青春の日々についてのコミックエッセイ『あの頃。男子かしまし物語』も発表している（157ページより掲載）。

注12◆赤犬……関西を中心に活動するバンド。

注13◆ミッツィー……DJ。日本語楽曲のDJ集団「(有）申し訳ナイタズ」の代表取締役。

注14◆connie……Negiccoのプロデューサー。作詞作曲編曲も手がける。

注15◆タブロイド……久保内が立ち上げた編集プロダクション。

注16◆うたか……有名ヲタ（207ページより掲載）。

注17◆枡野浩一……歌人。かつて南Q太と結婚していた。

注18◆南Q太……漫画家。作品は映画化された『さよならみどりちゃん』など。

注19◆寺田ヒロオ……漫画家。『まんが道』では、トキワ荘の漫画家たちの兄貴分的存在として描かれている。

注20◆福嶋麻衣子……でんぱ組.incなどを手がけるプロデューサーの〝もふくちゃん〟。このインタビュー連載にも登場した（047ページより掲載）。

注21◆神前暁……『涼宮ハルヒの憂鬱』などの音楽を手がける。

注22◆村カワ基成……作詞家・作曲家。BABYMETALなどに楽曲を提供している。

注23◆片桐（孝憲）……実業家。pixiv社長、DMM.com代表を歴任。

注24◆村上隆……現代美術のアーティスト。漫画、アニメをモチーフにした作品などで知られる。

注25◆中森明夫……評論家。アイドルに言及することも多い。

証言・07

嶺脇育夫

狂ってる人たちを
眺めるのが好き
だったんですよね、
僕はたぶん
それできないから

Profile

タワーレコード株式会社の代表取締役社長。心斎橋店の店長、新宿店の店長などを経て、2011年3月に代表取締役社長に就任。同年6月にはアイドル専門レーベルT-Palette Recordsを立ち上げている。

疲れていたときにハマった

——嶺脇社長も、そろそろこのモーヲタ連載に呼ばれるかなっていう覚悟はしてました?

嶺脇　いや、私はちょっとポジションが違うんで、このラインだと呼ばれないだろうなと思ってたんだけど。ここはある意味『BUBKA』界隈というか、こっちは『BUBKA』の誌面とイベントをいちユーザーとして見ていただけなので、ちょっと違うなって。だから読んでておもしろいですよ、そういう裏話があったんだっていう感じで読めるんで。

——これでも相当ソフトになってますから。

嶺脇　この**久保内さんのインタビュー**(注1)は相当削られてる感じがしますよね。もっとひどい話をいっぱいしてるんだろうなっていう。

——久保内さんの意向じゃなくて編集部の判断でいろいろ削らせてもらったみたいですね。『BUBKA』が生まれ変わった結果、出せなくなった話がけっこうあるんですよ。

嶺脇　でしょうね。裏側はわからないけど僕らが聞いてる話だけでも相当たいへんな話はあったので。当時、Twitterなかったですもんね。演者のみなさんを見てるとSNSがなかった時代の自由さ感がありましたから。

——そんなわけで今回は外側から見た話が聞ければ。社長がモーニング娘。にハマッたきっかけは、よく言われてますけど弱ってるときにテレビで偶然モーニング娘。を観て。

嶺脇　それもあったんですけど、当時タワレコ新宿店にモーヲタがいたんですよ。J-POPの責任者がモーヲタで、市井(紗耶香)ちゃんの卒コンも行ってたし。「嶺脇さん、いいっすよ!」みたいなことはずーっと言われ続けてて。

——でも当時は興味なく。

嶺脇　まったく!　ちょっとバカにしてたぐらいで(笑)。ただ『LOVEマシーン』が出たときは、こんなにキャッチーでおもしろい曲だったら売れるなと思いましたけどね。

——当時、『BUBKA』はまだ読んでない。

嶺脇　まだ読んでないですね。ハロー!に興味を持ってから『BUBKA』を読み始めて、宇多丸さんの『マブ論』を最初から読みたいなと思ってバックナンバーを古本屋で買い揃えて。ただモー娘。は最初、ウチに話が来たんですよね、**『愛の種』**(注2)を5日間で5万枚、手売りしたじゃないですか。あれ基本的に全部HMVなんですよ。僕が当時、販促の部長から聞いた話によると、テレ東さんが話を持ってきたんだけど、97年にウチはSay a Little Prayerやってて、あれが10日間で1万枚売るっていうことで渋谷の8階でやったんだよね。それが2日で1万枚売れてしまって河村隆一のプロデュースでデビューしたんですけど、あれと同じ番組で手売りしてメジャーデビューが決まる、みたいな。だから「Say a Little Prayer と同じだからやらなくていいんじゃない？」っていう感じで断ったら、そっちのほうがぜんぜん規模がデカい話になったっていう。それは聞きましたね。

——当時まだ社長は社長じゃない頃ですね。

嶺脇　僕は心斎橋の店長で。だから見に行きましたよ、『愛の種』の手売りを心斎橋ＨＭＶでやってるのを。話題になってるからどんなもんだろうなと思ったらすごかったです。地下鉄の駅の出口にＯＰＡがあって、その上にＨＭＶがあるんですけど、そこから道頓堀の川まで並んでましたからね。それ見たときに、ウチでやらなくてよかったーと思って。

——やってたら完全にキャパオーバーで。

嶺脇　そう！　キャパオーバーだし。ウチ、アメ村のなかで危険なエリアなんですよ。

——ちょっとアウトローが集まるような。

嶺脇　組がいっぱいあるから（笑）。だからウチでもしやってたら周りに絶対何か言われてたなと思って。ただでさえそのエリアでタワーレコードは嫌われてたんで。近所のオバサンが「タワレコうるさい！」って殴り込みに来たりとかね。そのときは興味はありながらも、音楽性とかにはまったく興味なくて。現象としておもしろいぐらいだったんですけど、01年に疲れてるときに辻（希美）ちゃんを見て。

——そのときは仕事で疲れてたんですか？

嶺脇　新宿の店長になったらけっこうしんどかったんですよね。そこで立ち上げて、ほとんど毎日通しみたいな感じで朝から晩まで仕事してたんで。たまたま早く帰った日に、テレビ点けたら辻ちゃんが出てて。それまでまったく感じたことのない感情が。「あれ、これかわいくねえか？」と思って、そういえばウチのスタッフも聴け聴け言ってたなと思って、それでちゃんとモーニング娘。を聴いたという。

——それはいつぐらいの段階なんですかね。

嶺脇　松浦亜弥ちゃんのセカンドシングルが出たぐらいなんで、01年の6月ぐらいに興味が芽生えてきて。あの頃、5期メンのオーディションやってたんですよね、それで『ASAYAN』を観始めて感情移入して、こんな歌もダンスもできない紺野あさ美ちゃんが受かるってことにビックリして。そこから興味を持って追いかけ始めた感じですね。

——まずはテレビをガッツリと観始めて。

嶺脇　録画し始めて。当時は帯でもいろいろやってたし。それを追いかけ始めたら、趣味だった洋楽聴くとか映画観るとかができなくなっちゃったんですよ、時間がなくて。

――モーニングに時間を取られすぎて。

嶺脇 そうそうそう！ いっぱい番組あったんで。日曜日の朝も早く起きなきゃいけないし。**『ハロー！ モーニング』**（注3）観なきゃいけない。いつも日曜日の夜は映画を観てたのが、**『MUSIX！』**（注4）観なきゃいけないから映画を観られなくなったり。とにかく自分が何十年もやってきた趣味の部分がモーニング娘。のテレビのおかげでガラッと変わってしまった時期でしたね。それはそれで楽しかったです……なんであんなに楽しかったんだろう？

『BUBKA』関連のイベント

――そして『BUBKA』を読み始めて。

嶺脇 そうですね。何がきっかけだったかっていうと、メロン記念日の『This is 運命』が出て、『BUBKA』楽曲大賞みたいなのを宇多丸さんとか**ビバ彦**（注5）さんがやってるのを見て。ウチのスタッフが『BUBKA』を広げて「これが1位だ」って言ってたんですよ。その頃はもうハローがだいぶ好きだったんで、メロン記念日っていうグループもちゃんと聴いてみたほうがいいのかなと思って。そのときにたぶんビバ彦さんやコンバットRECさんっていう人を知ったし、宇多丸さんはライムスターだし、掟ポルシェさんもロマンポルシェ。なんで前から知ってましたけど、その人たちがああでもないこうでもないってやってるのが楽しいなと思って。決定的に『BUBKA』界隈の人たちがおもしろいなと思ったのは杉作J太郎さんですね。02年にJさんの**私設あいぼん祭り**（注6）に行って、それが初めてロフトプラスワンに行った日なんですよ。02年の1月と、春ぐらいに『頂上作戦』があって、おもしろかったです。

――当時は主に何をやってたんですか？

嶺脇 杉作さんが自分で編集したあいぼん（加護亜依）のかわいいところを流して、合間合間に東映ヤクザ映画の俳優さんを挟んで、それをみんなで観て笑ってるだけ。あとはいかにあいぼんがかわいいかっていうことでミニモニ。のビデオを連続で何回も観たり（笑）。ヤクザ映画のヤツはおもしろかったですね、「高まる気持ちをクールダウンするために東映ヤクザ映画がいいんだ」みたいに言ってましたよ。

――いまだに言ってますからね、モーニングの誰が東映の誰なんだ、みたいなことは。

嶺脇 そういうのも新鮮でした。洋楽ばっかり聴いてきた人間からすると、サブカルチャーの凄いところを見たなっていう感じで。

――Jさんはビデオを何度か止めては「かわいい!」って叫んでるだけっていう（笑）。

嶺脇　1回目でカンパがあったんですよ、加護ちゃんにプレゼントでDVDを買ってあげるってことで僕も500円カンパして。で、2回目のときにちゃんとDVDを買いましたっていう証拠動画を流すんですけど、新宿の南口を出たところでハチマキ締めて回ってましたからね（笑）。そういうのがおもしろかったですね。こういうトークもおもしろいんだなと思って、そこから**ごっしー**（注7）さん司会のイベントに行くようになったんですけど。

――そこに行ってる時点で異常ですよ!

嶺脇　それは情報源が『BUBKA』だから偏ってるんで。ごっしーさんの『VIVA VIVAモーニング娘。』も読んでたんで行って、あれおもしろかったですけど最後のほうはちょっとついていけなかったですね。

――ごっしーのトークは空虚ですからね。

嶺脇　あと、そのときすでになっち（安倍なつみ）に興味ないんですよ。興味ないけどしょうがなく司会やってて。で、RECさんとかに「もう興味ないだろ」って言われて、「いや、あるある。好き好き、大好き大好き」みたいな、すごい心のこもってない返答をしてて（笑）。

――ベビメタ（BABYMETAL）もそうでしたからね。

嶺脇　でもベビメタ追っかけてメキシコ行ってましたからね。アメリカもイギリスも。僕、NARASAKIさんをごっしーさんに紹介してもらいましたからね、ゴールデン街で。

――で、『BUBKA』界隈のイベントに行くようになって、なぜかトイレでコンバットRECに話しかけられたんですね（笑）。

嶺脇　あれなんのときだったか、休憩時間にトイレでオシッコしてたら、あとから入ってきたRECさんが、「モー娘。がダメになったのは全部高橋愛のせいだよな!」って。オシッコしてるまったく面識のない俺に何を言ってるんだろうと思って。「あいつがモー娘。をダメにしたんだよ!」とか言ってオシッコして出て行きました（笑）。こういう人なんだと思って。とにかく高橋愛の悪口をよく言ってましたよ。あとガキさん（新垣里沙）とか5期メンが人気なかったですよね。

――RECも後に反省してましたけどね。

嶺脇　5期メンが入ってきたときはホントにみんなでディスってたからかわいそうで。『BUBKA』でも受かる前に出てた広告写真とかまで全部集めて誌面に載っけるんですよね。「こういうことだからコネで入ったんだ。それでも我々は応援したい」みたいな、ディスと応援が必ず両方書かれてて。今日、久しぶりに『ＢＵＢＫＡ』の古い記事を見て、『モーヲタの部屋』を切り抜いてきたんですけど、聖地巡礼っていう発想もないじゃないですか。良くも悪くもいろんなことを『ＢＵＢＫＡ』から学んじゃったという。

――ダハハハハ！　メンバーの親がやってる店には社長も行ってたわけじゃないですか。

嶺脇　それもごっしーさんのイベントでやってたんですけど、ほとんどストーカーですよね。こんこん（紺野）の家の前まで行ってましたからね。動画でそういうのを撮って、それをイベントで流すんで。お父さんが店をやってるっていうのはネットで検索すると出てくるんで、そこは行ってもいいのかなと思って。ただ、ビバ彦さんが圭ちゃんの近所のお寿司屋さんに隠しカメラ持って入って、「保田圭ちゃんのお母さんはどんな人ですか？」とか聞き込みやってるんですよ、それを流したり。そのへんはなんか違うなこれって。

――Ｊさんはそこに線引きがあるじゃないですか。Ｊさんが『ＢＵＢＫＡ』と敵対することになった原因はそこにありましたもんね。

嶺脇　そこのプライベートとか、ホントにＮＧのヤツがあったんですよ、絶対書いたら問題になるようなことも笑いながらやるんですよ、ビバ彦さんは。この人狂ってるなと思ったこともあって、そこから行かなくなったんですよ。そこはいまも触れちゃいけないんだろうなと思うんですけど、それを見せられたとき、この人たちのモラルのなさというか、人としてっていう部分に触れてしまって。そこからイベント行かなくなったんですね、行くと嫌な気分になるんで。**うたか**（注８）さんのラブポエムとかのほうが僕は楽しいんですよ。

――たぶん悪趣味文化と同じような時期で、そういう時代でもあったんでしょうけど。

嶺脇　住所を出してないのに行くとかはＮＧだろうなと思って、そこからはこういうのもどうなんだろうなって思い始めましたね。

――正解だと思います。

嶺脇　ホントうたかさんとか掟さんのほうが平和なのになーって思ってて。ああいう楽しい狂った話が聞けたほうが。うたかさんがブログで書いたものを壇上で読んで、それを宇多丸さんがずっと批評する回があって。

――宇多丸さんの無駄遣いじゃないですか！

嶺脇　そう！　宇多丸さんが酒飲んでる横にうたかさんが立って、「加護ちゃん……」みたいなのをずっと読んでるんですよ。で、終わるたびに、「うたかくんさー、これあんまりよくないよ」とか言ってるのが楽しかったんですよね、平和で。宇多丸さんとRECさんがケンカしてるほうがまだいいなと思ってて。どういう理由かはわからないですけど、袂を分かつのもわからなくもないですね。

──作法の違いがあるんだろうなっていう。

嶺脇　そう、まずJさんがいなくなって。

──『BUBKA』の連載が数回で終わり。

嶺脇　2回ですよね、『JJ祭り』。好きだったのになー、すごいおもしろかったのに。

──伴ジャクソン（注9）さんとのコンビで。

嶺脇　でも、だいぶ『BUBKA』にはお世話になりましたね。初めてハローを観に行ったのが02年のお正月興行なんですけど、なんとなく覚えてるのは里田まいちゃんが初めて出たコンサートで、あと石井リカちゃんでしたっけ、童謡のお姉さんみたいな。そこだけは覚えてるんですけど、あとコンサートはぜんぜん覚えてなくて。ただファンは覚えてるんですよね。ミニモニ。の格好したオジサンが何人かいて、そういう人をおもしろがるのは失礼かもしれないんですけど、ロックのコンサート行ってロックの格好してる人はいっぱいいますけど、アイドルのコンサート行ったら中年男性がアイドルの格好してるのは見たことない衝撃でビックリしましたね。

──しかも意外と日常でもその格好で。

嶺脇　そういうヲタの文化には興味があったんでしょうね。そしたら『BUBKA』って雑誌があって、そういう人たちが文章を書いたり、ああでもないこうでもないって議論してるのはおもしろかったんですよね。

──基本、距離があった感じなんですよね。

嶺脇　そうですね。僕はもう30歳過ぎてましたし、タワーで仕事もふつうにしてて。この人たちはどう見ても仕事してない感じ、カタギじゃねえなっていう（笑）。だからその中に入りたいとかはまったくなくて、ひとつの楽しみとして読んだり見たりっていうスタンスですね。もう少し若ければこの中に入っていこうと思ったかもしれないですけど。

ヲタな面を注目された

──接点ができたのはJさんが最初ですか？

嶺脇　Jさんが**L.L.COOL J太郎**（注10）でウチでインストアイベントやってくれたときに、「店長もモー娘。好きなんだったらちょっと話しましょうよ」って、イベントのあとにふたりで話して。そこからJさんのお花見があるとウィスキー差し入れたりのつき合いはありましたけど、決定的なのは社長になって

レーベル（注11）を始めてからで。だから豪さんですよ！

――社長のヲタぶりをボクが言いふらして。

嶺脇　そうそうそう（笑）。だから11年の8月だと思うんですけど、『豪ストリーム』という『BUBKA』がやってたユーストリームの番組に、僕は単純にレーベルの宣伝だと思って行ったら、なんか寿司が出てるぞと思って。いつもはピザなのに。あそこで初めてRECさんともちゃんと話して。あと内田名人とか。そしたら、**ハウフルス**（注12）の担当ディレクターさんがあの番組を観てて、9月にオファーが来て『タモリ倶楽部』でヲタの話をしてほしい」って言われて、「え、僕だけですか？」って聞いたら「そうです」って言うから、「僕ひとりでヲタの話をするのは無理ですよ。誰かしらリアクションする人が、タモリさんと僕だけじゃ無理」って言って。

――通訳みたいな人が欲しい、と。

嶺脇　そしたら「モー娘。を好きな芸人さんをひとり用意しますんで。嶺脇さんは何かありますか？」って言われて、豪さんの名前を出したんです。僕が言ってることをちゃんとわかって翻訳してくれて、なおかつリアクションをしてくれる人がいないと、僕もけっこう寂しいことになっちゃうと思ったんで。

――だからボクも番組に呼ばれたんですね。

嶺脇　それで2回目の打ち合わせで、けっこう詳細にほかのアイドルは何が好きかとか、どんなグッズ持ってるかとか、それでこんなの持ってますってあの見切れ写真の話とか、さくら学院の話とか、Negiccoの温泉で撮った写真とか。僕としては少しでもレーベルの宣伝になればと思ってバニラビーンズも出したかったんですよ。でも『タモリ倶楽部』としては宣伝色は出せない、Negiccoさんだけにしていただきたいって言われて、残念ながらバニビは出させてもらえなかったですけど。あれで広がったんで、いろんな人から声が掛かって、だからこの10年ぐらいですよね。ただその頃は『BUBKA』のみなさんももうハロー！から離れてたんで。05～06年ぐらいからみなさんいなくなって、誌面でもこれ何年ぐらいまでやってたんですかね。

――最終的にはフットサルのページだけは残ってたけど、その時期にそれもなくなって。

嶺脇　宇多丸さんの『マブ論』も男性を入れたりジャニーズを入れたり、ヲタ文化のこの人たちもだんだんテンションが落ちてきてて。あとは、やっぱり矢口（真里）さんの問題？　電撃脱退だったんで、ロフトプラスワンのイベントで掟さんがビラ配ってましたもんね。

――アジビラを（笑）。

嶺脇　長文の、矢口脱退に抗議するような。僕ももらったはずなのに。A3にビッシリ、矢口脱退に関して思うことを延々と書いて。

——当時、杉作さんぐらいでしたよね、冷静だったのは。みんな当時どうかしてました。

嶺脇　だから壇上で朝まで宇多丸さんとかRECさんと激論してて、本気で怒ってましたね。「辞めさせちゃダメだ、クソ事務所！」みたいなことを言って。あのあたりからみなさんの熱が冷めていったというか……。

——ボクもあの時期、『爆音娘。』で、矢口問題に抗議するDJとかやってましたからね。

嶺脇　そうだ、『爆音』も行きましたね。宇多丸さんが初めて『爆音』に出た日はたぶん行ってます。深田恭子さんの『ルート246』かけながら、「これを後藤真希だと思って聴け！」みたいなことを言ってたのは覚えてますね。それなら後藤真希かければいいのに（笑）。

——ソロ曲には恵まれてなかったから。

嶺脇　こういう曲を求めてるっていうのを回してた記憶はありますけどね。ただ、あのときの**ヲタ汁**(注13)はくさかった。パセラに上ってエレベーターが開くと上半身裸の男が寝転んでますからね。これどういうイベントなんだろうと思っておそるおそる入って行って、なんとかバーカウンターまで行ってそこで自分のポジションを作って。掟さんとか出てくるのは遅いほうなんでそれまで耐えながら、ただ夜中の3時とか4時になってくるとポタポタ上から汁が落ちてくるんで、それも嫌でね。「あ、これが俗に言うヲタ汁か……」っていう感慨深さもあったんだけど。みんなドンドン跳ねるんでパセラが揺れるのも怖かったです。狂ってる人たちを眺めるのが好きだったんですよね、僕はたぶんそれできないから。

——ボクは比較的、中に入りながら眺めてたわけですけど、社長は遠巻きに眺めていて。

嶺脇　遠巻きに見て、なんかおもしろそうだなとか、うたかさんのひどいブログ、ヌッキモニとかね。あれは画期的なブログだなと思いましたけど。自分がオ◯ニーでどこでフィニッシュしたかっていうのを顔写真載せて。でも、うたかさんにそれを言うと、「いや、そんなことやったことないですよ」って。

——えぇっ!?　歴史から消してるんですか。

嶺脇　消してますね。「うたかさん、あれおもしろかったですよ」って言うと、「なんの話ですか?」って（笑）。「ヌッキモニですよ！」って言っても、「いや、なんの話かぜんぜんわかんないなあ」って。あれはもうなかったことにしてるようですけどね。

——ちなみに、社長は矢口問題のときはどう思ってたんですか？

嶺脇　僕、基本的に彼氏とか寛容なんで、いいじゃんって。ただビジネス的な側面としては、なんだかんだ言いながら疑似恋愛的なところをビジネスにしてるわけだから、よろしくないし価値も下がるんだろうけど、辞めさせることはないだろうなと思ったのは覚えてます。あのときのツアーも初日の川口に行ってて、これからは矢口体制だ、応援しようと思ってて。たしか大阪がラストで。すぐ八王子かなんかのライブでよっすぃー（吉澤ひとみ）がリーダーに急遽決まったんで、ヤフオクでチケット取って観に行ったの覚えてますね。新体制をすぐ観たいなと思って。

――行動が早いですよね。

嶺脇　矢口さんでいいんじゃないかなと思いながら。ただ、よっすぃーはよっすぃーでやるって言ってるんだから、それも応援しなきゃと思って。矢口さんは歌えるメンバーのひとりだし、ホント貴重な存在だっていうのは誰もが認めるポジションにいたから。あとモーニング娘。を外にちゃんと届けられる人でしたよね。04年とか05年の時点でだいぶ人気に陰りが出てた頃にちゃんと外に発信できる人をなくしていいのかなと思いましたね。

――いま矢口さんと話すと、そんな大きな騒動になってた自覚がまったくなくて。その後、大きなトラブルがあったから（笑）。

嶺脇　そうですね、社会的にはそっちのほうが大きいですからね。矢口さんの前に脱退ってないですよね。基本的に卒業ですよね。だから脱退ってないんじゃないですか？　その衝撃は、卒業という形を取らないっていうのはね。だから20周年で歌ってたのはよかったですよね。ただ、その時期に『ＢＵＢＫＡ』からハロー！プロジェクトがなくなっていったのがすごい寂しかったですね。

『ＢＵＢＫＡ』、ダメだな

――その後、フットサル派と子供派に分かれていったってよく言われてますけど。

嶺脇　僕は思いっきりBerryz工房に行きましたからね。だからみなさんがモーニング娘。もうダメだダメだって言ってるけど、僕はいや、Berryzも℃-uteもいるじゃないっていうのはありました。曲もいいし。ハロー全体を見れば、ほかにも楽しいことはいっぱいあるのになと思ってましたけど。僕はフットサルも行ってましたよ、駒沢とか代々木は。あれもあれで楽しかったし。Berryz工房の写真集の握手会にも並んでましたけど。

――あのとき、Berryzも℃-uteもいいけど子供に行くのに躊躇

があったんですよね。

嶺脇　僕はそれがなかったんだよなあ。

――ボクはけっこうあったんですよ。その後悔はあって。掟さんが楽しそうにしてるのを見て、いいなと思いながらそこには踏み出せなくて。

嶺脇　僕はなんにも考えずにBerryz工房かわいいなあ、みたいな。映画を観てふつうに好きになってましたからね。掟さんはたまに飲み屋で会うと、「ロリコンロリコン言われる」って愚痴こぼしてましたけど。「『何が悪いんだ！』って言ったらいいじゃないですか」って言っても、それはあんまり言いたくないらしくて。僕も言われますけど、言いたい人には言わせとけばいいじゃんって。

――掟さんはあの時期ナーバスでしたね。

嶺脇　いまはだいぶ吹っ切れてますけどね。

――掟さんいまだに怒ってますからね、「当時『BUBKA』が煽ってたじゃん、フットサル好きとロリコンに分かれたって。それジャンルじゃねえじゃん！　なんでこっちをロリコンで括るんだよ、ふざけんな！」って。

嶺脇　ハハハハハハ！　こうやってまた昔の人の話を聞けると自分が見てた世界と逆側にいた人たちがああでもないこうでもないって、けっこうひどかったんだなって（笑）。『ふるさと』って曲あるじゃないですか、あれのPVをヲタだけで北海道で撮ってきたのはよかったですね。橋の上に立ってたり、バス停にいたり、あれを全部ごっしーさんとかビバ彦さんとかがやってるんですよ。『ヲタふるさと』って。最後に線香花火とかしてて。そういうのなつかしくて観たいなっていう思いもあるんですよね。楽しかったロフトプラスワンイベント。平和だった時代の。

――Jさんはその後も同じことやってましたからね。復活後の加護ちゃんの写真集が出たからみんなで見る会をロフトプラスワンでやって、全ページ「かわいいかわいい」言うだけで、時間持つわけないじゃんっていう。

嶺脇　地獄のヤツありましたね。Jさんが久しぶりにあいぼん祭りやったんですよね。なんのネタも決めないで来てるから、でも深夜1時2時になっても終わらなくて途中で帰った記憶があるんだけど。たしか豪さんが途中で入ってきて、10分ぐらいしてふと見たらいないんですよ。察知したなと思って。

――ヤバいと思ったら逃げるので（笑）。

嶺脇　逆に言うと『BUBKA』は最後までモー娘。やらないんだ、裏切り者だなと思ってましたからね。勝手にこっちに火を点けておいて、最後まで責任持ってやってほしいなと思って。だから豪さんがよく言う、『アイドルユニットサマーフェス』も、ざまあみろと思って観てましたからね。「SKEはライブすごい！」って『BUBKA』で読んで。

――「戦闘集団だ！」って煽られて。

嶺脇　そんなにすごいんだと思って初日に行って。あれチケット売り切れなかったんですよね。僕はちょっと前に買ったら2階の奥でしたけどまだ空いてて。行ったら周りが若いSKEのファンの人たちで。僕はももクロの途中で入って、ももクロはアッパーに全部攻めて終わってっていう感じだったけど、あの日はどう見てもSKEが場違いなステージングで。『BUBKA』で書いてることと実際に目の前で繰り広げられてることがあまりにも違いすぎて、どこ見てあれを書いてたんだろうなと思って。

――ぜんぜん戦ってなかったですからね。

嶺脇　そう！　戦闘集団？　ぜんぜんわかんないなと思って。そのあとに出てきたスマイレージがバリバリ戦闘モードだったじゃないですか、いきなり円陣を組んで。ホントにあの『スキちゃん』は鳥肌立ちましたもんね。

――あれだけコンバットRECにクソ曲クソ曲と言われた『スキちゃん』が（笑）。

嶺脇　あの『スキちゃん』で。それで終わって、「観に来てよかったなあ、やっぱ『BUBKA』ダメだな、わかってねえな」

って思ってたんですよ。やっぱりスマイレージだろって。そしたら渋公を出たときに、まだ面識ない豪さんとかRECさんとか何人かいたんですよね。「あ、『BUBKA』連中だ！　さぞかしガッカリしてるんだろうな」と思って、僕はほくそ笑みながら帰ったんですよ。ある種、**我が軍**[注14]思想ですよ（笑）。

――ダハハハハ！　我が軍大勝利（笑）。

嶺脇　ええ、我が軍大勝利。提灯記事ばっかり書いてんじゃねえよと思いながら満足して帰ったんですよ。もうモー娘。とかハロー！は誌面に載ってなかったけど、実際に観たらぜんぜんハロー！が上じゃんと思って。で、翌月の『BUBKA』買って読んだら反省会してて（笑）。負けを認めるんだと思って。

――あれ、その場で決めましたから。サミュL編集長とかが本気でヘコんでるのを見て、「いますぐ座談会を録音しよう！」って。

嶺脇　あれを読んで、やっぱりいつものSKEとは違ったんだってそこで知りましたから。僕らみたいな人が来る場所でやるときは戦闘モードで出ればいいのになっていう。

――ところがいまだにそのことをSKEの上はわかってないという。「いや、あれはあのときもすごい観客にウケたし、何も間違ってないよ！」っていまだに言ってる（笑）。

嶺脇　僕の周りのヲタも自己紹介が長すぎて座って観てました

もんね。もちろんスマイレージは一番すごかったけど、記憶に残ってるのはスマイレージの次はbump.yですから。

——あの戦う気のまったくないステージ。

嶺脇　朗読とかしてましたからね。そういう意味では結果としてSKEが一番貧乏くじ引いちゃったんだなって、あの場をちゃんとわかって出てないなっていう感じでしたね。この前、豪さんとかがやった**10年後の総括するイベント**（注15）もおもしろかったですけどね。あんな痛快なライブもなかったですよ。ハローを取り上げてない『BUBKA』の先見の明のなさ（笑）。

——『BUBKA』がハローを載せられないのはしょうがない理由があったわけじゃないですか。スキャンダル誌時代の裁判があって、AKBを取材できるようになってからもアップフロントは取材拒否でしたからね。

嶺脇　まあ数々の過去を振り返れば致し方なしなのかなと。

——Tパレの広告が入るようになってもアプガだけ載らなかったりしましたからね。

嶺脇　『BUBKA』で連載やってたとき、1回ジャケット載せちゃったんですよ。それ詫びに行きましたもん。広告はチェックしてるんですけど僕のページがチェック漏れてて。残念だったのは、『BUBKA』の連載がナカGさんの単行本に入れられなかったじゃないですか。ナカGさんのハロー！系の漫画が一番いいのは『BUBKA』なんで。

——まだ事務所オフィシャルになる前の連載。

嶺脇　あれはけっこう感動的な話もあって。ガキさんの卒業に合わせた話もすごい感動したんだけど、単行本には入れられないっていう。だから罪作りな雑誌ですよ！

——『BUBKA』がモーニング娘。を応援しながらもスキャンダルを載せ続けた結果。

嶺脇　結果ですよね。でもアップフロントさんも、いまはだいぶ寛容になってきてる気もしますけどね。

——『BUBKA』が48、坂道雑誌になっていく流れを社長はどう見てたんですか？

嶺脇　いや、あんまり言うと角が立つな。

——企業のトップとして（笑）。

嶺脇　感謝しなきゃいけないんで。乃木坂さんにはお世話になってますよ！　ビジネスとしてはなくてはならない坂道、AKBグループは。ただ雑誌としてどんどんサブカル色が薄まっていって、読むところがだいぶ限られてきて。でもこの連載ページが始まったんで、いま一番楽しいです（笑）。ただ、劔（樹人）さんの**『あの頃。』**（注16）っていう本と映画を観て、いい話じゃないですか。でも、このページを毎月読むと絶対いい話にできないなと思うんですよ。それが**恋愛研究会。**（注17）と東京のモーヲタシーンの大きな違いですね。

——恋愛研究会。の場合、人が死んでるといい話になるんですよ。いちばんアクが強かった人が死んだ結果なんとなくチャラになって。

嶺脇　あっちは青春群像劇を観てるような感じなんですよね。でもこっちは、特に久保内さんのインタビューを読むとひどい（笑）。

——いまにして思えば社長の場合、このシーンに深入りしなかったことによっていまもちゃんと仕事ができてる感じがしますよね。

嶺脇　そうですね、こっちやってたらたぶん**西口**（**猛**）（注18）さん口きいてくれないですよ！
——ダハハハハ！　いまのオフィシャル仕事の数々はありえないはずですから。ボクもここで一線を引けてたのは大きいと思います。
嶺脇　でも、当時の記事を見たら豪さんも矢口問題のときに「もうモーニング娘。は終わった」ってコメントを出してましたよ（笑）。
——え！　全然憶えてない！

注1◆久保内さんのインタビュー……久保内信行のインタビュー。（105ページより掲載）。
注2◆『愛の種』……モーニング娘。のインディーズでのデビューシングル。
注3◆『ハロー！モーニング』……テレビ東京系で放送。モーニング娘。を始めとしたハロー！プロジェクトのメンバーが出演した。
注4◆『MUSIX！』……テレビ東京系で放送された音楽番組。
注5◆ビバ彦……編集者、ライター。『BUBKA』で「モーヲタの部屋」を連載した他、クラブイベント「爆音娘。」を手がけた。
注6◆私設あいぼん祭り……杉作J太郎のイベント。
注7◆ごっしー……編集者。『BUBKA』では「VIVA VIVAモーニング娘。」を連載した。このインタビュー連載にも登場した（241ページより掲載）。
注8◆うたか……有名ヲタ。テキストサイトも手がけた（207ページより掲載）。
注9◆伴ジャクソン……編集者、ライター。狼の墓場プロダクション所属。
注10◆L.L.COOL J太郎……杉作J太郎がラッパーとして活動する際の名義。
注11◆レーベル……T-Palette Records。

注12◆**ハウフルス**……『タモリ倶楽部』などのテレビ番組を制作している会社。
注13◆**ヲタ汁**……ヲタの熱気が液体になったもの。
注14◆**我が軍**……ハロープロジェクトに所属するタレント。ハロヲタはＡＫＢ48等の我が軍以外を必要以上に毛嫌いする傾向が強い。
注15◆**10年後の総括するイベント**……トークイベント「あの時、アイドルシーンの歴史が動いた」。アイドルユニットサマーフェスティバル２０１０の当事者たちと吉田豪が出演した。
注16◆**『あの頃。』**……劔樹人がヲタ仲間たちとの青春の日々を描いた漫画。
注17◆**恋愛研究会。**……劔樹人が組んだバンド。
注18◆**西口（猛）**……アップフロントプロモーションの代表取締役。

証言・08

有馬岳彦(サムライ)

当時は子供用品で
ミニモニ。の服が売ってて、
それを無理やり
着てました

Profile

本書の中でもたびたび話題に上がっている、有名ヲタ。長髪を束ねていたことから、「サムライ」という異名をつけられた。日テレ『PON!』で吉川友が屋外で歌った際に、その後ろで自主的に踊って話題になったことも。

ヲタのトークライブを開いた

—過去のこの連載は読みました?

有馬　**くぼたん**（**久保内信行**）（**注1**）の読んだんですけど、半分くらいは「そうだったかな?」っていうのと、たぶん覚えてないんですよ。

—有馬くんは覚えてないことが多そうだから、取材が成立するのかが心配ではあって。

有馬　うん、くぼたんの家の風呂に入ったとか覚えてないですからね。それ以前のは読んでないですけど、コンバットRECさんもけっこう僕のこと言ってたとか聞きました。

—ほぼ毎回名前は出るけど、そのときは諸事情で読めなかったんですかね。『BUBKA』の差し入れがなかったから（笑）。

有馬　ハハハハハハ!　はい。……っていうか今日の取材は昔の話がテーマなんですか?

—主に現在、常識的なポジションになっている人たちの気が狂ってた時代ですね。まあ、有馬くんはまだ狂い続けてるかもしれないけど。

有馬　ああ、宇多丸さんとかですね。僕たぶんあの頃よりいまのほうが狂ってる（笑）。

—まずモーニング娘。との出会いは?

有馬　僕、アナログ盤を集めてるじゃないですか。いまは諸事情で親が全部売っちゃいましたけど。それで50万円ぐらい入ったんで僕はいま金銭的に潤ってて、それでハロコンに行けて（稲場）愛香にも会えたんです!

—最近の話はしないで大丈夫です!

有馬　……それで、いつものように下北沢のディスクユニオンに行ったらたまたま『LOVEマシーン』のアナログが売ってたんですよ。CDが出た1ヵ月後で、けっこうプレミアつくから発売日に普通は並ばないと思うんだけど。それまで僕は90年代に出たアイドルのアナログはほぼ集めるって決めてたんで、その流れで買ってからですね。そこからいきなりハマッたわけじゃなくて、最初にすげえと思ったのは、渋谷のタワレコ行ったら変な曲が流れてて、これなんだと思ったら『恋のダンスサイト』のB面の『恋はロケンロー』で。それから興味を持ち始めました。

—最初は矢口真里推しだったっけ?

有馬　パッと見たところで一番小さかったから、消去法に近かったんですけど矢口っていう感じで。それで『I WISH』が出た頃に渋谷のタワレコで矢口と遭遇したんですよ。1階のリスニングコーナーで『I WISH』のカップリングはどんなのかなと思って聴いてたら目の前の神宮通りを矢口が歩いてたんですよ！　それって『ラブマ』のPVのロングバージョンと一緒じゃないですか、ヲタが聴いてるとそこにごっちん（後藤真希）がいた、みたいな。

――そしてトークイベントを組む、と。

有馬　『I WISH』の頃に**枡野浩一**（注2）さんと**『よい子の歌謡曲』**（注3）の人間とかロフトの**加藤梅造**（注4）さんとかと高尾山に行ったんですよ。

――もともと枡野さんが南Q太（注5）さんと結婚してたときに家の留守番するような仲で、『よい子の歌謡曲』には読者として投稿をして。

有馬　それで知り合いになって。僕は直接編集に関わってたわけじゃないんですよ。できれば、あんまり見られたくないんですけど。

――持ってますよ。フリッパーズギター表紙の号でも原稿を書いていたのは覚えてます。

有馬　フリッパーズの号は『よい子』スタッフの家の押し入れに山ほど在庫があったんでもらって転売して金儲けしたことあります。

――基本、転売で食べてる人なんですか？

有馬　そういう時期もありましたけど、いまはそうでもないです！　それでみんなで高尾山に行ったとき、いまモーニング娘。がどんなにおもしろいかって話をしたんですよ。ちょうど4期が入った頃で、そしたら加藤梅造さんが「トークライブやってみない？」みたいなことを言って、それでやることになったんですよ。でも僕は当時ヲタの知り合いはいないから、『BUBKA』を見て端に載ってた**ごっしー**（注6）のメアドにメールしたんですよ。

――『V－VA！ V－VA！ モーニング娘。』の情報募集みたいな感じのアドレス宛に。

有馬　そうそう、そこに送ったらすぐ返事が来て。で、ごっしーと話して、ごっしーがいろんな人を集めてきてあの形になりました。そのときにいろんな人が揃ったんですよ。宇多丸さんとRECさんと**ビバ彦**（注7）とごっしーと**うたか**（注8）と掟さんと。吉田さんもいました？

――記憶にはないんだけど、いたらしい。

有馬　あと久保内、**小板橋（英一）**（注9）とかみんな集まって。宇多丸さんとはふたりで一緒に**河野伸**（注10）のインタビューに行ったんですよ。それと、**サエキけんぞう**（注11）さん、**永井ルイ**（注12）さん、あとは何かでちょっと興味があるって書いてあっただけで**湯浅学**（注13）さんとかも呼んで。

――湯浅さんと根本敬（注14）さんも、じつはミニモニ。とか好きだったたって杉作さんに聞いた。

サミュL　そもそも『ＢＵＢＫＡ』との関わりの話ってしました？　**植地毅**（注15）さんが『ＢＵＢＫＡ』で**アル・ヤンコビック**（注16）の特集をやるときに、アル・ヤンコビックに詳しい人をネットで調べたら出てきたのが有馬くんで。

——ああ、レコードコレクターとして。

有馬　たしかにそのとき『ＢＵＢＫＡ』には載ってますね。好きでめっちゃ集めてて。

サミュL　アル・ヤンコビックのコレクターなんてふつういないんで。そのあとウチの編集部でいろんなモーヲタの人から投稿を集める掲示板みたいなページを作ってたら、そこに有馬くんが投稿してきたのが最初だよね。

有馬　ホントに覚えてなくて。

サミュL　だって当時、「あれ、あのアル・ヤンコビックに詳しかった人がキモヲタになってる！」って言われてましたから（笑）。

有馬　僕のなかでは一緒ですから。僕は高校生のときからフランク・ザッパと島田奈美しか聴いてなかった人で、『よい子』にもフランク・ザッパと島田奈美の似顔絵を送ってましたからね。それで2回目のトークイベントやるときに清里のコンサートがあるんで、その前の日にぶつけてそのまま寝ないでみんなで行こうっていう狂った計画を立てて、ＲＥＣさんの力を借りてバス借りて行きました。

——最初のトークイベントとか清里が重要だったって話をみんながするんだけど、有馬くんはそれほどの思い入れもなさそうだよね。

有馬　そうですね（あっさりと）。たぶん宇多丸さんとかＲＥＣさんとか掟さんはトークライブ終わってから飲みに行って、そのままの足でバスに乗ってるんですよ。僕らは打ち上げに参加しないで家に帰ってますから。

——ＲＥＣとか清里で人生変わったぐらいの話をするわけですよ。あそこに参加した人間はいまもみんな仲間なんだって。そういう熱い思い入れがなんで有馬くんにはないの？

有馬　いやいや、ありますよ！　……ないのかなあ？　そのあともぜんぜん知ってるしっていうのがあって。楽しかったですけどね。

ロケ地を探し出して探訪

——それまでもアイドルは好きだけど、本格的に活動したことはなかったわけでしょ？

有馬　現場に行ったりとかは。ただ、娘。も現場に行くのがメインの活動ではなくて、それってBerryz工房からじゃないですか。

——それよりも酒を飲んで話すみたいな。

有馬　そうそうそう。あと『**爆音娘。**』（注17）とか。そのあと僕は完全にガチガチの現場系になったんで、あれで人生が変わったっていうのはないかもしれない。自分でやっておきながら。

——トークライブがあって『爆音』があってっていう流れに関わってたのは大きいと思いますよ。

有馬　それも流れで、なんかやったほうがいいかなっていうぐらいの軽いノリでやっただけですよ。僕が覚えてるのは、『BUBKA』の『モーヲタの部屋』でみんなで辻（希美）ちゃんの家に行ったあと打ち上げでカラオケに行って、そのときくぼたんとビバ彦がDJイベントやりたいって話をしてるのを聞きましたね。それが具体化していって。そこにくろティー（女ヲタ）が来て、みたいな。

——有馬くんはくろティーに惚れてたの？

有馬　ある程度ですね。

——みんなでお金を集めて迷彩服をプレゼントしたときにトラブルがあったって聞いた。

有馬　……なんだっけ、それ？

——誕生日か何かにみんなでプレゼントしたのに、なぜか有馬くんが代表者ヅラして自分がプレゼントしたら揉めた、みたいな。

有馬　まーったく覚えてないです！　でも、くろティーが結婚してからも毎年ヲタ仲間と一緒に伊豆行ってたぐらいですからね。伊豆はBerryzが写真集を出したんですけど、これ下田っぽいなと思ってGoogle画像検索とかしてたら（須藤）茉麻の写真に写ってる松の形が一緒だったんですよ。それで特定してその週に下田の観光案内センターに行って、「こういう宿はないですか？」って聞いたら、「あるけどもう廃業してる」って聞いて、そこの住所を聞いて、一応見るだけ見ようと思って行ったらちゃんと宿があったんです。でも、そこを無断で撮って帰るのもストーカーじみてて嫌だし、だったらちゃんと話して撮らせてもらったほうがいいかな、そしたら中も撮らせてくれるかもしれないと思って、そこの家主のおかみさんに、「これこれこうで突き止めて来た」って話したら相当驚かれて。「いまは知り合いに貸してるぐらいで、あとは撮影でしか使ってないんだけど、これも何かの縁だし、もし使いたかったら友達と一緒にいらして」みたいに言われて、そこから毎年行くようになったんですよ。

——そういう活動はモーニングのときは？

有馬　どうだったかな？　娘。でも撮影地とかは行ったりしてるんじゃないかな。

サミュL　してるしてるしてる！　当時はほとんど有馬くんが

探し出してたんですよ。
有馬　僕が割り出したんだ。ごっちんの『青春ばかちん料理塾』と同時上映だった石川梨華の『17才〜旅立ちのふたり〜』の冒頭に出てくるシーンの撮影地が鶴見で、そこは見つけてみんなで行きましたね。そういうのやりたいって言って、画像から場所を割り出す役だったのかな。ただ、僕はメンバーの自宅を割り出すとかじゃなくてロケ地ですよね、基本。
サミュL　自宅を割り出してたのは誰なの？
有馬　いや、知りません。石神井公園も行きましたね。あの近くに**寺合宿**（注18）の寺があって。あと何かの番組でごっちんが泊まった水道橋の宿。オッサンが「ごっちんが泊まった部屋だ！」とか言ってみんなで枕投げをやって。
サミュL　1回目はいけふくろうの前に集合して東武東上線に乗って辻ちゃんの家にピクニックみたいな感じで行ったけど、いま思えばただの犯罪集団だよね。有馬くんは最初からミニモニ。のコスプレやってたっけ？
有馬　さあ……。僕は自分がいつどんな服装してたかぜんぜん覚えてなくて。
——映画の『あの頃。』で劔（樹人）さんから連絡が来たからね。「あの頃の有馬さん、どんな格好でしたっけ？　映画で再現したいんですけど、まだホットパンツとかの前ですよね？　僕の記憶だとツナギだった気がするんですよ」みたいな話をしてたら、その結果、大阪の松浦亜弥現場とか絶対にいないはずの場所に有馬くんや**貴族**（注19）がいるという（笑）。
有馬　なんかよくわからない自分のクローンみたいなのが勝手に映画に出てましたね。
サミュL　原宿でみんなで撮影したときにミニモニ。のコスプレしてましたよね。有馬くんが原宿のキャットストリートでミニモニ。の格好でハーモニカを吹いてたら外人がどんどん寄って来て写真を撮られてて（笑）。
有馬　ミニモニ。のハーモニカがあったんですよ。あと、ミニモニ。のコスプレしてるわけじゃなくて、当時は子供用品でミニモニ。の服が売ってて、それを無理やり着ていて。

楽曲派第一号とは？

——要はミニモニ。が好きな子供のコスプレだった、と。子供方面にハマッていくのはZYXあたりがきっかけだったんですか？
有馬　その前にキッズなんてないじゃないですか。何回目かのトークライブのときにコイタくんがハロプロキッズを紹介するコーナーみたいなのがあって、「こういう子がいて萩原舞がなんちゃらで」とか言ってて、そのときはまったく興味なかったです。北海道の爆音に行ったときに**辻狂い**（注20）が菅谷梨沙子がどうこう言ってるから、「おまえロリコンじゃねえか！」って言うぐらいだったんですよ。

――ロリコンがロリコンを断罪！

有馬　そのあと半年くらいヲタやめたんだけど、その年の夏のハロコンのチケットがなんか手に入ったんで行ったら、誰かが体調不良で代わりに梨沙子が出てきてZYXやったんですよ。それ観てZYXすげえってなって。で、あぁ！でリリイベがあって。ハロプロのリリイベってその前にメロンとか藤本美貴とか松浦亜弥もやってたんですけど、本格的に始めるのがあぁ！からで、そのときに小学4年生の鈴木愛理を観て、そのあとキッズFCツアーがあって、そこで小学2年生の萩原舞と握手したりして、そこからハマりました。

――何かが目覚めた感じだったの？

有馬　よく宇多丸さんもおっしゃってますけど僕も楽曲派なんですよ。ZYXなんです。

――曲よかったですよね。

有馬　そうそうそう！　僕の説として、あのときの宇多丸さんの言い訳が楽曲派という言葉を作ったと思ってるんですけど。宇多丸さんは「俺はZYXが好きなんだ、俺はロリコンじゃねえ、曲が好きなんだよ！」と当時言ってて、そこから楽曲派という言葉が生まれたんですよ。そのあと楽曲派＝ロリコンってなっているのは宇多丸さんの責任ですよ！

――ロリコンの隠れ蓑としての楽曲派。

有馬　そうですよ、第一号ですよ、第一号！　それはハッキリしておきたいところです。で、あぁ！がすごいよくてリリイベ行ったら、当時鍵閉めとかいう概念はなかったんですけど、まあ最後のほうがおいしいなと思って粘って最後に握手して「バイバーイ」とか言うと小学3年生ぐらいの愛理が飛び跳ねて「バイバーイ！」とか言うんですよ、それで超ハマッて。次の年の1月15日に中野サンプラザで新グループ発表みたいなのがあって、早朝から並んだらそれがBerryzの発表だったんですよ。それで全員が挨拶したときに一番元気がよかった徳永千奈美を推すことにしたんです。そこから現場系で。キッズのFCツアーで名古屋に行ってますからね。

――当時、お金はどうしてたの？

有馬　覚えてないっすね（あっさりと）。

――え！

有馬　僕たぶんハロヲタのなかで一番コスパいいと思います、金遣ってないですもんね。

——有馬くんはイリーガルな部分があるからどこまで言及していいかわからなくて。たとえばBerryzフラッグ盗難事件に触れてもいいのか。

有馬　フラッグも、その前にメロンとか松浦のフラッグがセンター街に出てるって聞いてみんなで盗りに行って。ビバ彦先導で「行こうぜ！」みたいになったんですよ。で、センター街に木があってフラッグが立てかけてあるんですけど、コイタくんがジャンプして自分の体重で棒を折って持ってったという。

——有馬くんが犯人みたいに一部で言われてるけど、みんなでやったことだったんだ！

有馬　そう！　センター街のフラッグを盗ったぐらいでは何も言われてなかったからみんなヒョイヒョイ盗ってたんですけど、竹下通りは違ったんですよね。僕はメロンも松浦もヲタじゃないからフラッグは持ってないんですよ。僕はその流れでBerryzフラッグが今度竹下通りで出るって聞いたから、当時のキッズ必死系とストーカーは同義だったんで、そいつらがそこで盗って、僕も盗って。センター街は盗られ慣れてるのか知らないけど、それでニュースにもならなかったし。

——まあ、治安の悪い街だからね。

有馬　たとえば駅に貼ってあるポスターとかもらってもそんなに騒がれないじゃないですか。そういうノリだったんですよ。

Berryzもそんな大騒ぎになると思ってなくて、どうせ予備があってすぐ貼り替えられるだろうと思ってもらっていったら、じつは予備とかなくて。それで知らないうちにその防犯カメラがテレビで報道されて報知新聞に載って。

——うわー！

有馬　誰が何を持ってるとかみんなわかってるじゃないですか、裏で取引があるんです。自分は徳永は盗れなかったけどあいつが徳永を持ってるとか、徳永を持ってるあいつは須藤ヲタとか。そこでトレードとか金が行き来して。僕のところにも無事、徳永が来たんですけど。あとは横断幕とかも盗って（笑）。

サミュL　あのとき、有馬くんが鳶の人みたいに命綱もなしで10メートルぐらいのところスルスル上っていくのに驚いたんですよ。

有馬　あのときは必死でした。実際、報道された映像に僕は映ってないんですよ。なんで僕がめくれたかっていうと、昔のミロスガレージでプチ爆音をやったときにフラッグを身内で見せてあげようと思って持ってったんですよ。それを鞄にしまってたんですけど、僕がDJやってるときにふとうしろを見たら酔っ払ったビバ彦がフラッグ掲げて踊ってて！

——ダハハハハ！　呑気に（笑）。

有馬　一瞬にして引っ込めたんですけど、それでもヲタに見られちゃったんですよ。そのせいですよ！　ありえないですよ！　だってそのときはもう報道されてましたから。

サミュL　「ここに犯人がいますよ！」と。

有馬　こっちは顔面蒼白になって。でも何十秒かやっちゃったから、そこで見られたんですよ。それが僕がめくれた原因ですよ。

――この話、書くよ！

有馬　ちょっと待ってください！　それ書かれたら事務所の人が見るじゃないですか！

――でも事務所の人も疑ってるんでしょ？　ネット上にはそういうのが出てるわけで。

有馬　……どうなんでしょうね？

――でもまあ、罪は償ってきた人だからね。

有馬　はい。

――フラッグの罪は償ってないけど、ハロショビルでの罪とかは償ってきてるわけで。

有馬　ハロショビルでの罪ありましたっけ？

――ハロショのビルでミニカー盗んでるよ！

有馬　ああ、でもそれハロショと直接関係ないじゃないですか。アップフロントの隣のコンビニでもふつうにバイトしてただけです。

――もともとアップフロントが赤羽橋に移転する前にも、その近所で働いてたんでしょ？

有馬　ああ、アップフロントが青山にあった頃に近くのサブウェイで働いてました。

サミュL　もちろん知っててだよね？

有馬　いや、偶然ですけど。

――えぇっ⁉

有馬　偶然ですけど、あそこのサブウェイは24時間営業で、あのへんって当時、その時間までやってる飲食店がなくて。何かでメンバーが行ってるみたいな情報を見たのかな？

――そしたら案の定メンバーが来た。

有馬　何回かですけどね。高橋（愛）とか5期メンが来ましたね。サブウェイってサラダがあるんですよ、そのサラダの盛り方が汚いって細川ふみえに怒られたことあるんです。

――そんなに汚かったんだ（笑）。

有馬　アップフロントが赤羽橋に移転してから隣のコンビニでバイトしてるときは、夜中に制服を着た女子高生がいきなりレジに来て「マルメラ！」って言ったんですよ、マルボロメンソールライト。顔を見たらアップフロントとは関係ない某アイドルで。だから、「いや売るけど、あんまりそういうことしないほうがいいんじゃないの？　顔バレるし」って言いながら売った記憶がありますね。

——犯罪者が注意をするというこの皮肉！

有馬　でも、すごくないですか？　芸能活動してる現役の女子高生が制服でタバコって。

——加護ちゃんだってもう少し気を遣いますしね。で、なんでアップフロントの移転に合わせて有馬くんもバイトを替えたんですか？

有馬　いや、ふつうにバイトを募集してて、あのとき恵比寿に住んでたんで自転車で通えるいいコンビニないかなと思っただけです。

——そこでレシートとか集めてたんですか？

有馬　集めてないです（あっさりと）。

——RECが見せてもらったって聞いたよ。

有馬　あれ？　僕が覚えてないことをなんでほかの人が覚えてるんだろうなあ……。

——「誰々はこれを買うんだ！」とか、危険なものは何も買ってないのに盛り上がって。

有馬　そんなもんですよ。あと朝とかレジやってると矢口が並んでて、「あ、俺いま逆に矢口に並ばれてる！」とか思って。

——いつもと逆の立場に。

有馬　でもその頃はBerryzの前だから顔バレとかしてないんですよ。メンバーと顔見知りになる機会がなかったから。いまだったら無理じゃないですか。当時は接触がなかったからできたっていう。だからバレて辞めたわけではなくて。吉田さんのイベントにメロン（記念日）の大谷雅恵が来たとき、「……あなた事務所の隣のコンビニでバイトしてましたよね？」って言われたけど、そのレベルですよ。

——メンバーにも気づかれてた。

有馬　僕はメロンの現場とか行ってないわけだから、大谷は僕をヲタじゃなくて店員として認識してたってことじゃないですか？

——西口（猛）（注21）社長が把握してたよね。だから嶺脇社長が有馬くんと話してたとき「なんであいつと仲いいんですか！　隣のコンビニでバイトしてたヲタですよ！」って驚いてたっていう（笑）。FCイベントは出禁なの？

有馬　いや、出禁じゃないですよ。FC退会になって、そのあと入会してないだけで。

——FC退会にはなってるんだ。どうして？

有馬　ガッタスのイベントに行ったんですけど、フットサルコートの反対側にメンバーが控えるテントがあって、そのうしろにカフェがあって。暑いから僕はカフェに行ったんですよ。その日はキッズが出る日で、愛理と誰かがうしろで手をつないでたんですよね。かわいいなと思ってその手を携帯で撮ろうとしたら見つかって、それで退会になりました。

——隠し撮り。

有馬　隠し撮りっていうわけじゃなくて、そこにたまたま事務所の人がいて怒られて。たぶんそれも解除になってると思いますよ。ただFCに入ってもそんなにおいしくないから入ってないだけで。コイタくんが枠いっぱい集めてチケット捌いてたときに一時期、名義を貸してた時期もありましたけどね。枠を貸す代わりに会員証は僕が持ってて、FCのイベントはその会員証で入ってたんですよね。FCのメリットってチケットが取れることと、あとFCイベントがあるんですよ。そもそも僕は定価でチケット買う人じゃないから。

——堂々と言われても困るけど。

有馬　横浜チケットとか竹下通りにあった娯楽堂とかで定価よりも安く買う人だから。

——有馬くんって、なんか知らないけど会場でなんとなくチケット交換していい席に座ってる人っていう印象がある。つんく♂さんのたこ焼き屋でハロプロトランプがもらえるときも、暇を活かして並びまくって金儲けしてたような印象。

有馬　たこ焼きトランプのときは徹夜してガラガラ回してたこ焼きをひたすら食うっていうことをやってるときに、駅前で

「秋葉原48です」ってビラ配ってる子がいて、なんだかわかんないけどビラもらったりして遊んでたという。要はまだグループ名が確定してなかった時期ですよね。僕はべつに釣られなくてたこ焼きトランプで並んでて。そのトランプが当たると、終わったあとにみんなでココスに行ってトランプ並べて話し合ってると、横でAKBに転んだヲタ仲間がみんなでテレビ電話してるんですよ。当時、AKBの特典で携帯のテレビ電話ができるっていうのがあって、別のテーブルに陣取ってて、みんなでひとつの携帯でメンバーとワイワイやってるのを横目で見ながらウチらはトランプを並べてほくそ笑んでた時期がありましたね。

——有馬くんの行列の話も好きだけどね。

有馬　なんですか？

——行列をとりまとめておきながら、有馬くんはその行列に加わらず裏から入るって話。

有馬　それは万博公園で入場無料のイベントがあったから前の日にロケハンで行って徹夜するつもりでいたら、スタッフがあきらかにわかってなくて。入り口が何個もあるのにそれをちゃんと仕切ろうとしてないから、これは絶対に列が壊れてあとで一斉ダッシュになってひどいことになるってわかってたんだけど、そんなこと誰にも言えないから、僕は先頭になって集まった人を並べてたんですよ。

――そこまではちゃんとしてるんだけどね。

有馬　ちなみにああいうところの**ヲタノートシステム**（注22）をアイドル現場に持ち込んだのはコイタくんなんですけど、あれもともとはコミケのシステムみたいで。で、僕はスタッフの人に「こうこうこうで、僕は朝8時にみんなを並べておくんであとはお願いします」って言って徹夜して、朝になったらもう３００人ぐらい並んでて、スタッフが来たら「あとはお願いします」って言ってほかのヤツにバレないように先頭を抜けたんですよ。その日はマラソン大会があって、出場者が開園前に裏から入ってて、鼻の利くヲタが結局10何人はそっちから入って最前にいたら、案の定ヲタの何百人という集団が団子状になって来るんですよ。そしたらその集団の先頭のヤツが、最前にもう何人かいるって気づいた瞬間に全員がダッシュして、３００人のヲタが全員で僕らの前にスライディングしてきたという。

――そういうことやってたら嫌われるよね。

有馬　僕は「こんな列は絶対に崩れる」とか言えなかったですけど、大阪の悪党っていうヤツらは安心しきって酒盛りとかしてたんですよ。でも、そんなの知ったこっちゃないんで。僕は最初から仕切っておきながらしれっとそこにいたのでちょっと恨まれましたね。

裁判所の傍聴席が満員に

――有馬くんは、当時一緒にモーニング娘。に騒いでた人たちがだんだんいなくなっていっちゃうのは、どういうふうに見てたんですか?

有馬　まずはガッタスですよね。べつにガッタスに行った人はガッタスに熱くなってればいいと思ったら、ガッタスの人ってガッタスがなくなったらハロプロから離れてＡＫＢとかに行っちゃったじゃないですか。それがわかんねえなって話で。だって、キッズに行った人はずっといますからね。貴族もそうですけど、意外と当時から残ってるんですよ。

――有馬くんはハロヲタを続けながらも何度か行方不明になってたわけで。それを思うと宮本佳林の卒業に間に合ってよかったね。

有馬　宮本佳林の節目節目は全部行ってるんで。佳林は初握手も**鍵開け**（注23）で、その前にお披露目みたいなのが横浜ブリッツであったときも僕は最前にいたから。コピンクも行ったたし、Juice=Juiceのお披露目も行ったし卒業も行けた。べつに推してないんですけど。

――この前、スカパー!の番組企画で「つばきファクトリーについて何かネタありますか?」って言われたんで、「すみませ

んボクつばきはぜんぜんネタがなくて、あるとしたら友人が現場で捕まったぐらいなんですよ」「おもしろいですね、それいきましょう！」って言ってたんだけど、本番で振られなくて言えなくて。この話はしていいのかな？

有馬　……どうなんでしょうね。

――リアルタイムでおもしろかったからね、「今日はなんでこんなに警察がいるんだろう？」っていうのから、「有馬が捕まった！」って画像とか動画が次々と上がって。

有馬　……これは使わないでほしいんですけど（以下略）結局、3回目のイベントが終わるまで警察が待っててくれたんですよね。イベント終わって握手が終わって見送りまでやってるから、そこまで警察が待ってるんですよ。それで出たら職務質問やってて。職務質問っていっても何かわかんないから。でも、話してるうちに、「わかるよね？」って言われたんで、「はい」って言ったんですけど。

――前に捕まったときにアイドルヲタやめようとした時期があったでしょ、アイドル関係の差し入れとかいらないぐらいの感じだったのが、何度目かに面会に行ったときにアイドル雑誌の差し入れを要求し始めたって聞いた。

有馬　今回は最初から稲場愛香の写真を要求してましたけどね。まあそんな感じです。つばきのメンバーもたぶん帰るときになんか警察がいっぱいいて騒ぎになってるのはわかったと思います。あとから僕だってわかったと思うんですけど。でも昨日もまおぴん（秋山眞緒）とかふつうに僕と遊んでましたよ。

――前に捕まったときはそんなに知られてなかったから、裁判の最前中央にボクと掟さんが並んでたら偶然、**阿曽山大噴火**（注24）が入ってきて連番になるっていう事件もあったけど。10人ぐらいしかいない傍聴人の最前が掟ポルシェ、吉田豪、阿曽山大噴火っていう。

有馬　金取れる！

――ロフトプラスワンだよ！　阿曽山さんが驚いてたよ、「なんですかこれ!!　おもしろそうな事件だと思って来たら……」って。

有馬　今回は傍聴席が満員になっちゃって。

――今回は有馬くんがオープンでいこうと言ったっていうことが伝えられて、いつどこで裁判が行なわれるということがバレた結果、2ちゃんねらー的な方々が一気に集まり。地方裁判所で満員になることはないらしいね。

有馬　そうそう。危うく抽選になって知り合いが外れるところだったっていう。それで吉田さんが飴なめて怒られたんですよね。

――咳が出そうだから水を飲んで喉飴なめて怒られたのが、「吉

田豪がお菓子を食べてジュースを飲んで怒られた」ってネットに書かれて。

有馬　僕はそのとき誰かわかんなかったんですけど、それって完全に『笑ってはいけない裁判所』じゃないですか。すでにわざとヲタっぽい格好してるヤツとかいるし。けっこうヤバい状況だったときに吉田さんのがとどめにきたから、けっこうヤバかったですよね。

——でも、こっちとしては知り合いが腰縄つけられてるの見るとしみじみするけどね。

有馬　ホントにご心配おかけしました。……ただ、あんまりこういうこと話してると親が見ちゃうかもしれないんですよね。

——あくまでも反省して、いまは治療中だっていうアピールはしといたほうがいいよ。

有馬　僕ちゃんと病院に行きましたから！

——「これは病だと思うので治療を受けたい」って裁判で言って、その流れでしょ。

有馬　実際は病じゃなかったんですけど。

——え！

有馬　ホントに病気の人っていうのは、たとえば同じ洗剤が無限にいっぱいあるとか。

——なるほど、ちゃんと目的を持って盗るヤツはいないわけだ。これは価値が出るとか、これは遊び用、これは飾る用みたいな。

有馬　そう、目的がある人は病気じゃないって言われて。だから病院は1回で済んで。

——ちゃんと足は洗えるの？

有馬　もちろん！

——有馬くんがシャバにいないあいだに、あやちょ（和田彩花）が『豪の部屋』出演のためにボクの家へ来たり、ボクのことを友達と言うようになってますよ。

有馬　それも問題で、僕がここで本気でいけばあやちょとつながれるわけじゃないですか。劔さんも、やたらとあやちょのライブに誘うわけですよ。それ以前にきっか（吉川友）の話があって。きっかのギタリストやってるGAGAKIRISEの吉澤（幸男）さんって人はじつはつばきのガチヲタでふつうに現場に来てて仲いいんですよ。きっかがデビューしたときに新宿のタワーレコードできっかのイベントがあったから行ったときも、イベントが終わってみんなで見送ったら、きっかが僕に向かって、「ところでさー」って話しかけてきてスタッフが慌ててきっかを制したってシーンがあったんですよ。

——それは、日本テレビの『PON!』できっかのうしろで踊って話題になったあと？

有馬　そうですね。ただ、僕はそこまできっかを推してないじゃないですか。そこまでヲタじゃないのに、SATOYAMAとか行ってもきっかは「ありまさーん!!」とか言ってくるわけですよ。それって、きっかヲタからしたら絶対おもしろくないじゃないですか。

――「あの野郎、好きでもないくせに。ちょっと1回うしろで踊っただけで」っていう。

有馬　そうそう。僕はそれがあってきっかの現場に行ってないんですよね。それはある意味、きっかヲタへの配慮なんですけど。

――きっかが『豪の部屋』に出たときも、「有馬さん来てください」って言ってたよ。

有馬　それも観ましたけど、僕はきっかの現場にはできるだけ行かないようにしてます。そういう前例があるから、いま劔さんのあやちょの現場があるじゃないですか。一応僕はあやちょの最古参ですから、自分内ルールとしてそういうことの可能性がゼロじゃない状況でつながっていいのかって葛藤があって。

――個人的には当時、有馬くんと接してて得た知識が役に立ってるよ。「あやちょは昔、足が速かったんですよね」みたいな知識が活きて。

有馬　あやちょとくどぅーに関してはけっこう吉田さんに情報提供してますから。初期工藤遥がおもしろい子だっていうのは吉田さんにけっこう宣伝して。狂犬だった頃ですよ。

――本人は黒歴史だって言ってるけどね。「もうその頃の話はしないでください、どうかしてたんです！」ってボヤいてた（笑）。

有馬　あの頃はおもしろかった。宮本佳林と工藤遥がほぼ同時にハロプロエッグに入ったんですよ。で、もともとライバル関係で。震災があって、『愛は勝つ』のチャリティーイベントがあって、アップフロント総動員で湯原昌幸とか奥さんの荒木由美子まで出てたんですよ。チャリティーイベントだったんで募金するときにメンバーの写真が撮れたんですよ。募金渡して「ありがとうございます」って言われたときにパシャッと撮るくらいだったら大丈夫だったんですけど、イベントが始まって1時間ぐらい経ったら、これはメンバーとツーショットが撮れるらしいって噂が流れ始め、実際にアプガでそれを始めたヤツがいたんですよ。そこにくどぅーと佳林がふたりで並んでるわけですよ。これツーショット撮れるんだったら狙ってみるかって話になって、そのときは僕のなかで工藤遥と宮本佳林はほぼ等価だったから、どっちとツーショット撮るかを非常に悩んで、くどぅーと握手してるところを撮ってもらったという。

――それが伝説の歯のない写真？

有馬　そうそう。あのとき変な表情なのは、そんなすごい状況だったからなんですけど。

——なぜか、アイドルの恋愛は是か非かみたいな番組でも有馬くんが出演してコメントしてたよね。

有馬　あれは**ピストル**（注25）から回ってきた話で。

——突然目の前からいなくなるのがきつい、みたいな感じのことを言ってたら有馬くんが突然いなくなっちゃったという（笑）。

有馬　ハハハハハ！　そうでした（笑）。

サミュし　RECさんとかからしたら清里が経験したことのないようなピークで青春として語られるけど、有馬くんからしたらむしろそのあとのほうがイベントも増えてるし。

有馬　そうなんですよ。だから僕、いまのほうがぜんぜん狂ってるんですよね。

——『あの頃。』ではないんだよね。それはもう記憶が薄れつつある過去でしかない。

有馬　そう、あの頃じゃなくて流れだから。

——「戦争はまだ続いてるんだよ！」と。

有馬　そうそうそう！　僕はいま稲場愛香をガチで推してるんですけど……（以下略）。稲場愛香に関しては、この前写真集が発売されてお話し会みたいなのがあったけど、病院があったから朝から行けなかったんですよ。

——結局、病気じゃなかったのに（笑）。

有馬　病院が終わってから行って。普段、ハロプロの写真集系のイベントで瞬殺ってないんですよ。たいてい当日まで残ってるのに。

——あ、それがものすごい数をひとりで買っちゃったヲタがいたってヤツなんですね。

有馬　そうそう、ものすごい数をひとりで買っちゃった人がいて、僕が発売日の夕方に行ったらなくて、それをツイートしたら2ちゃんとかに載って騒ぎになって。そしたら稲場だから178冊買ったヤツがいて。それで買えなかったんだけど一応会場に行ったら、そこに束で持ってるヤツがいて、そいつが178冊買ったヤツで。面識なかったんだけど、話しかけたら譲ってもらえて（以下略）。

夢中になると冷静でなくなる

——関係ないけど有馬くんが4〜5年前、女ヲタに惚れてた時期があったじゃん。

有馬　いずみん？　あと、**まやちょ**（注26）かな？

——「ふたりに好かれちゃって困ってるんですよ」「そのふたりが3人でアイドルやろうって言い出して、僕たぶんアイドルになるんですよ」って真顔で言ってた時期があって。

有馬　それはマジで向こうから言ってきたんですよ！　でも、すごくないですか？　いずみんはホントにあのあとアイドルになって。

——SAY-LAの藤沢泉美さんですね。ボクも二度くらい一緒に仕事して、そのたびに有馬くんの話で盛り上がって。ただ、前に有馬くんが捕まったとき、彼女がものすごい冷たいツイートを連投してたのは覚えてますよ。

有馬　そうそう、「なんか勘違いしてるかもしれないけどワンチャンないから」って。その前にまやちょに泣かれたのがあるんですよ。船橋のららぽーとのJuiceのイベントに行ったときに何かで揉めてまやちょが泣いちゃって、泣きながら「私、有馬さんのこと嫌いじゃないけどキモい！」って言われて。

——なかなか言われない一言だ（笑）。

有馬　船橋ららぽーとのふつうの客とかもいる通路でですよ？　ふと見たらいずみんがすげえ顔してこっち見てるんですよ。そこからいずみんとダメになったと思うんですけど。でも、いずみんはいまでもガチヲタなんでハロショのイベントに出るんですよね。ハロプロショップでハロプロ大好きアイドルのトークイベントをコロナの前にやってたんですよ。それでいずみんを観に行きましたから。

——有馬くんはふつうの話は冷静にできるんだけど、恋愛が絡むとちょっとおかしくなるっていう印象があって。当時も「いずみんもまやちょも僕のことが好きで、いまふたりのどっちにすべきか悩んでるんですよね、どっちもかわいいから！」とか言ってましたね。

有馬　だって、いまだってリアルにおかしくなってるじゃないですか（あっさりと）。

——誰かに夢中になると、急に冷静さがまったくなくなる人だなって認識してます。

有馬　病気ですから（あっさりと）。

——そんな感じでまとめてみようかな。

有馬　えーっ!!

——もう2時間話したしね。

有馬　当時の話してないじゃないですか。

——Berryzフラッグの話は載せるけどね。

有馬　いやいやいや……！　ついでに稲場愛香の話を聞いてもらってもいいですかね？

——まなかんの話はもういい！

有馬　そうですか……。

——当時のことで言い残したことはないの？

有馬　覚えてないから（あっさりと）。

——当時の宇多丸さんのこととか。

有馬　例の清里でバスが渋滞にハマッちゃって、このままじゃ開演に間に合わないからみんなでダッシュしたときに最初にダッシュしたのがデブふたりで、最初に息切れしたのが宇多丸さんだっていう話とかですかね。

──有馬くんが前に捕まったとき宇多丸さんがちゃんと面会にまで行ったのもいい話で。

有馬　そうそうそう、奥さんが「面会行ってあげたら？」って言ってくれたって聞きましたよ。だから僕は奥さんには恩があって。

──ボクらは誰も行ってないのに。

有馬　そうそう。面会に来ると係の警察官が、「佐々木っていう人が面会に来てるけど会う？」って言うんで、誰だっけと思いながら会ったんですよ。そしたら帽子を被ってサングラスじゃなくてメガネの宇多丸さんが、「有馬くん、今回はホントたいへんだったねえ」とか言ってるんだけど、帽子でメガネだから誰だかわかんなくて、「ありがとうございます」とか話を合わせてるうちに、「あ、これ宇多丸さんだ！」ってあとから気づいたんですよ。それでも感謝してますけどね。

──獄中で宇多丸さんのラジオは聴けるの？

有馬　小菅の拘置所は『アトロク』が毎日流れてるんですよ。それはぜひ宇多丸さんにも知ってもらいたいんですけど。TBSラジオってAMにしては電波が強いから入りやすいんですよ。拘置所はもともと野球の中継を流してたから夜はずっとTBSを流してて。

──野球の中継はなくなったけども、その後を継いだ『アトロク』がそのまま流れて。

有馬　そうそう。TBSのあの枠の番組は小菅で流れてて、つまり死刑囚みんな宇多丸さんのラジオを聴いてますから！

──「今週の振り返りはコンバットRECじゃないのか！」みたいな感じで聴いてるんだ（笑）。

有馬　獄中でJ－WAVEも流れるんですよ、みんな**秀島史香**(注27)ってどんな人なんだろうって想像しててシャバに出てから写真を見てガッカリするっていうのは全員やるんですよ。

──獄中あるある。声がかわいいからね。

有馬　そう、獄中あるある。

サミュL　有馬くんは小菅じゃなかったの？

有馬　今回は筑波だから。

**──しかも拘置所でしょ？　エアコンも効いてて作業も炊事関係ですごい楽だったって話を聞いて。ボクは基本、犯罪者に罰を与えても治るもんじゃないっていう考えの人間なんですけど、居心地よかったって聞くともうちょっと罰を与えるべきだと思った（笑）。

サミュレ　シャバより快適になっちゃう。

有馬　そう、なんか快適でしたよ。

——もっと厳罰を与えないと！

有馬　もちろん、もうやらないですけど！

注1◆**くぼたん**（久保内信行）……編集者・ライター。このインタビュー連載にも登場した（105ページより掲載）。

注2◆**枡野浩一**……歌人。

注3◆**『よい子の歌謡曲』**……アイドルと歌謡曲の評論などを掲載したミニコミ誌。

注4◆**加藤梅造**……ロフトプラスワンの3代目店長。

注5◆**南Q太**……漫画家。作品は映画化された『さよならみどりちゃん』など。

注6◆**ごっしー**……編集者。このインタビュー連載にも登場した（241ページより掲載）。

注7◆**ビバ彦**……編集者。『BUBKA』では「モーヲタの部屋」を連載した。

注8◆**うたか**……有名ヲタ。このインタビュー連載にも登場した（207ページより掲載）。

注9◆**小板橋**（英一）……編集者・ライター。このインタビュー連載にも登場した（091ページより掲載）。

注10◆**河野伸**……作曲家、キーボーディスト。モーニング娘。の楽曲にも参加している。

注11◆**サエキけんぞう**……ミュージシャン。モーニング娘。の『愛の種』の作詞を担当した。

注12◆**永井ルイ**……ミュージシャン。ハロプロアイドルの楽曲にも参加している。

注13◆**湯浅学**……音楽評論家。

注14◆**根本敬**……特殊漫画家。

注15◆**植地毅**……映画やゲームなどのジャンルで活躍するライター。

注16◆**アル・ヤンコビック**……様々なヒット曲の替え歌で有名なミュージシャン。

注17◆**『爆音娘。』**……ハロプロ系のDJクラブイベント。

注18◆**寺合宿**……『ASAYAN』のモーニング娘。オーディションで行われた。

注19◆**貴族**……有名ヲタ。

注20◆辻狂い……辻希美の熱狂的なファンで2ちゃんのコテハンとして名をはせる。メタル・ノイズミュージック系が好きでバンドもやっていた。

注21◆西口（猛）……アップフロントプロモーションの代表取締役。

注22◆ヲタノートシステム……来た順番にノートに名前を書いて後で整列する時に活用するというシステム。

注23◆鍵開け……握手会で一番最初に握手すること。

注24◆阿曽山大噴火……裁判の傍聴で有名な芸人。

注25◆ピストル……有名ヲタ。このインタビュー連載にも登場した（171ページより掲載）。

注26◆まやちょ……のちに地下アイドルとなるいずみんと一緒につるんでいた女ヲタ。有馬は好意を寄せられていたと思っているが疑問符が付く。

注27◆秀島史香……ラジオDJ。J-WAVEでは『GROOVE LINE』などに出演。

証言・09

劔樹人

ハロプロに昔の
恩返しをしていくぞ
っていう気持ちだけで
やってきてるんで

Profile

ミュージシャン、漫画家。主な作品は、ハロプロアイドルに魅せられた日々を描いた自伝的エッセイ漫画『あの頃。男子かしまし物語』、SF要素も交えてハロヲタたちを描く漫画『僕らの輝き　ハロヲタ人生賛歌』など。

僕たちはすごく牧歌的だった

——過去のこの連載は読みました？

劔　**有馬**（注1）さん、ひどかったですねえ（笑）。

——「よくあれが載りましたね」「昔の『BUBKA』かと思った」って言われました。

劔　僕はこのあとか……と思って（笑）。

——映画『あの頃。』の印象が悪くなる！

劔　いやいや、これホントにみなさんおもしろいんですけど。Berryz工房のフラッグのくだりとかホントひどいですよね。しかも過去の連載ページには**小板橋**（注2）さんも出てたり。

——嶺脇（注3）**社長も「この連載を読むと、大阪のモーヲタはいい話だけど東京のモーヲタは映画にならない」って言ってましたからね。**

劔　**掟**（注4）さんもそう言ってましたよね。僕もこれを読んで思ったんですけど、僕たちはすごい牧歌的な感じで、こっちの人たちは悪いこともしてるし仕事なくなったりで、さすがにそこまでいってなかったんですよね。小釣（朋秀。映画ではコズミン名義）さんがお金を道で拾ってネコババしたぐらいで。

——当時、そんな東京のモーヲタ文化を劔さんたちはどういうふうに見てたんですか？

劔　映画のなかでは僕が松浦亜弥さんに開眼してすぐに仲間たちができるっていう描かれ方になってるんですけど、ホントは**赤犬**（注5）を含めた**ハロプロあべの支部**（注6）の人たちと知り合うまで孤独な期間が1年くらいあったんですよ。僕が松浦亜弥さんを好きになってまず『音楽誌が書かないJポップ批評』と『BUBKA』を読んで、インターネットのテキストサイト系もすごい見て、1年くらいひとりだけで情報を溜め込んでる時期があって。だから有馬さんとか**久保内**（注7）さんとかの名前もそのとき書き手として見てるし、**ビバ彦**（注8）さんは特に松浦推しだったんでビバ彦さんが書いたものはけっこう読んでましたね。これは後のことですが、有馬さんがツナギを着てガレージでBerryz工房を踊ってる動画があって、それを豪さんが「ひとりPOLYSICS」って言ってたのもすごい覚えてます。

——それ、ボクが覚えてないですよ（笑）。早すぎた「踊ってみた」だったんですよね。

劔　その時僕は友達がいなくて。まず最初に『**爆音娘。**』（注9）とセットになってるハロプロあべの支部のトークライブに行ってるんですよ。

——映画にも出てきたイベントですね。

劔　そのときゲストにビバ彦さんとかが出てるんですよね。僕が観に行ったのは掟ポルシェさんの出演が引きになってたと思うんですよ、ロマンポルシェ。好きだったので。そのときは赤犬のメンバーがいるってことはぜんぜん知らなくて。最初に**イトウ（タカアキ）**[注10]さんに話しかけて、「このあと『爆音娘。』あるから行こうよ」って誘われて『爆音娘。』にも行ったんですよね。当時、僕は目立たない下っ端で。

——その界隈に参加したのも遅いし。

劔　そうそう、参加も遅いし一番若いし、そこについてただけの感じだったんですよ。だから当時、東京の爆音系の人たちはそんなに僕のことは認識してなかったと思うんです。やっぱり赤犬の人たちはちょっと名前があったんで、東京の人からも受け入れられやすかったと思うんですよ。だから当時、目立ってたのは**西野**[注11]さんと赤犬の人たちで、逆に小釣さんとかはそういうのにコンプレックスを持ってたんじゃないかなと思うんですよね。

——自分は何者でもないっていう。それがmixiでの暴走にもつながる気がしますね。

劔　そうなんですよ（笑）。小釣さんは赤犬の掲示板で**DOMINO88**[注12]のお客さんと突然ケンカしたり、mixiでもディープ・パープルとレッド・ツェッペリンのコミュニティで意見の合わない人とケンカしだしたりして。

——西野さんはなんで有名だったんですか？

劔　関西モーヲタとして。『爆音娘。』もたぶん西野さんが受けてたんですよ。仕切るのが上手だったんで、テキストサイトも運営して。

——ボクが大阪でトークイベントやってたときも西野さんやロビン[注13]さんが機材を手伝ってくれたり、頼りになる人という認識でした。

劔　豪さんとか**杉作**[注14]さんのイベントの窓口は**ナカウチ**[注15]さんだったんですよね。ナカウチさんもモーヲタのあいだではそんなに目立つ人ではなくて、イトウさんもいまでこそ赤犬のボーカルですけど、当時はただのロビンさんの後輩で、ただイトウさんは僕たちの中では一番のスターだったんです。大阪で杉作さんがイベントやったとき、あべの支部のみんなで打ち上げに行ったら、「イトウさんのおもしろさがよくわかってきましたよ！」とか打ち上げですごい言ってて、やっぱり杉作さんは人を知名度で判断しないんだなって思った記憶があるんですよね。ハロプロ系の人と会うと、どうしても有名な西野さんとか赤犬の人たちのほうがチヤホヤされがちなのに。

——杉作さん、「劔くんの顔はおもしろいねえ！」ともずっと言ってますよね（笑）。

劔　結果そうなるんですけど（笑）。

日常の話だから世間に届いた

——嶺脇社長に「大阪はなんで感動的な話になったのか」って聞かれて、「やっぱり人が死ぬ（注16）ことでなんとなくチャラになる部分ってあると思うんですよ」ってボクは言ったんですよね。人間的に多少の問題を抱えてた人が死んだことで、美しい話に着地するという。

劔　ホントそうなんですよね。僕が書いた本も小釣さんが死んだのでまとまったようなところがあって、ちゃんとオチがつくっていうか。だから小釣さんが死んだおかげって言ったら変ですけど（笑）。ハロプロでおもしろかったことよりも友達の普段からの言動がおかしかったたっていう本だったりするんで。たとえばみんなでカラオケに行って『恋愛レボリューション21』を歌ってるとき、あれってワンショルダーの衣装だったりするんですけど、ロビンさんが着ていたタンクトップをガッと引きちぎってワンショルダーにして歌うのを見て、やっぱりこれはおかしいって。

——ハルク・ホーガン気分なんでしょうね。

劔　そうですね（笑）。あと、みんなが『好きな先輩』とかをビシッと踊れるっていうのを見て感動したというか、そんな日々でしたね。ホントにのんびりしてたんですよ。

——みんな将来の不安とか漠然と抱えつつ、この楽しい時間が続けばいいなって感じで。

劔　そうですね、それは抱えてたと思うんですけど。ただ正直、赤犬の人たちはいまも変わってないんで。ロビンさんとかもう50代になってもあんまり変わってないんで、たぶん学生時代からずっとそのままそういう感じなのかなと思うんで。そのなかの一時にモーニング娘。が一緒にあったというか。西野さんもおかしかったな、ブックオフに行ってめちゃくちゃ写真集を買うんですよ。ハロプロ系の写真集は見つけたらとにかく買うから、西野さんの家が写真集のせいで床がたわんできて、このままいったら床が抜けるんじゃないかってなってた記憶がありますね。

——西野さんは競泳水着の印象が強くて。

劔　そう、女性用の競泳水着を着るのがめちゃくちゃ好きっていう（笑）。競泳水着で突然ステージに出てきたりしてましたから。

——大阪はこういう感じなんだなと思って。

劔　あれは西野さんだけですよ。ナカウチさんがそれを煽って、僕たちは内輪の足の引っ張り合いみたいなことをずっとしてただけなんで。『あの頃。』が予告編も含めてバーンとニュースに出たとき当時のことをTwitterとかで書いてる人がいて。それこそ「推し」という言葉が当時あったのかなかったのか。

——それが論争になってましたね。

劔　なかったって言う人いるんですよね、ぜんぜんあったのに。それから東京の人で「大阪はヲタ芸文化がすごかった」って言う人がいて。僕らとはまったく違うんですけど、**ニイニイコネクション**（注17）っていう人たちがいて、その人たちがヲタ芸の人たちだった印象で。

——とにかく大阪は平和なんですよね。

劔　平和ですよね。圧倒的に平和すぎてイリーガルな刺激には乏しいんですけど。ロビンさんが突然「屁を食べたら不味い」って言い出したことだったり、小釣さんがみんなに勧めてた株が急に暴落して。小釣さんがひとり旅で北海道に行って温泉入ってるあいだに１００万円くらい損したり、そんなのがおもしろかった記憶として残ってるくらいなので。

——ヲタ活動の話ではないんですよね。

劔　そうなんですよ。僕の本も、そこに仲間たちが付随してくるだけの話なんですよね。

——世間に届くのはそこだと思うんですよね。ヲタ活動のうえでの特殊なエピソードではなく、日常の些細な話だからっていう。

劔　そうですね。そう考えるとみんなモーニング娘。は好きで共通点だったけど、ただの友達だったという感じではあるんですよ。

——モーニングでひとつになれたし、モーニングで本気でケンカもしてた時代ですよね。

劔　そうですね。ＲＥＣさんと宇多丸さんが打ち上げで言い合いになって、ＲＥＣさんが「おまえは『チャンピオン』か『サンデー』だ、俺が『ジャンプだ！』」って宇多丸さんに言ってたのは覚えてますね。俺の方がメジャーだっていうことを言いたいみたいで。

——これも東西の違いかもしれないですけど、東京は揉め事が多かったんですよね。

劔　石川梨華さんの卒コンを観に武道館に行ったときも、Ｊさんがビバ彦さんの文句を言ってた記憶があるんですよ、「あいつを見つけたらタダじゃおかない！」みたいな。

——ところがＪさん（杉作）**に確認すると、「違うんだよ、ビバ彦じゃなくてＲＥＣと宇多丸さんに怒ってたんだ」っていう。あのとき矢口騒動があって、ボクらは事務所がひどいって怒ってたら、杉作さんは「そういうのは石川梨華さんの卒業のあとでやってくれ」って言ってて。それなのに「矢口**（真里）**に卒コンを見せてあげないといけない」ってことでＲＥＣ、宇多丸さん、サミュＬ編集長がブートの矢口キャップを被って会場に現**

れ、それを見てＪさんが「あいつら何考えてんだ！」と激怒して。

剱　そう言われると宇多丸さんにも文句言ってた記憶がありますね。あのとき大阪では小釣さんが怒ってたんですよ。「アップフロントの前で座り込みする！」って。面倒くさいなあってみんなで言ってて。僕とかは、卒コンの前にそれはマズいんじゃないかって。

――Ｊさん派だ！

剱　Ｊさん派なんですよ。あのとき西野さんがカッティングシートを車に貼りつけて東京に向かったんですよ。そのときは石川梨華さんへの卒業おめでとうメッセージがあって、よく見ると小さく「※矢口真里さんの脱退には断固抗議します」って書いてあったんですよ（笑）。

――ダハハハハ！　それくらいだったら許してくれるだろうっていうバランス（笑）。

剱　それくらいのバランスだったんですよ。

――宇多丸さんチームはあきらかに抗議活動ですからね。「矢口がコンサートに来られないなら俺たちが矢口にコンサートを見せてあげないといけない」って。遺影を持ってくるぐらいの感覚ですからね。「え、宇多丸さんがそんなに狂ってたの？」っていう（笑）。

剱　ハハハハハハ！

――こんなに当時のヲタをまっぷたつにした当事者の矢口さんに「当時、矢口さんきっかけでいろんなことがあって、それが映画になるんですよ」って言っても何ひとつ把握してなくて。「え、そんな映画を作るんだったら私も出る！」とか呑気なことを言ってて。

剱　よくよく見返したら矢口さん、ちゃんと声で出演してました、当時のラジオ音源で。当時はモーニング娘。のみなさんもオタクのことなんてまったく気にしてなかったですね。こないだ高橋愛さんのラジオに行ってきて、『あの頃。』観ててくれたんですけど、「こんな感じだったってモーニング娘。やってるときに知りたかったです」って言われて。

――でも、知ってたら当時のヲタによる高橋愛叩きを見ることになっちゃいますからね。

剱　いや、それは切ないですよ！

――タカハシステム（注18）がどうのとか見て傷ついてたはずなんで。当時の話をカントリー娘。のみうなさんに聞いたら、気にせず『ＢＵＢＫＡ』を読む人もいたって話をしてましたね。ミキティが自分の流出写真が表紙になったとき、「美貴、『ＢＵＢＫＡ』の表紙になった！」って自慢してきたっていう（笑）。

剱　すごいなあ、やっぱり素晴らしいですね。死んだ小釣さんに聞かせてあげたかったです。

松浦亜弥のために動いた

——劔さんのヲタ熱が冷めていくのは、いわゆるハローマゲドンとは関係ないんですかね。

劔　僕自身、ハローマゲドンのあとからオタクになったんでそこは関係ないです。やっぱり世の中の流れと一緒だったんですよね。友達も少しずつ気持ちが離れていたし、東京の人たちもちょっと離れだしてるし、まったくそれと同じタイミングだと思うんですよ。自分はまた新しくバンド活動を始めて、それが忙しくなってきたり、ちょっと人気が出てきたりしたのもあったし。それに重なるようにモーニング娘。を昔のように追うこともできなくなってきて。

——東京のヲタが子供とフットサルに分かれていくなか、どっちにも乗らずにきちゃった、と。

劔　そうですね。松浦さんが好きだったんですけど、松浦さんも静かめな歌ばっかりになっていって。いまだったらそれもいいと思えるんですけど当時はあんまりそう感じなかったというか。あの頃はみんな一斉に少しずつ少しずつ引いていく時期だ

ったんですよね。

——自分が抜けたあとでバンドがメロン記念日とコラボしたことも悔やんでましたね。

劔　ありました。それが実った頃にはもういなかったんです。

——ようやく降りてきた蜘蛛の糸に間に合わなくて。そのときの後悔みたいなものが、その後に全部回収できたわけじゃないですか。

劔　そうですね。僕の中でオタクと関係者との考え方ってこの何年間かで変わってきたところがあって。豪さんも絶対にCDは買うほうだとか、自分なりの線引きってみんなあるじゃないですか。宇多丸さんとか掟さんもあったと思うし。僕もそういう時期もあったんですけど、ハロプロ自体からは離れていったりもしたし。いま思うのは、こういうところで仕事をしてると、ハロプロがメディアに出たときってファンのディレクターだったりファンのライターがめちゃくちゃ頑張ってるっていうのがわかったんですよ。そういう内部の人の活躍でまた盛り上げたりしてることがわかったんで自分もその一端を担わないといけないなっていう気持ちはありますね。だから、昔はバンドで成功して同じラインに立たなきゃいけないっていう気持ちもありましたけど。

——違う形で協力できれば、になってきて。

劔　そういうふうには変わってきましたね。

――だからこそ、ボクのハローに関係する数少ない功績は鞘師里保のミュージカル曲をCD化したことと、劔さんをヲタに復帰させたことじゃないかと勝手に思ってるんですよ。

劔　それは豪さんのおかげかもしれない。松浦さんにもう一回僕の気持ちを戻してくれたっていうのは。

――劔さんがK-POPにハマッていた時期に、「K-POPはあなたの力を必要としてないけど松浦亜弥はあなたの力を必要としてる」「松浦さんがちゃんと音楽活動をできないでいるいま、劔さんが助けないでどうする!」って居酒屋で1時間くらい説得して。

劔　ハハハハハハ!　ホントそうですね。

――猛毒（注19）**のバカ社長の配信の打ち上げで。ちょっと調べたら11年末の出来事でした。**

劔　それで結局また松浦さんに開眼して、アップフロントに企画書を持ってったりして。僕、あのときに言われたことをホントに守ろうとして、いろいろ行きましたね。そのとき事務所ナンバー2の瀬戸副会長に企画書を持って行ったりプレゼンしたりしてたんです。

――劔さんがすごいのはその行動力ですよ。

劔　あのときなんで急にあんな行動力が出たんでしょうね。雑誌の連載も松浦亜弥さんに関する連載に変更したりとか（笑）。急にファンクラブ入ってみたりして。でも、入ったらすぐファンクラブが閉鎖になって（笑）。

――とりあえず、それがいまの流れのきっかけというか再燃のポイントにはなった、と。

劔　そうですね。結局、現在のモーニング娘。に帰ってくるという。松浦さんに関してはそのときけっこう頑張ったんですけど、病気があって結婚があって出産があって、そこでちょっとあきらめたんですよね、これはちょっと難しいなっていう。でも、けっこう瀬戸さんと密にやってたんですよ。僕が言って瀬戸さんが松浦さんにどう伝えるかとか、松浦さんがどういう状況なのかを教えて頂いたりもしてたんで。松浦さんの状況次第では何かできたんじゃないかっていう感じではありましたよね。

――あの時代のモーヲタで劔さんが特殊なのはそこですよね。いろんな人が離れたけど、戻ってきていかに力になるかの方向に進んで。

劔　そうですね、完全に舵をそっちに切って。僕はとにかく松浦さんをフジロックに出したかったんですよ。フジロックでシークレットで松浦亜弥が出てきて歌い出したら、それこそ例えば**SPECIAL OTHERS**（注20）とか、インストバンドの出演にコラボできないか方法を考えてて。そういう人たちのところに話しに行ったり、**ホットスタッフ**(注21)にもちゃんと行きました。

——すげえ！

劔　ホットスタッフで「小泉今日子がすでに出てるじゃないですか。松浦亜弥が出る可能性はフジロック的にはあるんですか？イメージ的にはないなら、バンドと一緒にしたら出られたりします？」とか話してましたね。

——確実にみんなが知ってるヒット曲も技術もあって、出演したら一発なのにっていう。

劔　出ればバズりますから。シークレットで松浦亜弥が急に出てきて『LOVE涙色』を歌い出したらワーッて絶対なるから。それを一生懸命説明して。最初はフジロック案があって、一生懸命ホットスタッフと話してたんですけど、そこで松浦さんが動くまでに至らなくて。やっぱりハードル高いなっていう。当時は松浦さんは病気もあったんで、いつお腹痛くなるかもわからないのに苗場まで連れて行くのは難しいなっていう感じになって、それで今度は**DOMMUNE**(注22)案を出して。

——それは観たかった！

劔　それも**宇川直宏**(注23)さんに話しに行ったんですよ。宇川さんに「松浦亜弥はどうでしょう？」って言ったら、「それは絶対おもしろいよ！」ってなって。DOMMUNEの企画書も瀬戸さんのところに持って行ったんですよ。瀬戸さんってすごく器の大きい方で、「俺は歳もとってるから若い人たちの考えることはわからないけど、劔くんがそう言ってくれるんだったらきっとそれは正しいんだろう。なんとかやり方を探ってみたい」とは言ってくれたんです。ただ、それも実現しなくて。そうこうしてるうちに病気があって結婚があって出産があって、さすがに僕も無理はやめようと思って。そしたら都合よくモーニング娘。本隊に感激してしまったんですね。

ハロプロに還元するしかない

——それで完全にヲタ復帰して。

劔　その頃ちょうど**犬山**（**紙子**）(注24)と仲良くなりだしたっていうのもあって、犬山がモーニング娘。好きだから一緒にタワーレコードに『ワクテカ Take a chance』を買いに行くことになって、「なんでいまモーニング娘。を応援してないの？」みたいなことを言われたんですよ。犬山って僕の影響でモーニング娘。を好きになったとか言われたりするんですけど、じつは逆だったんですよね。

——ボクが煽ったのに続いて今度は犬山さんが煽り始めたって

いう流れだったんですね。

劔　そうなんです。それでコロッと今度は道重（さゆみ）さんきっかけで好きになってしまって。そこからこの本（『あの頃。男子かしまし物語』）の出版があって。僕がだんだんアップフロントに入り込んでいくというか。

——オフィシャルの仕事が増えてきて。

劔　最初の話だと、**HANGRY&ANGRY**（注25）がＡＢＣＨＯっていうグループになったときに。

——ＡＢＣＨＯ！　もう完全に忘れてました。

劔　ＡＢＣＨＯで**a-nation**（注26）が決まって、a-nationで女性だけのバックバンドをつけるってなったとき、女性メンバーとして白羽の矢が立ったのが神聖かまってちゃんのみさこだったんですよ。ドラムがみさこで、ギターがいまキリンジやってる弓木英梨乃さん、ベースがa flood of circleのＨＩＳＡＹＯさんっていうメンバーだったんですよ。それが石川梨華さんと吉澤ひとみさんのＡＢＣＨＯのバックバンドを、テレビの収録1回とa-nationでやったんですよね、当て振りですけど。そのときに僕は現場に行ってて、それが最初にアップフロントと仕事したって瞬間でした。

——卒コンにも行ったあの人と仕事を！

劔　そうそうそう、あの石川梨華さんなんだっていうね。それより前に東京に来たときに掟さんに誘われて**MELON LOUNGE**（注27）に遊びに行ってＯ-ＥＡＳＴの2階で観てたらそこに石川梨華さんもいたんですよ。07年だと思うんですけど、あのとき怒髪天の増子（直純）さんが泥酔してＤＪやってドン・キホーテとかのＣＭソングをかけまくって（笑）。それでメロンのオタクがワーッとなって。増子さんがそこで「俺は何歳だよ」って自分の歳を言ったんですよ、40歳ぐらいだと思うんですけど、そしたら石川梨華さんが隣の女性に、「あの人、40歳なの⁉」って言ってるのが聞こえたりして（笑）。とはいえ本人たちと会話したとかはまったくないですけどね。

——最近になってからですよね、結局。

劔　ＡＢＣＨＯは12年ですね。僕はバックバンドの人のマネージャーとしていたので本人と話したりはまったくなかったんですけど。そのあとに新垣里沙さんが神聖かまってちゃんのＭＶに出るっていうのがあって。それでアップフロントの人とけっこう仲良くなって。そこから瀬戸さんに企画書を持って行くようなことをやって、そのあと『あの頃。』の本が出たら**西口**（注28）さんが僕に連絡をしてくれて、それで販促イベントやったり。それが西口さんと仲良くなるきっかけだったんで。

——西口さんの存在も大きいですよね。

劔　はい、相当。

――ボクが公式で取材するようになったのは完全に西口さんきっかけでしたからね。

劔　掟さんがMELON LOUNGEに出たり、ハロプロなのにおかしなことやってるなっていう企画はだいたい西口さんがやられてて。そのあいだに僕が『SPA!』のウェブのインタビューで松浦亜弥さんの魅力について語ったことがあって、それがバズッちゃって、アップフロントワークスから松浦亜弥の旧作の在庫が全部なくなったらしいんですよ。だからそのときは瀬戸さんから初めて直接電話がかかってきて、「ありがとう。松浦ともその話をしてたんだよ」って言われて。そのときはついに僕は松浦さんに認識されたんだと思ったことがありました、14年くらいですね。そこからは昔の恩返しをしていくぞっていう気持ちだけでやってきてるんで。

――昔、杉作さんが「彼女たちが困ってるとき水たまりの上に敷かれる上着でありたい」とか言ってましたけど、その姿勢をちゃんと守ってるのが劔さんっていう気がしますよ。

劔　そうですね、いまは。オタクやってても楽しいですけど。メンバーは僕のことぜんぜん知らないんで、アップフロントの仕事をやっててもメンバーにまでは知られてないからイベントとかふつうに行けちゃうんですよね。

――握手会で「あ、先生!」にはならない。

劔　そう、ぜんぜんならないんです。それをいいことに気にせず行ってたんですけど、『あの頃。』はいま続々とOGとかからコメントが来てて、みんな観てるんだと思って。

――麻痺してるかもしれないけど、確実におかしなことになってるわけじゃないですか。

劔　ああ、おかしなことになってますよね。

――小釣さんの死を無駄にしなかった感はすごくあると思うんですよ、ちゃんと本として小釣さんのことを残し、さらにそれが映画にまでなり、メンバーがそれを観るという。

劔　生きてたらこうはならなかったけど、生きててほしかったな、生きてこれを見せたかったなっていう気持ちはすごくありますね。生き返ったらいいのに(笑)。いまはホントにおかしなことになってると思いますね、僕もたしかに麻痺してるのかもしれない。

――小釣さんのブロンズ像[注29]とか作ってた頃には一切想像してなかった未来ですからね。

劔　正直、こんなことになるんだったら原作ももっと下品じゃなくしてたかったです(笑)。

――ダハハハハ! メンバーが観るなら、風俗の話とか入れなきゃよかったっていう。

劔　そうなんですよ、こんな風俗好きなヤツがいっぱいいてどうすんだよっていう。

――風俗だからまだいいですよ。「あのとき有馬くんの棒の上り方がすごかったんだよ！」とか、みんながアウトな行為を懐かしく思い出す話なら映画になってないので（笑）。でも、『BUBKA』も含めて当時関わってた人たちは、みんないまクリーンになって。

劔　今日も**ここ**（注30）来るときに住所を調べようと思って白夜書房のホームページ見たら「コンプライアンスに気をつけてる」って書いてましたもん（笑）。でも、こんなヘタな絵で、そんなにモーニング娘。のことを描いてるわけでもないのに、やっぱり西口さんにしても瀬戸さんにしてもちょっと思うところがあったっていうのが大きかったんですね、わりとよくしていただいたのは。さらにつんく♂さんもちょっと思うところあったみたいで、つんく♂さんの配信にも呼ばれることになって。

――お互い不思議だなと思いますよね。ボクもあのとき周りがみんなモーニングに狂ってるのを距離を置いて眺めてたら、狂ってた人たちがみんなどこかにいなくなって、ある程度距離を保ってたボクが残されて、気がついたらボクが公式の取材とかして。それを当時の人たちに報告しても反応が悪いんですよ。

劔　そうなんですよね。西野さんにいろいろ報告しても、「すごいなあ！」とは言うけど、それくらいのリアクションで（笑）。

昔だったら気が狂うぐらいうらやましがってただろうけど。でも、やっぱり考えますけどね、ファンでいることとそういうのとか。

――考えなくていいことを考えますよね、特にサブカルチャーという自意識過剰な文化を通ると。第二の自分が自分をどう見てるのか、ヲタとしての振る舞いとか関係者としての振る舞いみたいなことをすごく考える。

劔　そう、すごい考えますよね。でも、わりとフラットに接することができるようになりました。和田彩花さんとかもそうですけど。

――「なぜ俺があやちょのバックで演奏してるんだ？」って最初は思いますよね。吉川友さんのバックを担当した流れで麻痺はしてるだろうけど、冷静に考えると異常事態で。

劔　そうそうそう、それも全部この本のおかげなんだなっていう気が。だから小釣さんが死んだおかげなのか（笑）。このままだと、自分ばっかり得してるような雰囲気になってちょっと嫌だなって。だから、あとはハロプロに還元するしかないんですよ、今ハロヲタじゃない西野さんたちに還元するのもどうかと思うんで（笑）。

――そんな感じですかね。

劔　大丈夫ですか？　みなさんの話と比べるとちょっとパンチ

が弱いような気が……。

——この方向性で争ってほしくて呼んでるわけじゃないんで、いろんな視点がほしくて。狂人バトルしたいわけじゃないんで（笑）。

劔　ハハハハハハ！　だって有馬さんのインタビュー、電車で読んでても笑っちゃうところがあって。「嫌いじゃないけどキモい」って**まやちょ**（注31）に泣かれたっていうのが（笑）。

——なかなか言われないフレーズですよね。

劔　ホントにおもしろいのは有馬さんです！

注1◆有馬……有馬岳彦。サムライの名前で知られた有名ヲタ。このインタビュー連載にも登場した（137ページより掲載）。

注2◆小板橋……小板橋英一。元ライター、編集者。このインタビュー連載にも登場した（091ページより掲載）。

注3◆嶺脇……嶺脇育夫。タワーレコード社長。このインタビュー連載にも登場した（121ページより掲載）。

注4◆掟……掟ポルシェ。このインタビュー連載にも登場した（007ページより掲載）。

注5◆赤犬……大阪芸術大学の学生を中心に結成されたバンド。

注6◆ハロプロあべの支部……劔樹人等が参加していた関西のモーヲタの集まり。そこでのよもやま話を描いた作品が『あの頃。男子かしまし物語』。

注7◆久保内……久保内信行。このインタビュー連載にも登場した（105ページより掲載）。

注8◆ビバ彦……編集者、ライター。当時の『BUBKA』で「モーヲタの部屋」を連載した。

注9◆『爆音娘。』……ハロプロ楽曲をかけるクラブイベント。

注10◆イトウ（タカアキ）……赤犬のメンバーのタカ・タカアキ。劔が〝あの頃〟に結成したグループ『恋愛研究会。』のメンバー。

注11◆西野……ハロプロあべの支部の中心的存在。『恋愛研究会。』のメンバー。

注12◆DOMINO88……スカパンクバンド。

注13◆ロビン……赤犬のメンバーのロビン前田。『あの頃。』のロビ先輩。『恋愛研究会。』のメンバー。このインタビュー連載にも登場した（189ページより掲載）。

注14◆杉作……杉作J太郎。映画監督、ラジオパーソナリティ、漫画家。このインタビュー連載にも登場した（065ページより掲載）。

注15◆ナカウチ……『恋愛研究会。』のメンバー。

注16◆人が死ぬ……『あの頃。』では、ヲタ仲間である小釣の死が描かれる。

注17◆ニイニイコネクション……「ハロプロあべの支部」の発起人・リハしゅうやマイケル・ほいっ等からなる狂気のモーヲタ集団。

注18◆タカハシステム……高橋愛だけがプッシュされていると考えたヲタたちが、その状況を揶揄して表現した言葉。

注19◆**猛毒**……カルト的人気を誇るロックバンド。バカ社長はボーカルのTHE CRAZY SKBのこと。

注20◆**SPECIAL OTHERS**……海外でも人気のジャムバンド。

注21◆**ホットスタッフ**……ホットスタッフ・プロモーション。フジロックなどを運営している。

注22◆**DOMMUNE**……個性的な音楽やカルチャーなどを取り上げる生配信番組。

注23◆**宇川直宏**……グラフィックデザイナー、文筆家、DOMMUNE代表。

注24◆**犬山（紙子）**……エッセイスト。劔と2014年に結婚した。

注25◆**HANGRY&ANGRY**……吉澤ひとみと石川梨華のユニット。ABCHOもふたりのユニット。

注26◆**a-nation**……エイベックスが手がけるライブイベント。

注27◆**MELON LOUNGE**……メロン記念日が主催するクラブイベント。

注28◆**西口**……西口猛。アップフロントプロモーションの代表取締役。

注29◆**ブロンズ像**……亡くなった後にブロンズ像を作るエピソードが『あの頃。』で描かれている。

注30◆**ここ**……取材は白夜書房の会議室で行った。

注31◆**まやちょ**……有馬と交流のあった女ヲタ。

証言・10

ピストル

加護ちゃんが戻ってきたら時間を全部使いたい、じゃあサラリーマンを辞めようって

Profile

モーニング娘。の活動初期からファンサイト「娘。楽宴」「亜依国精神」を運営した。現在もハロプロだけでなくアイドルシーン全般を追いかけ続け、アイドルイベント「東京アイドル劇場」も手がけている。

当時のＢＵＢＫＡは敵だった

――20年ぐらい前にモーヲタをやっていた人たちが「あの頃」について語る連載です。

ピストル　僕はずっと現役でヲタやってて、いまはタイプが変わっちゃってるから、**『あの頃。』**（注1）に出てくる方たちとは違いますね。

――戦争はもうとっくに終わったと思って昔を懐かしんでるような人たちとは違って、こっちは戦争がまだ続いているんだ、という。

ピストル　そう、つながってるので。いろいろ行って、またいまハロプロにいますから。

――そして、いままでは『ＢＵＢＫＡ』寄りの人が多かったから、またちょっと違うタイプのヲタの話も聞きたいと思ったんですよ。

ピストル　『ＢＵＢＫＡ』寄りというか、**『爆音娘。』**（注2）系ではないですからね。『ＬＯＶＥマシーン』の頃からホントにどっぷりと、どっちかというとファンサイトとか、マジヲタ的な方面に足を突っ込んでやってきたんで。

――もともとアイドルは好きじゃない側で。

ピストル　そうです。70年生まれなんで80年代のアイドルを見てきましたけど、ハマらなかったんですね。ロックばっかり聴いてて、『ＬＯＶＥマシーン』が99年だから、それまでの29年間、アイドルには一切興味なかったのに。『ＡＳＡＹＡＮ』は番組が楽しくて観てたんですよ。モーニング娘。の出し方もドキュメンタリータッチで楽しかったじゃないですか。そしたら観てるうちに感情移入していったっていう感じなんですよね。

――それでまさかここまでハマるとは。

ピストル　人生が変わりましたもん。映画の『あの頃。』でも言ってましたけど、もう一回青春を過ごすような感覚ですよね。あの頃はホントそういう人たちがたくさんいて、仕事も年齢もバラバラなんだけど意見をぶつけ合ってるのが楽しかったんですよね。音楽的に好きな人もいれば、純粋になっち（安倍なつみ）が恋愛対象として好きな人もいれば、カルチャーとして好きとか、いろんな好きの感じがあって。

――ピストルさんは音楽が好きなのは当然として、そこに邪心も混ざってるわけですね。

ピストル　うん、混ざってます。あと、かわいいだけじゃなくて楽しかったんですよね。辻加護（辻希美・加護亜依）が暴れ回ってたり、次から次へいろんなことが変化するんで、「えーっ、こんなことが起こるの？　ふざけんな事務所！」みたいな、あれが意外と楽しかったですよね。

——「クソ事務所！」とか言うのが（笑）。

ピストル　そう、クソ事務所（笑）。最初は『ASAYAN』がわざといろんな展開でどんどん楽しくしてましたけど、番組が終わってもつんく♂さんがいろんなこと仕掛けたりとかドラマみたいなものは続いてたんで。おニャン子クラブも『夕やけニャンニャン』で、そこまで展開はなかったじゃないですか。

——卒業＆加入＆新ユニット結成ぐらいで。

ピストル　外から見てる人間にはドラマ性までは感じなかったし、泣いたりとかもなかったからね。どっちかというと、とんねるずのほうが楽しかった、何やるかわかんなくて。

——そして、ファンサイトを作るんですね。

ピストル　5期メンバーが入ったときなんで01年の夏ですね、『娘。楽宴』ってサイトを作って。当時、ハロプロってオフィシャルサイトがなかったんですよ。『ASAYAN』サイトが半オフィシャルみたいな感じで。あと老舗の『グッドモーニング』っていうファンサイトがあったけど、もうちょっと自由にやれるものを作りたいなと思って。

——基本、ネットでは2ちゃんねるぐらいしかヲタの居場所がなかった時代ですよね。

ピストル　そう、2ちゃんとモーニング娘。の歴史ってほぼ一緒なんですよ。あっちはえげつないというか悪口がメインだったから、どっちかというと純ファンサイトみたいなものを作りたくて。僕が作ってた『娘。楽宴』はトップページにニュースを載せてたんですけど、誰よりも早くそこにニュースを載せたいっていう使命感があって、そのうちタレコミ屋が出てきて、それが新聞を刷る人たち。

——なるほど！

ピストル　一番早いんですよね。そこの人が匿名でメールをくれるようになって、それをトップページに載せてたんですよ（笑）。

——ダハハハハ！　スポーツ紙とかの情報がすぐ入るから、報道よりも先に出せちゃう。

ピストル　そうなんですよ、だから『娘。楽宴』すげえ！」みたいになって。最初は「こんなの載せてホントか？」って言ってるんだけど、翌朝になるとそれが発表されて。

——事務所はビビりますよね、それ。

ピストル　それでみんなトップページ見てくれて、当時の娘のファンサイトのなかではナンバーワンになって。松浦亜弥のサイトのナンバーワンが**樋口（竜雄）**（注3）さんですよね。

——iDOL Street（注4）の。ヲタ同士の横のつながりはどのくらいででき始めるんですか？

ピストル　最初は『グッドモーニング』にピストルという名前

で書き込みをして友達ができ始めて、正月のハロコンのときにオフ会やろうよってことで会ったんですよ。僕がネットの世界の人と初めて会ったのが**うたか**（注5）くんで、そのあとでうたかくんの家に行って。

——子供好き同士でわかり合ったとか？

ピストル　ぜんぜん違います！　その頃は僕そんなに子供好きっていうのは……心のなかにはあったかもしれないですけど、ぜんぜんなかったです。辻加護も子供だから好きっていう感覚ではなかったんですね。むしろ、とんねるずを好きな感覚ですよ、何をやらかすかわからないふたり組が楽しいっていう。

——そうやってヲタ仲間とつながってきて。

ピストル　ファンサイトが大きいです。

——あと、やっぱり飲み会の多さですよね。

ピストル　そうですね、語りたいんですよ。現場のあとの宴会でまた話すのが楽しいんですよね。ライブ観ないで外で宴会してるヤツいましたもん。行けば話し相手がいるから。チケット持ってるのに、「いいや、ここで宴会してるほうが楽しいからチケットあげる、おまえが入っていいよ」って人いましたよ。

——ちなみに当時、ピストルさんは『BUBKA』のことはどう見てたんですか？

ピストル　『BUBKA』は敵ですよ！

——即答（笑）。それはスキャンダルをガンガン出してモーニング娘。に致命的ダメージを与えるヤツらっていうことですよね。

ピストル　ホントそうですよね。でも『BUBKA』ってアングラな情報とかロック的なことも載せてたじゃないですか。そういうのは好きなんで読んでたけど。あと、スキャンダルを載せつつ、裏でモーニング娘。を熱く語るJ太郎さんとかはいいじゃないですか。

——モーヲタページもありながらスキャンダルも出すという不思議な雑誌でしたからね。

ピストル　たしか矢口（真里）なんてキス写真を表紙に使ってましたよ。そこは認めないっていうスタンスではありましたね。僕もスキャンダル雑誌から変わったあとは**嶺脇社長**（注6）と一緒に座談会に出たりしましたけど、バリバリの加護ヲタの頃は敵でしたよ。許すまじ！

——まさか『BUBKA』編集部の下のホール（注7）**で自分がイベント**（注8）**をやるようになるとは。**

ピストル　思わなかったです（笑）。僕は2ちゃんが敵っていうスタンスだったんです。ファンサイトやってたんで、2ちゃんvsファンサイト。そのファンサイトの代表が『娘。楽宴』で、2ちゃんの人たちもマジヲタをバカにしてるスタンスだったんで、やり合うみたいな感じでしたね。ファンサイトはホントは悪口を書きたくてもそこはグッとこらえて、みたいなところがありましたね。

——最近、柏木由紀さんのインタビューしたら、柏木さんと指原（莉乃）さんはなぜ批判とかに強いかっていうと、ふたりともヲタ時代に狼板とか見て、「あんなにすごい子たちがこれだけ叩かれてるんだから、誰だって叩かれて当然だから屁でもない」と思ったって話で。

ピストル　柏木さんは田舎だからライブもそんなに行けないんで、『娘。楽宴』の『現場の声』っていうライブ情報のページを見てたって言ってましたもん。最初の握手会でゆきりんのとこ行ったときに、「『娘。楽宴』やってるんだよね」って言ったらパッと目の色変わって、「え、『娘。楽宴』!? 私、見てました『現場の声』!」「『現場の声』知ってるなんて、よっぽどだね。俺、『亜依國精神』って加護ちゃんのページ書いてたんだ」「ああ、知ってます!」って、それで仲良くなったんですよね。指原は現場派で、いわゆる有名なハロヲタとはつながって一緒に現場行ったりしてたんで。そのふたりは俺が『娘。楽宴』やってるって言ったら、「そうなんだ!」っていうことで最初の頃から仲良かったです。楽しかったですよ、そういうのをわかり合える現役AKBメンバーっていうことで。僕もAKBどんどん好きになったのはそういうメンバーが入ってきたのが楽しくて。ハロプロ好きには悪いヤツはいない、みたいな。当時のハロプロの曲とかイベントで歌ってくれたりするから、僕のスタンスとしてはハロヲタに「AKBにこういうヤツらがいるんだよ、ゆきりんはハロヲタなんだよ、（石川）梨華ちゃんを慕ってるんだよ」って書いてました。

ヲタ同士の激しいバトル

——ただ、ハロヲタのAKBに対する敵視ぶりもちょっと尋常じゃないじゃないですか。

ピストル　絶対に認めないっていう人もいますね。それ、根っこは秋元康憎しみたいなのがいるんですよ。高井麻巳子ファンクラブ結成した直後に結婚発表しやがってっていう人でモーヲタやってる人が意外といるんです。僕はそこはなかったから。秋元さんなんて子供も作って離婚もしてないんだから、いいんじゃないかなって。小室（哲哉）さんなんて手つけまくってるし、裏で手つけてるアイドルプロデューサーなんて山ほどいるのに、秋元さんは責任取って結婚して、離婚してないんだから立派じゃねえかと思うんだけど。

——女絡みの悪い噂は聞かないんですよね。

ピストル　当時、リアルタイムでそれを食らったオタクはいまだに恨んでるんですよね。当時はそういう人が周りにいたんですよ、高井麻巳子推しでモーヲタやってる人たち。ただ、僕も加護ちゃん推しのときは頑固でした。ハロプロ以外はアイドルとして認めないってスタンスだったんだけど、外に1回出てフラットになっちゃたんで、そうするとバカだなーって。だからハロプロも好きなんだけど、ももクロもAKBも好きっていうスタンスでブログを書いてたんですよ。そのときにちょっと悪口書いちゃったんですよね、「AKBのほうが楽しいよ」って書いたら、『娘。楽宴』のリーダーに破門されたんです。

——えぇっ!!

ピストル　時期的にはプラチナの頃かな？　AKBが『大声ダイヤモンド』を出して握手会やってて、ハロプロが苦しかった時期です。「ハロプロなんかよりAKBのほうが楽しいよ」って書いちゃったんですけど、「さすがにおまえみたいな悪口言ってるヤツを『娘。楽宴』のスタッフに置いておくわけにはいかない。破門する」って言われて。だから最後には立ち会ってないんですよ。

——言いにくいですけど、プラチナ期はちょっと難しかったですよね。あの嶺脇社長ですら「我慢してました」って言ってましたから（笑）。

ピストル　僕も1ツアー1回入るっていうスタンスは続けたかったんで観には行ってました。でも、やっぱりつまんなかったです。

——いまでこそ、あれはスキルを高めてたいい時期みたいな表現になってるけれども。

ピストル　いまにつながってありがたかったですけどね。でも、ほかに楽しいハロプロもあったんですよ。スマイレージがあって、Buono!もあって、真野（恵里菜）ちゃんが出てきたりで。だから僕はそっちに行ってましたね。ただ、ハロプロキッズ、Berryz工房と℃-uteができてから心からそっちが好きな人がダブルユーからダダッと流れて。僕は加護ちゃん派だったんで、ふざけんな、流れんなよっていう感じでした。辻加護がせっかくダブルユーとしてデビューするのに。

——しかし、いまはこれだけ子供好きなのに最初はBerryzには抵抗があったんですね。

ピストル　そうなんですよ。子供好きっていうのが芽生えてなくて、むしろバカにしてましたよ。そう言いつつ菅谷梨沙子かわいいなとは思ってたから、いまBerryz工房がデビューするってなったら誰よりも早く行ってますよね。**サムライ**（注9）と一緒に並んでますよ。

——ダハハハハ！　あそこに踏み切れたかどうかって大きいで

すよね。ボクは行けなかったんです、曲はすごくいいと思いながらも。

ピストル　大きいですよね。出す曲出す曲がカッコよかったじゃないですか。でも、あのときは現場に行こうとは思わなかった。

——周りだと掟ポルシェとサムライさんぐらいですね、気軽にそこを乗り越えたのは。

ピストル　あと**コイタ**（注10）さんとね。コイタさん真っ先に行ったクチだったんで、ダブルユーとの合同ツアーに行けば必ず最前にいるんですよ。最前でBerryzの子たちに笑ってもらおうとしてカステラとか出してライブ中にカステラ食ったりとか、子供たちになんか反応させようとしていろんなことやって。当時、Berryzに流れたヲタとBerryzに行かなかったヲタ同士の抗争、けっこうあったんですよ。どんどんベリヲタのほうが多くなったとき、Berryzとくっついてツアーやったんですよ。それがしんどくて。Zepp仙台かどっかでスタンディングライブがあったんですよね。パンパンのところで殴り合いじゃないけど、ベリヲタとダブルユーヲタで場所の取り合いみたいなのがあって。ダブルユーの曲を辻ちゃんと加護ちゃんで歌うんじゃなくて、加護ちゃんと嗣永桃子とかに歌わせるとか、そういうエグいセットリストがあったんですよ。そうすると「かーごーちゃん！　もーもーこ！」ってオタクは声援するじゃないですか。隣に桃子推しがいると、ステージ見ないでそいつの顔見て「かーごーちゃん！　かーごーちゃん！」って、そういうやり合い（笑）。そいつの耳元で「あーいーぼん！　あーいーぼん！」って桃子の声をかき消すぐらいに。あとはBerryzがステージにいるのに最前でタオル被るとか。「俺は観ねえよ！」とか、そういう抗争はありましたね。

——でもBerryz好きになるわけですよね。

ピストル　好きになりますよ（笑）。あとBerryzは曲がすごく好きだったんですよ。タオル被りながらもすっげーいい曲だなと思ってて。Berryz行きたかったですもん。いまアイドル劇場でちっちゃい子たちにベリキューの曲バンバン歌わせてますよ。ちっちゃい子たちがあの曲を歌うと楽しいですよね。

——ホントにつんく♂さんってド変態じゃないですか。子供にああいうセクシーな歌い方で、大人っぽい曲を歌わせるっていう。

ピストル　いまないですもんね。つんく♂さんって10代前半の女の子の歌詞を書かせたら世界一ですよ。ずっとあれやってほしいんだけど、やってくんないですよね。それなのに**アラフォーのアイドル**（注11）とかやろうとしてるんですよ。もう勘弁してよ、あなた違うよって。あの人が中1、中2の女の子の心を歌詞にするの最高ですもん。本人わかってないんですかね、自分の武器を。セクシーな曲とか書くと、ちょっとイマイチなんですよね。

試練の連続の加護ちゃん推し

――加護ちゃん推しも過酷じゃないですか。ファンが試練を与えられ続けられるという。

ピストル　ホントそうですよ！　**ああいう事件**（注12）を起こすまでは、加護ちゃん推し同士はツルまなかったんですよ。辻ちゃん推しはけっこう徒党を組んでて、加護ちゃん推しは「いや俺のほうが加護ちゃん好きだ！」みたいなライバル心があってあんまり仲良くしなかったんだけど、あの事件以降は結束しました。

――同じ痛みを分かち合った仲間として。

ピストル　そう！　痛みをわかるのは俺たちだけだって。「**推し被り敵視**」（注13）っていう言葉があるじゃないですか。でも、あの事件が起きてからは推し被りは同志ですから。やっぱりスキャンダルがあるとわかりますよ。同じ温度でその事件を語れるのは推し同士ですよね。推しじゃない人はちょっと距離感ありますからね、ホントにつらいとき分かち合えるのは推し被りで。加護ちゃんが復帰したときの豪さんのインタビューは一番内容も濃かったし、ちゃんとした立ち位置で話してくれてるじゃないですか。興味本位じゃなくてちゃんとわかってて、ありがたかったですね。

――ああ、意外と加護推しには感謝されてました。

ピストル　そう思いますよ。色眼鏡で見ないで、事情もファンの気持ちもわかったうえで聞いてくれて、ツッコんでもくれてるし。

――あれは載せられない話も相当ありましたからね。ホントに事情だらけなんですよ、聞けば聞くほどしょうがないなっていう。

ピストル　ああ、家庭のことが。

――家庭のゴタゴタがシャレにならなくて。

ピストル　まあ、そういう道に行っちゃうよねっていうヤツですよね。当時、いまほどコンプラとかうるさくなかったにもかかわらず、謹慎期間も長かったですよね。あれ、1年間も引っ張らなきゃいけなかったのかな。

――タバコでそこまでなのかっていう。

ピストル　そうなんですよね。みうな（カントリー娘。）さんも言ってたじゃないですか、「止めておけばよかった」って。メンバーも知ってる人は知ってたんですかね。僕、当時ファン同士集めて『娘ラジエン』っていうネットラジオみたいなのやってたんですけど、一緒にやってる仲間が加護ちゃんを『FRIDAY』したカメラマンと知り合いで、撮ってまず最初に連絡が来たんですよ。事務所にも加護ちゃんにも言う前に。そいつは「記事にしないでくれ」ってお願いしたんですけど、そうはいかないですよね、載るって決まって。その日、ラジオの放送があったんですよ。「これちょっとピストルに言ったら放送にならねえからな」って僕が行く前に仲間で話してて、僕には内緒でラジオの放送したんですよ。だからそいつらは加護ちゃんとアップフロントより前に知ってたんですよ、来週の『FRIDAY』に載るって。俺に言ったらたいへんなことになるんで。それこそたけしさんじゃないけど破壊的な方向に（笑）。

――いまなら間に合うって編集部に殴り込んで、記事を潰すとかもやりかねない（笑）。

ピストル　そうそう（笑）。

――ダメージはどうだったんですか？

ピストル　ありましたよ。ただ、僕は加護ちゃんがアイドルなのにタバコ吸ってショックっていうのはあんまりなかったんですよ。加護ちゃんがかわいいっていうよりも、加護ちゃんはおもしろいことするからロックだみたいなスタンスで好きだったんで、「タバコ吸うのか、しょうがねえな、やっぱ悪いヤツだなあ」みたいな（笑）。オッサンとつき合ってたのも、「俺の加護ちゃんが……」みたいな意識はなかったです。それよりも謹慎で楽しかった加護ちゃんが見られなくなるのがショックっていうそっちですね。だからタバコぐらいいいじゃん、早く戻してっていう。

――最近のピストルさんの「アイドルの恋愛は許さない」的なツイートからは想像できない、かなりちゃんとしたスタンスじゃないですか！

ピストル　ホントそういうスタンスで。そのとき加護ちゃん好きだった連中は、「悪いことしたからしょうがない、でも戻してあげてよ」みたいな感じだったんですよ。それで1年間ずっと復帰を待って、ひとりのオタクは全国のお寺に行って祈願したり、加護ちゃんが奈良に戻ったっていう情報が入ったんで、「なんとか戻れるように事務所にもお願いしよう」ってお母さんに会いに行ったり。そのうちのひとりはお母さんのところに会いに行くうちに、「あんたよく来てくれるね」って加護ちゃんのおばあちゃんと仲良くなっちゃって、喫茶店でお茶飲むような仲になって。気が付いたら、おばあちゃんとゴルフとか温泉行く仲間になって、ぜんぜん違う方向でつながっちゃったオタクいますよ（笑）。

——ダハハハハ！　当時、ヲタが推しの家族と仲良くなるパターンは多かったですよね。

ピストル　後藤の**『袋田の滝』**（注14）とか、**紺野のパパ**（注15）とかね。僕はファンとして一線引く派だったんでそこには入らなかったんですけど。当時、「加護ちゃんは奈良にいて、事務所からの連絡待ちなんです。でも戻る気はありますよ」って聞いて、戻る気があるんだったら我慢して待とう、みたいな感じでしたね。辻ちゃんがガッタス頑張ってたんで、じゃあガッタス応援しよう、辻ちゃん応援しようって。

——当時、ダブルユーが初めて接触イベントやったときのエピソードも最高ですよね。

ピストル　ああ、タワレコの握手会の！　握手会とかほとんどなかった時期なんで、みんなのテンションもたいへんだったんですよ。やっと辻加護と握手できるってことでタワレコで暑いなか並ばされて、ひとりのオジサンが並んでる途中に高まっちゃって気絶して倒れちゃったんですよ。で、タワレコの救護室に運ばれて休憩してたら、イベント終わったあとに辻加護のふたりがその話を聞いたんでしょうね、マネージャーから。「気絶しちゃったファンがいるんだよ」「へー、かわいそう。じゃあ握手してないの？」っていうことで寝てる部屋に辻加護が入ってきて、そいつは起きた瞬間に辻加護本人がいるんでまた気絶しちゃったっていう話（笑）。それくらいあの当時、辻加護としゃべれるなんてすごいことだったんで。東京と大阪でやったんですけど、僕のツレもそういうタイプのオタクで、「握手なんてしたくない、嫌だ、怖い！」って言って、「でも行け！」って、握手終わったらバーッと走ってトイレ行って嘔吐。

——うわー！

ピストル　緊張でゲロ吐いたっていう、そんなレベルでした。特に辻加護はそういうイッちゃってるヲタ多かったんで。アイドルは神聖なものっていうのがあったんですよ。だからアイドルの悪いこと書いてる『ＢＵＢＫＡ』は敵だ、みたいな。だから杉作さんのスタンスですよね。神聖なものにオタクみたいな汚いものが手を触れちゃいけない、アイドルを守る、っていうのがあったんですよね。

——その価値観が一気にひっくり返って、ピストルさんも握手最高！になっていって。

ピストル　変わりましたね。最初は僕も握手なんかいらない派だったけど、握手して加護ちゃんと会話を交わして自分の思いを伝えられる、それがうれしいってなって。手紙を書いたりやっていくうちに、加護ちゃんから反応をもらえる楽しさを覚えちゃって。最後のツアーのハロプロパーティーってすごいドサ周りしたんですよ。ボードを出したら加護ちゃんが反応してくれたり、こういう楽しさがあるんだっていう、ちょっとそこで反応の楽しさを覚えちゃった感じですね。そのあとハロプロの外に出て握手したら、名前を覚えられて楽しいよねっていうのを知っちゃって。

——地下現場にもハマっていくんですね。

ピストル　1年間は我慢してたんですよ。加護ちゃんの事件があったのが06年の2月なんですけど、その1年間はガッタスとかの応援で我慢して、ハロプロの外には出てなかったんですよ。加護ちゃんがお茶くみしてるって記事が出て、ついに戻ってくるぞっていろんな知り合いから聞いて。そしたら**もう一発スキャンダルが出ちゃった**（注16）んですよね。それで解雇されて、もう終わりだなってなって。それでも加護ちゃんは芸能活動やりたいんだったら応援しようって気持ちはあったんだけど、ハロプロに戻ってくることはないなと思って。そしたら辻ちゃんが結婚しちゃったんですよ。もう両方ダメになっちゃった、何もなくなっちゃった、ちょっと外のアイドルも見てみようかなと思って、ちょうどつんく♂さんが**NICE GIRLプロジェクト！**（注17）を始めてポッシボーとかキャナァーリ倶楽部に足を踏み入れて、そこから徐々に外に行ったんです。

——そこならスムーズに移行できますよね。

ピストル　そしたらNICE GIRLプロジェクトはいろんな地下アイドルを集めてイベントとかやって、行ったらいろんなアイドルがあるんだなって、Chu!☆LipsとかFeamとかhy4_4yhとかいろいろいて、ライブ観たらおもしろいんですよ。お客がダイブとかケチャとかやって、こういう自由なライブがあるんだなと思って。で、「おまえAKBに行ったことないだろ、AKBに行ってみな」って言われて、そこでハマッちゃったんです。曲はいいし、あんな狭い劇場でこんな近くでかわいい子が観られるなんて最高じゃんって。

——あっさりとAKBに転んで。

ピストル　AKBにハマッたら、もうなんでもハマる。**スタダ**（注18）のかわいいアイドルが路上でやってるぞってももクロが出てきて、東京女子流が出てきて、どんどん出てくるからこれは楽しいやって、アイドル戦国時代になって。でも、ハロプロはハロプロで楽しいからハロプロも観つつ、日本に出てくるアイドルを全部見るような、楽しいものはなんでも見ようっていうスタンスだったんですよね。

——そして対象年齢も一気に下がってた。

ピストル　そうです（笑）。新しいもの、楽しいもの、誰も知らないものに手をつけるとどんどん若くなるんですよね。ももクロが一番デカいんじゃないかな、玉井詩織とかあーりんとか小学生でしたから。小学生でもかわいいからいいじゃんっていう。小学生と会話するのもそこで覚えたし。そしたらエビ中が出てきて、挙げ句の果てにはみにちあベアーズが出てきて。原因は完全にスタダだな。

――そうやってハロプロの世界から1回外に出ると、価値観はだいぶ変わりますよね。

ピストル　そうなんですよ。そこでだいたいみんなハロプロには戻らないです。僕はそれでもハロプロがゼロにはならなかったんで。

――あの時代によく聞いたのは、「ハロプロだと何10万円も使ってハワイまで行かなきゃ撮れなかった推しとのツーショットが地下だと簡単に撮れるんですよ！」っていう話で。

ピストル　価格破壊ね、価値観が変わっちゃいますもんね。だからツーショットとか握手が好きな人はこっちでいいやっていう。顔面だけでいったらハロプロよりかわいい子はいくらでもいますから（笑）。でも僕はハロプロの曲が好きだっていうのがあったんで。

――ピストルさんはローカルアイドルまで追うようになって、そういう子たちがどんどんハローに入ってくるようになったから、それを一番楽しめてる人なわけじゃないですか。

ピストル　そう、楽しいんですよ。佐々木莉佳子も川村文乃もそうだし、またそこでハロプロの新しい楽しみ方が出てきて。前

に豪さんと一緒に番組に出た頃（14年1月18日放送の『有吉ジャポン』）から、いろんなローカルアイドルを好きになって。ローカルの小学生の頃から知ってて、それがめぐりめぐってハロプロに挑戦して入るっていう楽しみ方。自分のイベントに出てた子がラストアイドルに挑戦してるのとか、そりゃ楽しいですよね。それはほかの人にはできない楽しみ方じゃないですか。やっぱり僕はお金も時間もいっぱい使って、縛りなしに見てきたから。ふつうはお金も時間も足りないですよね。

――ピストルさんはそれがなんとかなった？

ピストル　お金はなんとかなってます。

――不労所得があるという噂でしたよね。

ピストル　いやいや、ないですよ。2ちゃんとかでいっぱい土地を持ってるみたいな感じの噂はあるんですけど、それは否定も肯定もしないスタンスで。実際はないですよ。ちゃんと働いてるし、いまもイベント屋でコツコツ頑張って。07年まではサラリーマンですもん。でも、加護ちゃんが戻ってくるってなったときにサラリーマンだと時間の制限があるんで。僕の友達にひとりいるんですよ、仕事しないで遊んで生活してる人。この人みたいな生活を送りたいなと思って。加護ちゃんが戻ってきたら時間を全部加護ちゃんに使いたい、じゃあサラリーマン辞めようって。いま辞めたらけっこう退職金も入るから、これ遣

っていろいろやったら仕事しなくてもイケるなと思ったんです。それで辞めたら加護ちゃんが戻ってこなくなっちゃったんですよ。

——うわー!

ピストル　会社を辞めて1ヵ月しないぐらいですよ。マジかよ、まだ会社に戻れるよなと思ったんだけど、その先の人生を考えてそっちもイケるなと思ったから辞めたんですよ。

アイドルイベントをやる理由

——で、時間もお金もできたから、じゃあヲタ活動を幅広く頑張ろうってことになって。

ピストル　時間もあるし、ある程度自由なお金もあるし、そうなりましたね。モーニング娘。にハマったときも、初めてオモチャを与えられたような、知らない世界で最初の2~3年はすっごい楽しかった。初めてハロプロの外に出た2~3年も楽しかった。それがアイドル戦国時代だったんで、ホント加護ちゃんには感謝してます。あのとき加護ちゃんがタバコ吸ってなかったら俺は外に出てなかったし、アイドル戦国時代って外で騒いでても、「あんなもんアイドルじゃねえよ、やっぱハロプロだよ」って言ってたクチなんで。加護ちゃんがあのまま活動してたらAKBも、ももクロも行ってないし、会社も辞めてないです。ふつうに会社で偉くなってたと思うんで(笑)。そこそこの立場にいたんですよ。まあその会社、破産したんですけどね。

——じゃあタイミングよかったんですね。

ピストル　そうそう。だから加護ちゃんには感謝してます、あそこで楽しい人生を送れたんで。そして、そのうちに自分たちでアイドルのイベントもできるねってことになって、そこでアイドルヲタ活動するぐらいのお金を稼ぐ。いまはそういうスタンスです。最初はアイドルで稼ぐって抵抗があったんですけど、いまやってるイベントは地方の子とかが出てきたときにちゃんとイベントする場所がないからアイドルのためにもなるなとか、アイドルを目指してるんだけど出る場所がないって子供たちを集めてイベントやるスペースを作ったらアイドルのためになるな、みたいな。半分そういう気持ちもあります。

——そこの子が後に大きくなってくれれば。

ピストル　そうそうそう、だからそれがすごい楽しみだし、裏で「ハロプロ受けろよ」とか言ってるもん。実際、受けてる子もいるし。そういう子たちがハロプロにかぎらずいろんなアイドルで活躍するのが楽しみなんですよ。BEYOOOOONDSの清野(桃々姫)ちゃんはamorecarinaでウチのアイドル劇場にいっぱい出てくれたんですけど。あと岡村美波もアイドル劇場出身なんですよ。

——BEYOOOONDSの2人は、ピストルさんが育てたと言っても過言ではない！

ピストル　ハハハハハハ！　だから親的な気持ちですよ。いまだに頑張ってくれてるのを見るとうれしいもん。握手会に行ったらそういう話もしますし、そういう楽しみもある。

——そうやって幅広くアイドルを追いながら、加護ちゃんが復帰して活動し始めるわけじゃないですか。そっちも追ってました？

ピストル　加護ちゃんに関しては、それこそ1年の謹慎でハロー！プロジェクトをクビになって僕はアイドルDDになって、1年後に戻ってくるじゃないですか。豪さんのインタビュー受けたり。あそこは全力で応援してましたよ。二度目のタバコ吸った段階で、だいたいみんな脱落したんですよ、さすがにこいつ無理だってなって。お寺参りしてた熱いヲタもみんなやめたんです。残ったのは僕と、加護ちゃんのおばあちゃんと仲良くなったヤツ、そのふたりだったんですよ。復帰してからも正直活動はイマイチだったんですよね。

——中西圭三の曲（注19）もイマイチだったし。

ピストル　そうなんですよ。現場マネージャーとも話したんです、「こういうふうにしたほうがファンは喜ぶよ」とか。ぜんぜん聞かなかったですね、ファンが望まない活動ばっかりされてしんどかったですけど、そこはちゃんと応援して。九州のパチンコ屋めぐってジャンケン大会してっていうイベント、九州10ヶ所ぐらいでやったの全部行きました。

——うわ、すげえ!!

ピストル　自分でもハロプロパーティーじゃなくてパチプロパーティーって名前つけたり。あとジャズもやったじゃないですか。あれ（春風亭）小朝さんに勧められたんですよね。最初は小朝さんプロデュースの舞台に出て、それもほぼ全通しましたし、ジャズのライブも行きました。パルコ劇場でラストに大きいライブをやったあとぐらいで彼女自身が活動を止めちゃったんですよね。それじゃしょうがないなと思って僕もストップして。しばらくしたら自殺未遂して結婚したんですよ、問題ある人と。俺もさすがに結婚したらその人に加護ちゃんはもう任せたじゃないけど、そこで僕は加護推しを降りたんですよ。そしたら離婚して、また復活して3人組のアイドル（Girls Beat!!）を始めて……。

——地下アイドルになりましたよ。

ピストル　そこはもう手は出さなかったです。僕は最初の結婚で降りたんですよ。

——チェキも撮ってないんですか？　加護ちゃんと1000円

でチェキ撮れたのに！

ピストル　行かなかったです。その前に加護ちゃん復活ライブでツーショット撮ってますから。あと**本**（注20）を出したときに握手してチェキ撮ったけど。結婚で加護推しは引退です。

――**ハロプロ復帰**（注21）**には行ってないんですか？**

ピストル　あ、あれは行った。

――**ボク、ボロ泣きしましたよ。その後の苦労をかなり近くで見てきた人間だったから。**

ピストル　あれは感動しましたね。ただ、結婚で区切りをつけちゃってたんでよかったねとは思いました、こういう日が来たんだっていう。**ダブルユーの復活**（注22）も感動はしたんですけど、僕はそのあと鞘師（里保）ヲタにもなったんで、どっちかというと鞘師の復活のほうが高まりましたね。だから同じ日にやるなよと思いました、そこはちゃんと分けてよって。

――**でもまあ、かなり頑張った側ですよ。**

ピストル　僕なりに頑張ったと思います。自殺未遂の一報を聞いたのもハロプロ研修生公演の途中だったんですよ。なんか複雑でしたよ。俺は俺で加護ちゃん推しやめて子供を応援してるっていう。でも、最後にファン4～5人になるところまでは俺はいましたから。

――**ボクも思うんですよ。あのときモーニング娘。にハマッてた人たちがみんな離れていって、ボクなんかはちょっと離れた距離でヲタを見てた側だったのに、気がついたらボクがそこに残されてオフィシャルの仕事するようになって。**

ピストル　一般の生活に戻っちゃうとね。一緒にダブルユーを周ってた連中もほぼ残ってないですもんね。そっちのほうが幸せなんでしょうけどね、足を洗えた人たちのほうが。

――**なぜ自分がここに残されてるのか。Jさんですらもうアイドルへの興味を失ってますから。**

ピストル　そうなんですか。加護ちゃん推しなんてあれだけアイドルでつらい思いをしたんだから、「アイドルなんてもういい！」ってなるはずなのに、僕はうまくシフトしちゃったんで。ダブルユーの最後の1年間のハロプロパーティーっていうツアーは農協がスポンサーについたんで、温泉街とかとんでもないところを周ったんですよね。それをみんなで車で周るのがすごい楽しくて。そこを一緒に周った、辻ちゃんのタトゥーを入れるぐらいの熱狂的なオタクが癌になっちゃって。そしたらダブルユーが復活することになったんですよね。そこまでは持たないかもしれないって言われてたし、当然ライブも観に行けなくて。それが奇跡的にライブまでは生き延びたから、そのライブの映像を観せてあげることはできましたね。死ぬ前に、奇跡的に二度と観られないと思ってたダブルユーを観れたのはうれしかったでしょうね。辻ちゃん以外は好きにならない熱狂的なオタクでした。

——ピストルさんの入院（注23）も心配でしたよ。

ピストル　糖尿があるんで、プラス病気になるとけっこう長引くんですよ。まあ、なんとか大丈夫ですけど。この歳になるとオタクはそういうの多いですよ。だいたい現場からいなくなると親の介護か自分の介護かどっちか。あと最近コロナでアイドルが心配してますよね。「何々さん来なくなったんだけどコロナが心配で」みたいな。特におじいちゃんとか50代以上のオタクが多いんで。実際いますしね、死んじゃってTwitterが止まってるオタクとか。そういう時代ですよね。だから介護を絡めるアイドルのビジネスやれないかな、みたいな。人生の希望がない人がアイドルによって救われて人生のパワーになってるんだから、直接的に治療してるわけじゃないけど心はアイドルによって治療されてるわけですよね。そこでアイドルと介護をうまいことやって定期的に慰問してアイドルがライブしてとか、結びつけられたらいいのに。

——もしもアイドルの入浴介助なんて実現したら、たいへんなことになりますよ！

ピストル　それはヤバいでしょ（笑）。でも入院して思ったんですよ。看護師さん若いし、かわいい子がいると検温されるだけでもうれしくて。気持ち的にはアイドルに優しく声かけられるのと看護師さんに声かけられるのと一緒だよな、入院も悪くないなって。

注1◆『あの頃。』……劔樹人の漫画と、それを原作とした映画。ハロヲタたちの青春を描いている。
注2◆『爆音娘。』……ハロプロ楽曲をかけるクラブイベント。
注3◆樋口（竜雄）……エイベックスでiDOL Streetを設立。SUPER☆GiRLSもプロデュースした。
注4◆iDOL Street……エイベックス初のアイドル専門レーベル。
注5◆うたか……有名ヲタ（207ページより掲載）。
注6◆嶺脇社長……タワーレコードの社長。このインタビュー連載にも登場した（121ページより掲載）。
注7◆『BUBKA』編集部の下のホール……高田馬場BSホール。
注8◆イベント……東京アイドル劇場。ピストルが運営し、2015年からスタートした。

注9◆サムライ……有名ヲタの有馬岳彦。このインタビュー連載にも登場した（137ページより掲載）。

注10◆コイタ……編集者・ライターの小板橋英一。このインタビュー連載にも登場した（091ページより掲載）。

注11◆アラフォーのアイドル……つんくがアラフォーアイドルに曲を提供する、「アラフォーアイドル輝け！プロジェクト」が行なわれている。

注12◆ああいう事件……2006年に喫煙写真が『フライデー』に掲載されて、謹慎処分となった。

注13◆推し被り敵視……好きなアイドルがかぶるファン同士がお互いを敵対視すること。ハロプロ関連では特に多かった。

注14◆『袋田の滝』……後藤真希の実家が営む居酒屋。

注15◆紺野のパパ……紺野あさ美の父親はバーを経営している。

注16◆もう一発スキャンダルが出ちゃった……2007年に、男性との温泉旅行と喫煙の写真が『週刊現代』に掲載された。

注17◆NICE GIRLプロジェクト！……THEポッシボー、キャナァーリ倶楽部などが所属した。

注18◆スタダ……スターダストプロモーション。

注19◆中西圭三の曲……2009年にリリースされた、加護亜依のファーストシングル『no hesitAtIon』。

注20◆本……2008年に出版した『加護亜依LIVE〜未成年白書〜』。

注21◆ハロプロ復帰……2018年8月25〜26日に、ハロプロ20周年コンサート「Hello!Project2018 SUMMER」にゲスト出演した。

注22◆ダブルユーの復活……2019年3月30日の「Hello!Project 20th Anniversary!! Hello! Project ひなフェス2019」に辻希美と共演した。

注23◆ピストルさんの入院……昨年8月に約10日間入院した。

証言・11

ロビン前田

ヲタ汁まみれの会場で
見知らぬ獣みたいな
匂いを漂わせたヤツらと
抱き合って
「最高！　最高！」
ってなって

Profile

大阪を拠点とするロックバンド「赤犬」のコーラス。「ロビ前田」「Robizombie」といった名義で、DJやトークライブなどの活動を行なっている。

アイドルでバンド崩壊の危機

―今回は劔（注1）さん原作の映画『あの頃。』で過去の自分を山中崇（注2）さんが演じた恋愛研究会。（注3）メンバー、赤犬（注4）・ロビンさんの登場です！

ロビン　……みなさん、いろいろ覚えてらっしゃるんですよね。僕は正直、記憶も薄れてきてるので大丈夫かなとは思いつつ、今日は話しているうちに思い出してくるかなって。

―あの時代、あんなに狂ってた人たちが記憶を失いがちなのが不思議なんですよね。

ロビン　あの時代にあったほかのことはけっこう覚えてるんですけど、この件に関してはどんどん記憶がなくなってきてるんですよ。

―ハマッたきっかけぐらいは覚えてます？

ロビン　それはみなさんわりと明確な答えが出てらしたと思うんですけど、自分は果たしていつなんだろうって。『ASAYAN』もポツポツは観てたんですけど、そこまでのめり込むこともなく。ただ、アイドル自体には興味があったからずっと気にはなってて。当時、アイドル冬の時代とか言われてましたけど、チェキッ娘とかは関西では放送がなくて。でも、後藤真希さんのオーディションぐらいからは『ASAYAN』を観る頻度も上

がっていって、そこから気づいたらフワッと入ってて。その前から赤犬のベースのリシュウと、2期メンの頃から「市井紗耶香いいよね！」って話をしてはいたんですけどね。

―踏み越えた瞬間はどこかわからない。

ロビン　最初はウチのベースのリシュウと僕とでモーニング娘。の話をするんですけど、もともとアイドルが好きだったメンバーもいたり、音楽全ジャンル寛容なメンバーもいるので、「ちょっとこれ聴いてみろ」って自分で作ったコンピを聴かせたりっていうような布教活動はしてましたね。バンドのメンバーが当時は13人いて、東京ツアーに行くとなれば機材車で僕が作った、夏だったら夏にちなんだハローのコンピとか延々聴かされるわけですよ。それまでのツアーはみんなで好き放題音楽聴きながらワーワー楽しく話ながら行ってたツアーが、話すメンバーが半分になって。それが耐えられないメンバーも出てきて、ちょっとしたバンド崩壊の危機も……。

―そうなりますよね、当然。

ロビン　当時、大阪でバミューダ☆バガボンドというラウド系のバンドと仲良くて、2バンドでよくイベントしてたんですよ。そっちのバンドにもアイドル好きがいたんで、1回是か非か公開討論会をしようっていうことになって。2バンドで「モーニング娘。は是か非か」みたいな、好きなメンバーと許せないメ

ンバーで討論会するまでにはなりました。

――それ、なんとかなったんですか？

ロビン　一応。とはいえ熱が冷めることはないので、ツアーの機材車で音楽がかかるのは止められなかったですね。そのときアイドルに興味がなくて退屈そうにしてた鉄平というメンバーは、後にももクロからアイドルにハマッて、いまsui suiというアイドルグループの運営にまでなってるという（笑）。

――それを知ったとき、赤犬のメンバーが地下アイドル運営に！とは思ったけど、当時モーヲタの輪に入っていた記憶がなかったんですよ。

ロビン　そうなんですよ。ぜんぜん興味がない、むしろ嫌悪感を抱いてたぐらいで。最近になって「ロビンくんの言ってたことがなんかわかってきた」みたいなことは言ってて。

――当時、大阪のバンド周辺でモーニングにハマッてる人はあまりいなかったんですね。

ロビン　そうでしたね。いまのバンド界隈の人はアイドルにハマッてることを公言したり、なんだったらパンクバンドとアイドルが一緒にライブしたりもあるけど、当時はそういうのはなくて。ひとりだけ、大阪を代表するスカムバンドのウルトラファッカーズの河合くんがプッチモニにハマッてたくらいで。

――ホントに不思議なのが、いまのアイドルとは比較にならないぐらい世間に届いているアイドルグループだったはずで、テレビにもあれだけ出てたのに、なんでいまよりも偏見がすごかったのかがわからないんですよね。

ロビン　そうなんですよ。時代感もありますし、バンド自体のイキリ感もあるとは思うんですけど。テレビでよしとされてるものをいいって言うのは恥ずかしいというか……。

――シャ乱Qに対する偏見もあるだろうし。

ロビン　特に大阪なんで、シャ乱Qが大阪のバンドっていうのもあったし、**城天**（注5）っていうものに対してバカにしてるところもあって。

――城天には詳しくないんですけど、東京のホコ天と同じような、ちょっとバンドブームのアレな文化ってイメージなわけですか？

ロビン　そうですね。僕も当時はイキッて、「何が城天だ」みたいなところもあって。

――当時、ロマンポルシェ。もモーニング娘。のことでケンカしてたし、アイドルはバンド内での火種にはなるはずなんですよね。

ロビン　そうなんですよね。東京でライブやったとき掟さんとコンバットRECさんも観に来られてて楽屋まで来ていただいて、「このあと時間あるなら飲みに行きましょうよ！」って感じで初めて新宿で飲みに行ったんですけど、サミュLさんもいらっしゃって、朝までモーニング娘。の話をしてどんどんヒートアップしていくなかで、ロマンポルシェ。のおふたりがケンカして、「もう解散だ！」みたいな話になって、「これか！」って。

――当時、ロマンポルシェ。はモーニングにハマッたことでファンがゴッソリ減ったらしいですけど、赤犬は影響なかったんですか？

ロビン　やってることがやってることだったんで、お客さんも「ま、こんなもんでしょ」みたいに生暖かい目で見てくれてたところはありましたね。ありがたいことに『フジロック』とかも出していただいてたんですけど、当時は僕も若かったし尖ってたところもあったし当時の掟さんの意見に賛同して、「ロックフェスなんて」みたいなところもあって。お客さんは音楽にリベラルな考えをお持ちの方もいると思うんですけど、そのわりにはアイドルとかまだ軽視されてるような時代で。

――ものすごい偏見がありましたよね。

ロビン　ありましたよね。なので、そこに戦いを挑みたいというか爪跡を残したいっていうのもあって、ライブ中の最後は(石川)梨華っちTシャツとかで出て行ったり。もうちょっと後期になると美勇伝タオル持って出て行ったり、自分の曲に無理やりモーニングの振りを割り当てたりっていうようなことは、まあこぢんまりとですけどやってましたね。

――そういう謎の戦いをしてた時代ですね。

ロビン　謎の戦いですよね。……当時は時代的にｍｉｘｉが活動の中心になっていたようなところもあったので、過去のｍｉｘｉを読み返せばあの頃のことを手っ取り早く思い出せるんでしょうけど、仕事で使っていたのがバレてアカウントをＢＡＮされてしまったんで、かつてのどうかしてる長文日記も二度と読むことが出来なくなってしまって、本当に記憶が曖昧なままなんです……。すいません。今回のこのインタビューもほぼほぼベトナム従軍者のカウンセリングみたいな感じになってしまい申し訳ない限りです……。

――いや、大丈夫ですよ！

ロビン　当時のｍｉｘｉを思い出せる限り思い出してみると、自分の日記は結構「夢」とか「妄想」が多かった気がします。急に体調を崩したミカの代役として、ぶっつけ本番でミニモニ。のライブに出されたり、幼い頃に生き別れた梨華ちゃんとお互い敵対する組織同士として戦いに巻き込まれたりとか、本当にどうでも良いことばかり書いて。運営への批判とか、曲の批評めいたこととか殺伐としそうなことは発信してなかったと思います。さすがにハローマゲドンの時には我慢できず真面目なことも書いてしまいましたけど。

ハロプロのよさを発信しよう

――それはしょうがないです！　そして、ハロプロあべの支部（注6）を結成するわけですよね。

ロビン　そうです。もともとイトウちゃん（**タカ・タカアキ**（注7））と僕が同じマンションに住んでて、毎日お互いの部屋を行ったり来たりするような関係で。彼もいろんな音楽が好きで、「俺いまモーニング娘。気になってんねんけど」「僕もなんです！」って。ウチのメンバーだったり周辺の人間もよく彼の家に集まってて、「じつは俺もやねん」みたいな感じで、そのとき観られる映像や聴ける音源を毎日観たり聴いたりしながら酒を飲んで談笑してると、これは語りたいアイドルだなって。それが1日経ってお酒が抜けてもまだ残ってるし、これはいままでと何か違うなっていうことで、われわれの気持ちも盛り上がっていって。そんなときに大阪で**『爆音娘。』**（注8）があるみたいだよっていう話を聞きつけて、楽しそうだし行ってみようぜっていうことで。

――大阪の『爆音娘。』に乗り込んで。

ロビン　噂で聞きかじってたんですよね、『This is 運命』ですごいモッシュが起こるらしい、と。やっぱりちょっとナメてるところがあって。言うても俺はもともとスラッシャーやぞ、アイドルのイベントのモッシュがなんや、みたいな感じで乗り込んだんですけど、会場にはもともとパンクとか好きなお客さんもいらっしゃって。それプラス、初めてモッシュをプリミティブな感覚だけで起こす人たちがもみくちゃになってる姿を見たら、逆にすごい優しい気持ちというか、素敵な空間だなっていう気持ちになって。むしろそのなかであまり体力もなかったり押し負けて倒れる人たちを助ける役に気づいたらなってて。イベントが終わるとヲタ汁まみれの会場で見知らぬ獣みたいな匂いを漂わせたヤツらと抱き合って「最高！　最高！」ってなって、人との接し方が変わったというか。そこからケンカに発展するようなことって激しいバンドのライブだったらたまにあるけど、そういうこともなく。すごくよかったですね。

――そこで何かが変わったんでしょうね。

ロビン　そして、『爆音娘。』で**西野（ヒロシ）**（注9）さんと出会い。大阪で仕切ってる人だし、西野さんがやってたテキストサイトも読んでたのでご挨拶したらバイブスが合ったというか。そこから一緒に遊んでるうちに、「このあふれ出る気持ちをわれわれだけでイトウ家で毎夜毎夜語るだけでいいのだろうか、もっと世の中にハロー！プロジェクトのよさを発信したほうがいいんじゃないか」みたいな謎の啓蒙活動が芽生えていったんですよね。「とりあえずみんなで毎日ハロプロについて考えるこの会に名前でもつけたほうがいいかもね」。阿倍野に集まってたんで、「ハロプロあべの支部でいいんじゃないの？」みたいな感じで。後にリシュウが自分のテキストサイトに名前を引用して、みたいな感じで。

——これもあまり映画では伝わらない部分だと思いますけど、そんなにお客さんが集まって盛り上がっていた文化なわけではないんですよね。

ロビン　ないんですよね。ただしゃべりたいっていう。そこが東京の方々と違って、われわれはどうしてもフィジカルな面が勝ってしまうというか。劔くんは言論系というかインテリ系みたいなことをおっしゃってたけど、そうじゃなくてもっとプリミティブな感じでわれわれはやってましたね。いかにこのおもしろいコンテンツで遊ぶか、みたいな。

——『ＢＵＢＫＡ』系のトークライブが、やってる人がちゃんとした出版社の人だったりしたのとはちょっと違ったんでしょうね。

ロビン　そうなんですよね。西野さんも編集に携わってる仕事ではあるんですけど『シティヘブン』（風俗情報誌）の人でしたから。

——ダハハハハ！　だからこそああいう人格が出来上がってる感じがしますよね（笑）。

ロビン　そうなんですよ。風俗で作った借金を風俗の仕事で返していって、余った金でグッズを買うっていう人でしたからね（笑）。

——西野さんと出会った頃から、モーヲタ活動に広がりが出てくる感じなんですか？

ロビン　西野さんは行動力がある人で、裏を返せば何も捨てるものがなかったんでしょうね。みんな多少はリミッター欠けてるところはあったんですけど、あの人は完全にリミッターが外れてたんで。ただ、われわれとしてもリミッターの外れたことをしたいという願いがあったんで、この人と一緒にやったらおもしろいことがあるんじゃないかなって。

——そりゃ弾着とかの技術がある人が入ったら、いろんなおもしろいことできますよね。

ロビン　そうなんですよね。こっちが「こんなことしたいな」って言ったら、それを次に会うときにはある程度形にはしてくるところがあったんで。**『アメリカ横断ウルトラクイズ』のあのハット**[注10]も作ってましたし、**コツリンの銅像**[注11]も作ってましたしね。西野さん的には僕とか周りのメンバーが大阪芸大っていうのがあって、西野さん的には芸大に行きたかったけど行けなかったっていう負い目がバネになってるっていうのも聞いた気がします。

――ああ、なるほど。「おまえらよりクリエイティブなことをしてやる！」みたいな。そこに小釣朋秀さんが入ってきたわけですね。

ロビン　小釣さんとの出会いは僕がまだ芸大に通ってるときで、豪さんもご存じだと思うんですけど赤犬の前任のボーカルの……。

――ああ、いろいろたいへんだった人ですね（和歌頭アキラ＝松本 章。09年脱退）。

ロビン　いろいろたいへんだった人が芸大の軽音部で月に1回、部内で教室を借りてお酒飲みながら演奏を見せ合うイベントやってたんですけど、そこで彼に「三重から親友を連れて来た」って紹介されたのが小釣さんで。その頃はモッコリと呼ばれてたんですけど。ウチの前任のボーカリストがベースで、何するのかなと思ったらモッコリさんボーカルでオジー・オズボーンの『Crazy Train』がいきなり始まって、それが出会いですね。数年後モッコリさんが大阪に就職が決まって出てきて、ライブ観に来たりして。「おう久しぶり、勃起くんやったっけ？」って、そこでチョロチョロしゃべってたらアイドルとか好きってことで仲良くなって。ちょっと離れたところに住んでたんで、「じゃあ僕も阿倍野に引っ越します」みたいな。彼は特撮とか好きで、そしてAVが死ぬほど好きで。イリーガルにDVDをコピーしたものをたくさん持っててみんなに配り歩くような人で。イトウちゃんちに呼んで、「誰が好きなの？」って言ったら、「石川梨華ですよ！」って言うから、僕が推してたんで辞退してもらって。

――推し被りは許さない（笑）。

ロビン　そうそれで、いろいろ放浪した結果、小釣さんは藤本美貴さんに落ち着いて。僕は梨華ちゃんにハマるうちに、ネガティブなキャラなのに頑張ってぶつかっていく姿も無理やり自分のライブのスタイルに重ね合わせて、「石川梨華は俺なんだ！」と思って。

――絶対に違いますよ！

ロビン　僕もそんなに歌えないですし、もともとネガティブな思考の持ち主なんで、「彼女は俺に似ている、俺とイコールだ」って。

勝手に運命を感じて無職に

――あの時期はみんな頭おかしくなってましたよね。最近聞い

て爆笑したのが、5期メンバーが納得いかないみたいな話の流れだったのか、宇多丸さんが「俺のほうがモーニング娘。だよ!」って言ってたらしくて（笑）。

ロビン　『ガンダム00』の**「俺がガンダムだ」**（注12）ぐらいの（笑）。でも、みんな何かしらそんな感情はあったと思いますよ。僕も一度推しと決めたからにはという誰に対してかよく分からない筋を通して梨華ちゃんを応援し続けていたのに、ある時から夢になっち（安倍なつみ）が出てくる頻度が増してきて。そうなると日中でもなっちの事を考える回数も増えてしまい、結果眠るのが怖くなって体調も最悪、眠るためにお酒の量もどんどん増えていって……。

――わかりやすい悪循環!

ロビン　そうなると本当に社会復帰もますます遠のいたりして……。まぁ、仕事はフリーでデザイン仕事をたまに受けたりしてたぐらいだったんですけど、それさえもままならずで。これに関して何人かに相談したこともありましたが、「それはもうなっちが好きなんだから素直になってくださいよ、梨華ちゃんなら分かってくれますよ」って感じで真剣に相談に乗ってくれて、仲間って素晴らしいなぁと痛感して。まぁ結局、色々あって梨華ちゃんと復縁していくことにはなりましたが。

――最初から何も起きてないですよ!

ロビン　ただ、もともと初めて行ったアイドルのイベントは浅香唯で、初めてのコンサートは**風間三姉妹**（注13）で。当時、『スケバン刑事』にあれだけハマッて、もうこれ以上アイドルにハマることはないと思ってた俺がまたアイドルにハマッて、それが十数年の時を経て石川梨華と松浦亜弥主演で『スケバン刑事』をやる。これは輪廻じゃないか、と。これは何かしらの運命があるはずなんだ、これは偶然では片づけられない何かがあるはずなんだって、それを考えたら眠れなくなって。そのあたりで1社面接があったんですけど、面接なんか行ってる場合じゃないなと思って。

――もっと大事な何かがあるから（笑）。

ロビン　もっと大事な何かが（笑）。結局、無職期間がどんどん延びていくっていう。

――ロビンさんも相当狂ってたんですね。

ロビン　本当にあの頃はどうかしてて、電気やガスが止められるのは日常茶飯事ですし、ステッカー欲しさに買い漁ったポッキーで飢えを凌ぐというようなこともありました。酷いときは気づいたら家賃を半年払ってなくて大家さんに怒られたりと……。流石にこの時だけは焦ってとりあえず日雇いの派遣バイトに行ったりしました。でもまぁ、そのお金の何割かはやっぱりお酒とグッズ代に消えていくんですけど……。そういうのもあって当時の彼女にフラれたところもありますもんね。

——恋愛とは両立しづらいですよね。

ロビン コンサートに行くのにも「モーニング娘。に行く」とか言えなかったんですよ。「ちょっと東京の知り合いがライブに来てるんで観に行ってきます」みたいな感じで。

——当然バレますよね。

ロビン バレますね。一番ひどいバレ方したのが、赤犬は人数が多いので動きにくいということで、でもお声がけはよくいただいてる状態だったんですよ。それで当時のボーカルのアキラが、「ボクとロビンくんだけで動ける赤犬ライトっていうユニットしない？」って、打ち込みで、そのとき来られるメンバーが来て適当に踊ってみたいな感じで、デッド・オア・アライブをもうちょっとロブ・ハルフォード寄りにしたようなユニットだったんですけど。だんだんモーニングへの愛情が深まりすぎて、当時の彼女と買い物に行ったときに、「ちょっと赤犬のライブ用の衣装の生地買わないといけないんで」って買って帰ったんですけど、その生地で彼女がいないあいだに手縫いでミニモニ。の衣装を自分で作って。それを着てライブしてたんですけど、切れ端を見て「これって私あんまり興味ないけどミニモニ。みたいな柄じゃない？ そうなん？」とか言われて、「いや違うんだ！」って言ったんだけどバレてて。「私の彼氏はミニモニ。の衣装を自分で作って着てライブする男やった」みたいな感じになって。

——バンドマンだと思って付き合ってたら、ただのヲタじゃねえか、みたいな（笑）。

ロビン そうですよね（笑）。当時、9年ほど付き合ってて、お互いに結婚も視野に入れ、ほぼウチで同棲しているような状態だったんですが、漫画や映画の趣味は合うのに、アイドルだけはびっくりするほど毛嫌いしていて。とはいえ、こっちは毎日でもみんなでモーニングについて話したりビデオを見たりしたいもんですから、上の階に住んでたイトウちゃんの部屋に毎回毎回色んな言い訳を作っては訪れて3～4時間帰ってこないような日々だったんですよ。そのうち言い訳もだんだん無くなってきて、最終的にはお酒を飲ませて眠らせ、そのスキにイトウ家に行くという、昏睡ヲタみたいなこともやってました。今どころか当時でも完全にアウトですね。当然の結果として愛想つかされましたけど。

——当たり前ですよ！

ロビン そうやって大阪でイトウちゃんちに集まってる中に、映画にも原作にも出てこない周辺にも変わったヤツがいて、これはちょっと記録に残しておきたいなと思う人間がいるんですけど。当時すぐ近所の居酒屋さんにそのメンバーで行ったら、ホールで働いてるわれわれよりちょっと年下の元巨人軍の上原にソックリなお兄さんがいたんですけど、その彼がミニモニ。のエプロンしてるんですよ。「お、こいつは！」と思って声かけたら、それまですごい挙動不審だったんですけど、「え、モーニング娘。の話わかるんですか!?　ありがとうございます！」って、そこからもう仕事せずこっちにずっと話しかけてきて。「あんたちゃんと働きなさい！」とか怒られてて、どうやら家族経営でお母さんがママさんで、カウンターにいつもいる常連みたいなオジサンがお父さんで、その人は仕事をせず飲んでるだけで。彼はオサムちゃんって名前で松浦亜弥が大好きで、「でもミニモニ。着てるやん」って言ったら、「ホントは矢口（真里）が好きだったんですけど恋人がいるって聞いて、俺はもう許せないんです！」って怒り出して、また仕事しなくなって（笑）。

——厄介系のガチ恋！

ロビン　彼はちょっと性格に難ありみたいな感じだったから、お母さんはわれわれが飲みに行くことがすごくうれしかったみたいで、どんどんサービスしてくれて。「我孫子でスナックもやってるんで一度来てください、タクシー代も出しますんで」みたいなことを言われて。彼は「僕はピアノも練習してるんで」って、そのスナックのピアノで急にクラシックの演奏を2時間ぐらい聴かされる地獄のような会があって。呼んでもないのにイトウちゃんの家に来て、特に何もせず、ずっと矢口のことを怒ってるだけだったりしましたね。

——東京との情報格差とかは感じてました？

ロビン　関西はどうしても東京に比べて情報が遅かったり、視聴できない番組もあったりで苦労しましたね。やっぱり聖地巡礼的な活動が一番難しかったんですが、ある時、イトウちゃんが東京にブランキー（・ジェット・シティ）か誰かのライブを見に行ったついでに**『袋田の滝』**（注14）にも訪れたとかで現地から生電話くれた時は、本当にテンションが上りました。興奮のあまり早く帰ってきて話を聞かせろと真剣に怒鳴りつけて。次の日だか、帰ってきた瞬間にイトウ家に緊急集合して、童貞を喪失した友人に尋問するかの如くキラキラした目で土産話を楽しみました。あいにくごっちんはいなかったみたいですが、それでも「味はどうだった？」とか「価格帯はどうだった？」とか、感想を聞くたびに「おぉ〜っ！」っと。もう後藤真希関係ないやん！とツッコミつつ、それでも大阪在住の僕たちには貴重な話ばかりで、酒のつまみにうっとり聞いていましたね。

——映画でも再現されてましたけど、セクシー女優の握手会にも行ってたんですよね。

ロビン　よく行ってましたね。セクシー女優は小釣さんも大好きだったんで、1回一緒に行ったら彼もハマッちゃって、自分からイベントを調べて、「次は誰々が来ますよ、行きませんか?」って。そういうセクシー女優とかグラビアアイドルの握手会によく行きながら、並行してハローのコンサートにも行くわけじゃないですか。でも、ハローのコンサートに行っても豆粒ぐらいの大きさにしか見えない。そんなとき、おとめ組のコンサートを滋賀県に観に行ったら前から7列目ぐらいで、そんなに至近距離で観るのは初めてで。それまでは遠くにいて向こう側の人だなと思ってたのに、ホントにいるんだって思った瞬間、逆に悲しい気持ちになって。現実にいるのがわかったうえで、でもわれわれとは交わることのない人っていうのがわかってしまった瞬間、みんなで悲しみに暮れたんですよ。そこからセクシー女優さんのイベントに行っても最後は全員うなだれた感じで(笑)。

――「俺たちとはすごく遠い」って(笑)。

ロビン そう、裸まで知ってるのに遠いんだっていうことを知っていきました。でもやめられないイベント通い、みたいな。大阪ってカルチャー的なイベントがあっても、東京とは何が違うかっていうと出演者にイベントの後、実家に帰らないといけない人が多いんで。実家に帰ってご飯の用意をされてる段階で現実に引き戻されるのもありましたね。

祭りの火を消したくなかった

――そんな頃、ハロプロあべの支部は、恋愛研究会。へと発展していくわけですよね。

ロビン そもそもがモーニング娘。おとめ組から着想を得てのネーミングなので、世間的にモーニング娘。本隊自体もちょっと迷走してるような時期だったじゃないですか。あの祭りの火を消したくないって意地になってるところは多少あったのかなと思いますね。

――夏休みは終わらない、的な。

ロビン わかってはいてもね……。

――認めるわけにはいかない。

ロビン 認めるわけにはいかないんでしょうね。世界じゅうで紛争とかも起きてたけど、真剣にそういう場でモーニング娘。がコンサートするのが一番の解決じゃないか、みたいなことは言ってましたから。映画のなかでは劔くんがイベントを観てわれわれに接触してきて、その後恋愛研究会。にってことになってましたけど、あの時点ではモーニング娘。自体もちょっと収束していってた時期で。だから映画を観た感想でも、「結局イベントでモーニング娘。の活動をしてないじゃないか」みたいに言われてるんですけど、後半になるともうモーニング娘。の活動に関してはなくなってたんですよ。劔くんが入った時点ではちょっと下火になってるっていう。

──そこが映画では伝わらないですけど、あれはハローマゲドン以降の話ですからね。

ロビン　以降の話ですね。そこで「こいつら、あんまりヲタじゃないじゃないか！」って言われても、そういうことじゃなくて。

──「モーニングを利用して自分たちのおもしろさをアピールしようとしてるだけだ」みたいに批判されたりもしていたけど（笑）。

ロビン　ハハハハハハ！　それがなかったかといえば嘘になりますけど（笑）。毎年1月19日にはイトウ家に**ナカウチ**（注15）さんがケーキを持ってきて、「今日は石川さんの誕生日だから祝いましょう」っていうのが毎年行なわれて、いつかここに来るはず、みたいな。石川さんが20歳になったらどんなお酒を初めて飲むんだろうか、みたいな話をしたり。わりとほのぼのした会話も多かったですね

──矢口問題（注16）**のときは、事務所の対応に対して怒ってる人が周りには多かったですよね。**

ロビン　そのときはコツリンが事務所の前での座り込みも辞さない！と怪気炎あげてましたね。僕もちょうど赤犬で東京ライブがあったんですが、いても立ってもいられなくなり、ライブ後みんなと帰らず一人東京に残り、座り込みとまでは行かなかったんですが事務所近くで3時間ほど地蔵を決め込んだこともありました。結果、少年隊の東山（紀之）さんが目の前をジョギングで通り過ぎたのを目撃して、それに満足して帰りましたが（笑）。

──矢口スキャンダルは大きいですよね。

ロビン　あそこからいろいろなことが、ハローマゲドンもありましたけど。杉作さんと宇多丸さんたちとの対立も起こって。われわれは「矢口を守れ」側ではいましたけど、梨華ちゃんの卒業を尊重したいっていうのがあったんで。そこの気持ちの表われが西野さんの車のカッティングシートだったのかな？

──大々的に石川梨華卒業を祝いつつ、小さく矢口真里脱退に抗議するっていう（笑）。

ロビン　あの梨華ちゃんのコンサートのあと、杉作さんがわれわれを見つけてくれて。僕が梨華ちゃん好きなのわかってるもんですから、「ロビンさん、本当におめでとうございます、今日はいい卒業公演でしたよ！」って言ってくださったのはすごい感激しましたね。映画のなかで近しいことを**西田尚美**（注17）さんが言ってましたけど、杉作さんですからね。

──正確には（笑）。平和じゃないのは小釣さんぐらいで。

ロビン　だって、ミキティ（藤本美貴）の熱愛のときも怒ってましたから、やっぱり了見が狭いというか。矢口のときは「アイドルの恋愛ぐらい許してあげてなんぼや！」みたいな度量で周りへのポーズとしてはいたんですけど、自分の推しメンがそういうことになるとものすごい怒るという。「許すまじ庄司！」みたいな。

――小釣さんも映画になったことで人間性を誤解する人も多いかもしれないですけど。

ロビン　なかなかでしたからね。だからこの機会に久しぶりに恋愛研究会。で集まっても、映画になったことで「小釣さん死んでくれてありがとう」「よくぞ死んでくれました」みたいな話になりますからね。いま劔さんも難病指定みたいなの受けて、これきっかけに『あの頃。2』もできるんじゃないかって。

――そもそも自分のことが映画になるっていう経験はなかなかないと思うんですけど。

ロビン　もう、当時のメンバーもそうですけど、ハロー！プロジェクトの人たちに周知されたというのがまず驚きで。これはちょっと婚期を間違えたかなと思いましたね（笑）。

――ミキティが舞台挨拶に来るっていう。

ロビン　あのとき劔くんから送られてきた写真も、劔くんのスマホに写ってる小釣さんの写真とミキティとのツーショットっていう。あれは小釣さんに見せたかったなあ……。

エネルギーを使い果たした

――寂しいのは、こうやって映画ができた頃、恋愛研究会。の大半の人たちがモーニングへの興味を失ってるってことなんですよね。

ロビン　そうなんですよね。でも、あのときの狂騒をもう一度取り戻すっていうのはいまの立場から考えても恐ろしいことですしね。もう一度ハマれるかなと思って何組かアイドルに踏み込んで行こうとはしたんですけど、どうしても当時の感覚がフラッシュバックして、二度と手を出すまいっていうような。

――完全に薬物中毒患者ですよ！

ロビン　ホントそういうことですよ。いまダルクで一生懸命頑張ってるみたいなことで。

――杉作さんも「加護（亜依）ちゃんの応援は完全に戦争だったから、加護ちゃん復帰のコンサートに誘う豪ちゃんは、僕にもう一回戦争に行けって言ってるようなもんだ」って言ってましたけど、戦争のＰＴＳＤを抱えながら生きてる側だと、もう戦争は嫌なんでしょうね。

ロビン　ただ、あの映画きっかけで昔の音源とか聴き直してみたら、やっぱりよくて。ランボーが戦争は嫌だと言いながらも戦場に戻りたがってるあの感覚もわからなくはないかなっていう難しいところがありますね。

——劔さんは珍しく戻れたけれども。

ロビン　彼はもう成功者ですからね。

——ヲタ活動に理解のある著名人の奥さん(注18)と結婚して、いろいろ余裕があった上での、ハロー！に恩返しをしたいみたいな行動ですからね。切羽詰まった人たちとは違うっていう。

ロビン　違いますからね。こっちはあの頃から変わらず切羽詰まってますから（笑）。

——この連載でも例外なのは理解のある奥さんがいて、社会的には成功者であるタワレコ嶺脇社長(注19)ぐらいで。いまも現役ヲタなのはサムライ(注20)さんとかピストル(注21)さんとか、独身のままいろんなものを捨てた人たちなんですよ。

ロビン　僕はモーニングをズルズル引きずってはいたというか、半分未練みたいな感じだったんですけど。やっぱり石川さんが卒業して気持ちはだいぶ離れてはいて。石川さんが好きなんで美勇伝も応援し続けないとと思いつつも、１００パーセントの力で美勇伝に乗り切れることもなく。楽曲的にも内野ゴロで1塁に出たぐらいの感じが続いてたんで。「あれ、これはもしかしたら気持ちが終わっていってるかも」っていうのはありましたね。

——そして、Perfumeとかそっちにハマれるかな、みたいなのもあったんだろうけど。

ロビン　Perfumeは曲もすごくよかったんですけど、やっぱりちょっとヒットポイントを使い果たしてしまってたところもあって。いったんリセットしてみようかなって。ただ、周りの人間から「モーニングも流行りだけで乗っかってたんじゃないの？」って思われるのも癪で、なんとかどこかにすがりつこうかなと思ってたんですけど、ホントにエネルギーを使い果たした状態になってたので。

——そう思うと、あのあとでＡＫＢにハマれた杉作さんはすごいですよね。戦争を終えたあと、もう一回戦争に行ってるわけだから。

ロビン　そうそう、すごいですよね。ＡＫＢも聴いてはみたんですけど、歌詞世界がじぶんの求めてたものが違うっていうのがあって。モーニングはつんく♂さんが女の子目線で歌詞を書いてるじゃないですか。こっちからは女の子の気持ちがわからないんでファンタジーとしていいんですけど、ＡＫＢの男目線の歌詞になると、こっちも男なんで、「いやいやそんなことは思わないよ！」って。

——結局、あの頃はなんだったんですかね？

ロビン　近年で一番ひとつのものごとに情熱をかけてた時代ではあったんですけど。僕はそんなに記憶力が悪いほうではなくて、どちらかというと中の上ぐらいの記憶力はあると思ってたんですけど、一番情熱をかけて一番楽しかったと思ってるはずの時代だけがわりとポッカリと、人に言われないと思い出せないぐらい抜けちゃってるのが不思議で。何かから身を守るためなのかわからないんですけど。映画のなかでも「いまが一番楽しい」っていうのはキーワードとして使われてて、映画では劔くんが「現在進行形でいまが一番楽しい」みたいな状態になってますけど、はたして自分にそれが当てはまるのかなって。今年50歳を迎える自分がいま一番楽しいのかって、それもあの映画を観たり当時の自分を思い出して振り返ると、「？」は出ますね。

――過去を振り返るだけの映画じゃないっていうことにするためにはあの発言が必要だったんだろうし、劔さんはヲタに復帰していまもすごい楽しいのが事実なのもわかるけど。

ロビン　ただ、われわれはそうじゃない。あの頃よりも何かに情熱を傾けて楽しいかっていうと、そこは映画に水を差すわけではなくてリアルな話として。記憶が抜けるのも、特殊すぎて頭のハードディスクがあの部分だけ抹消されてるのかなって。だから今回、このお話が回ってきたときは断ろうかと思ったんですよ。抜け落ちたところに自信がなくて。

――それぐらいに記憶がなくなってる。

ロビン　明確に覚えてるのは、ちょっとしたコンサートでの一幕だったりするんですよ。たとえば東京で赤犬のライブがあって、翌日埼玉でコンサートがあるから行こうぜって何人か残って。当時、トリオボーカルのひとりのヒデオっていうメンバーと行ったんですけど、そのヒデオさんは赤犬で唯一のミュージシャンみたいな人で、ブルースが基本にあって、映画音楽とかもされてるようなすごい渋い声の人なんですけど、音楽に寛容でモーニングに見事にハマッて。しかも辻（希美）ちゃんにハマッちゃって。その埼玉のコンサートはちょうど矢口がミニモニ。をやめて高橋愛に替わるライブだったんですけど、コンサート観ながらふと横を見たら、赤犬のなかで一番つき合いの長いメンバーが見たことないぐらい号泣してるんですよ、ブルースマンが（笑）。

――ブルージーすぎますよ（笑）。

ロビン　これはちょっと声かけられないなと思いながらその代替わりの儀式が終わったらオイオイ泣いてて。これはそっとしておこうかなと思ってたら空気をビシッと切り替えるようによっすぃー（吉澤ひとみ）と梨華ちゃんのくだらないコントが、「はいっ、ということで」みたいに始まって。うわ、これ余韻がなさすぎて大丈夫？　と思ってヒデオさんをふと見たら、目は真っ赤なんですけどコント見ながら「ハハッハハッ」て笑ってて、そのとき「梨華ちゃんありがとう！」と思ったっていう、そういう断片的な思い出はありますね（笑）。

――その後ハロメンと接点なかったですか？

ロビン　一切ないですね。ヒデオさんはちょっと前にばってん少女隊に曲を提供してましたけど、今後も接点ないまま死んでいくのかなとは思いますね（笑）。で、これは最近あったちょっといい話なんですけど、数年前に大阪で開催された『申し訳ないと』に遊びに行ったとき、宇多丸さんから藤井隆さんをご紹介いただいて、同い年だったり吉本関係の共通の知人がいたり、あと80'sの洋楽からデッド・オア・アライブの話で盛り上がり、光栄なことにLINEを交換させていただいたんです。「東京ライブがあるんでお時間ありましたら」とかそんなレベルで本当に極稀に連絡することはあったんですが、今回の映画が上映されるに当たり、迷惑とは思いながらも、あの頃どれだけ「Matthew's Best Hit TV」でヲタみんなが幸せな気分になったかと感謝のメッセージを送らせていただいたんです。

――ヲタは誰もが絶賛してましたからね。

ロビン　お忙しい方ですし、まぁまぁ社交辞令的に「機会があったら見ますね」的な返信が来ることを予想していたら、なんと、完全にマシュー南としてご返信いただいて……これは本当に感激しました。50歳目前にして泣いてしまいましたもん。その日は赤犬のライブだったんですけど、嬉しすぎて、飲みすぎて、普段なら自転車で40分かかる道を3時間半かけて帰る羽目になりました（笑）。

注1◆劔……ミュージシャン、漫画家の劔樹人。このインタビュー連載にも登場した（157ページより掲載）。
注2◆山中崇……俳優。映画『あの頃。』でロビン前田がモデルとなった「ロビ」を演じた。
注3◆恋愛研究会。……ハロヲタたちで結成されたバンド。
注4◆赤犬……大阪芸術大学の学生を中心に結成されたバンド。
注5◆城天……大阪城公園ストリートライブの通称。「しろてん」と読む。
注6◆ハロプロあべの支部……ハロヲタたちのチーム。恋愛研究会。の前身的存在。

注7◆タカ・タカアキ……ハロプロあべの支部のメンバー。恋愛研究会。ではボーカルを担当。のちに赤犬のボーカルとなる。

注8◆『爆音娘。』……ハロプロ楽曲をかけたクラブイベント。

注9◆西野（ヒロシ）……ハロプロあべの支部のメンバー。恋愛研究会。ではドラムスを担当。

注10◆『アメリカ横断ウルトラクイズ』のあのハット……解答のためのボタンを押すと頭頂部の「?」マークがはね上がる仕組みになっている。

注11◆コツリンの銅像……『あの頃。』の登場人物のコツリンの追悼イベントで使用された。

注12◆「俺がガンダムだ」……『ガンダム00』の主人公の名台詞。

注13◆風間三姉妹……ドラマ『スケバン刑事III少女忍法帖伝奇』の主人公。浅香唯、大西結花、中村由真が演じた。

注14◆『袋田の滝』……後藤真希の実家が営んでいた居酒屋。

注15◆ナカウチ……ハロプロあべの支部のメンバー。恋愛研究会。ではボーカルを担当。

注16◆矢口問題……写真週刊誌に恋愛を報じられたことで、モーニング娘。を脱退することになった。

注17◆西田尚美……映画『あの頃。』で、主人公の劔に余ったチケットを譲る、初対面の女性を演じている。

注18◆著名人の奥さん……エッセイストの犬山紙子。

注19◆タワレコ嶺脇社長……このインタビュー連載にも登場した（121ページより掲載）。

注20◆サムライ……このインタビュー連載にも登場した（137ページより掲載）。

注21◆ピストル……このインタビュー連載にも登場した（171ページより掲載）。

証言・12

うたか

『爆音娘。』で全裸で建物の外に飛び出したら上からパンツが降ってきて

Profile

インターネット黎明期に盛り上がったテキストサイトを運営して、ハロプロ関連の文章を書いていた。「証言モーヲタ」のこれまでの回でも、たびたび言及された有名ヲタ。

『モーニング刑事。』で洗脳

――「結局、俺は暇なのに『BUBKA』に呼ばれずじまいか。とんでもない雑魚だな。もう死んだほうがいいわ」とTwitterで最近嘆いていたので、さっそく取材にきましたよ！

うたか　すみません、泥酔して書いちゃって（苦笑）。

――候補には入ってたんですけど、編集サイドがメンタル的に大丈夫なのかを心配して。

うたか　いま薬マックスなんで。

――この連載でふつうのヲタとしては異常なぐらい話題に出てるんですよ。特に**もふくちゃん**（注1）が「うたかさんが椅子に座ってそこにスポットライトが当たって、ハロプロキッズへのラブレターを朗読するイベントがキモかったけど、もはや文学だった」「家でキッズたちのコンサートビデオを流しながら爆音でアイズレー・ブラザーズをかけて泣いてる、うたかさんは本物」とまで言ってて。だけど一体何者なんだっていうことですよね。

うたか　何者なんですかね？　ブロガーって名前が出る前から**テキストサイト**（注2）をやってて。

――ハロー！きっかけで始めたんですか？

うたか　音楽に興味があって、**ドリームキャストにジオシティーズ**（注3）っていうのがあって、それで始めて。そのうち『GM』ができて。

――『GM』？

うたか　『グッドモーニング』という当時最大のモーニング娘。ファンサイトがあって。そこプラス2ちゃんの**狼板**（注4）に僕が『80年代以前の音楽を語るスレ』みたいなスレを立てて、そこに**有馬**（注5）さんが出入りしてましたね。

――「娘。のオフ会であんな自然に**ロジャニコ**（注6）が語られるなんてビックリ」とも書いてたけど、実はそっちの音楽好きも多かったという。モーニング娘。にはすぐハマりました？

うたか　最初は嫌いだったんですよ。特にタンポポとか『ラストキッス』（デビューシングル）のときケバかったじゃないですか、子供にこんな化粧させやがってとか思って。

――子供好きとして怒ってたわけですか？

うたか　いや（笑）。そのときはアイドル自体にぜんぜん興味なかったんですよ。つんく♂があんまり好きじゃなかったんですよね。でも、当時ビデオ屋でバイトしてて、そのときに『**モーニング刑事。**』（注7）がビデオで出たとき、妙に売れたんですよ。普段まじめな映画しか借りないような人も借りてて。よく見るとかわいいよなと思って自分も借りて。音量は消して自分の好きな音楽をかけながらBGVにして観てたらだんだん洗脳されてきて。

——テレビはあまり観ない人なんですよね。

うたか　テレビ嫌いなんですよ。

——ダハハハハ！　常に自分の好きなソフトロックとか流しながら音を消して見る派で。

うたか　慣れれば嫌いじゃない人もいるんですけど、とんねるずとかは話してるのすら観たくなくて。男の人と話してるのがもう嫌で、『モーニング刑事。』にたいせーとかが出てくるのも嫌でした。いまはそこまでじゃないですけど、ハロヲタ時代はずっとそうだったかもしれないです。もう話しかけてくんなって。

——何がそこまで嫌なんですか？

うたか　生理的に。しかも下品なこと言うじゃないですか。明石家さんまのラジオで何言ったとか人づてに聞くだけでも腹立つから。

——ホント不思議なのは、それぐらい下品を毛嫌いする人がなんであんなに下品なサイトをやっていたのかってことなんですよ（笑）。

うたか　ハハハハハハ！　謎ですね。自分はいい、みたいな（笑）。はい。でも下品な『Nモニ』（ヌッキモニ。ハロプロメンバーの誰でオ○ニーしたかを報告するサイト）ってサイトがありましたけど、あれもキッズに見せたくないという理由でやめました。キッズは当時まだ小学生とかだったんですよね。

——嶺脇社長（注8）も言ってました、「うたかさんは最近、『僕はヌッキモニなんてやってません』と言い張ってるんですよ」って（笑）。

うたか　やってませんとは言ってないですよ（苦笑）。当時やってた人がほとんどいなくなっちゃって、行方が知れないですからね。

——当時、モーニング絡みのエロ妄想をブログで書く人はあまりいなかったですよね。

うたか　そんなにやってないですよね。僕は1回ぐらいしかしてないと思うんですけど。

——うそっ!?

うたか　……え、してました？

——恋愛妄想は常にやってましたよね。

うたか　そうですね。

——とりあえずキスぐらいまでは。

うたか　そうです。

——そして誰で抜いたかを発表して（笑）。

うたか　あれまだ残ってました？

——ある時期からは残ってますね。

うたか　そっか……。

——そのへんは後悔があるんですか？

うたか　いや。ある意味いいなと思ってたのは、当時は接触がほぼないから関係ないというか。

——要は認知される恐れがゼロだから。

うたか　そうそうそう。だから何書いてもいいんじゃねえかなと思って。いまみたいな時代だったら、たいへんじゃないですか。

——握手会で本人から責められますよ！

うたか　ハハハハハハ！　それはねえ。

——たしかに当時は認知の恐れがないから、みんなのびのびとやってたんでしょうね。

うたか　そうなんですよ。

——とりあえずメンバーはみんな2ちゃんも見てるって自覚したほうがいいですよね。

うたか　だって姫路くんなんかは「いま2ちゃんで叩かれてたいへんね」って岡井（千聖）ちゃんのお母さんが言ってきたとかで。それでキッズがもし検索して何かの間違いで出てきたら嫌だなと思ってやめたんですよ。

——矢口（真里）とかをネタにするのはセーフ？

うたか　そうですね。結局、全員と握手したのってハワイだけなんですよ。そのとき辻（希美）ちゃんは握手してないんです、

具合悪くて。あれかわいそうだなと思いました。僕だったら返金しろよとか言うかもしれないですけど。

アイドルが原因で彼女と破局？

——当時のハロー！は接触までのハードルが死ぬほど高くて、ファンクラブのハワイツアーに行かないと握手できなかったわけですよね。つまり数十万かけてハワイに行っても体調不良で推しがいないことがあるっていう。

うたか　そうそう。それで色紙1枚で、「握手に出られなくてすみませんでした」みたいな。え、これで済ますんかいって（笑）。

——当時で予算は20万ぐらい？

うたか　そうですね。僕は下から2番目のコースだったと思うんですけど、なんだかんだで当時24万円ぐらいかかったと思います。

——ハードですねえ、握手のために。

うたか　1年分割で（笑）。

——あの時代、間近で見てて恐怖だったのが、ハロー！のクレジットカードで一定額遣わないとツーショットを撮れないシステムでした。

うたか　そうです。でも焼肉屋に行くとポイント20倍とかあるんですよ。あとアサヒグループの化粧品を買うとどうのこうのみたいな。だからそのアサヒグループの化粧品が一時ヤフオクに溢れて。僕の感じだと、だいたい年に70万円ぐらい遣ってマイページスリボっていうヤツに入っておけば大丈夫でした。

――当時はオタクの飲み会でみんなから金を集めて、「僕が払っておきます」ってポイントを貯めていた人がいた記憶があります。

うたか　そうそうそう、あれはデカいと思いますね。でも、それで70万円を払ったところで推しと撮れるとは限らないところがすごいと思って。第三希望まで書くんですよ。書かされて、「その日に行けないんだったらダメだよ、来れんの？」みたいな（笑）。

――アップフロントが高飛車だった時代。

うたか　そうそう（笑）。ヲタはそりゃ合わせますけどね。しかも撮り直しダメとかね。その頃にトラウマ植えつけられて、どんなにチェキの写りがひどくても撮り直しはダメっていう観念を植えつけられちゃって……。

――話を戻すと、それまでアイドルを毛嫌いしてた側の人が、尋常じゃないレベルでモーニング娘。にハマっていったわけですよね。

うたか　その前に、当時つき合ってる子がいたんですけど、僕はこんなおもしろいもんがあるんだからおまえも来いよみたいな感じで、**渋谷直角**（注9）さんがスターパインズカフェとかでよくイベントやってたんですよね。

――『リラックス』で書いてるぐらいの頃。

うたか　そうです、『リラックス』のBBSでモーヲタ全開みたいな感じでやってて。そういうところに連れてったら彼女が泣き出して。

――なんで？　怖くて？　気持ち悪くて？

うたか　僕、コンサートも行ってたんですけど、コンサートじゃなくてふつうのクラブでモーニング娘。の曲がかかるだけだから。

――しかも『BUBKA』側じゃなくて『リラックス』側の小洒落たイベントなわけで。

うたか　そうそう、気持ち悪い人そんなにいないし大丈夫だろうと思ったら泣き出したりして。根本的に嫌だって感じなんですよ。

――彼女とは音楽好きとして出会ったとか？

うたか　いや、ナンパしました。浅草で引越屋やってたときに僕が声かける係みたいな感じでよくナンパしてて。それで付き合って。

——それまでは趣味も合ってたはずなのに。

うたか　そこからほどなく……。

——彼女と別れちゃって。

うたか　いや、僕は別れたくなかったんですけど、向こうがもうダメみたいな感じだったんで。それで、ますますモーニング娘。に。

——弱ってる心の隙間にアイドルがハマるパターンですね。ちょうど暇もできたしで。

うたか　もういいやと思って。オタクと遊んでるほうが楽しいし。**ピストル**（注10）さんは『GM』で、有馬さんとは2ちゃん経由で会って、あとはどんどん広がっていって。**モーヲタトークライブ**（注11）から『BUBKA』の聖地巡礼に広がり始めていったんだと思います。

——モーヲタトークライブは初回から行ってますよね。当時のブログを見たら、ステージに上がって脱いだみたいですけど……？

うたか　そんなことはしないです（笑）。

——いや、「**ごっしー**（注12）&**イケメンズ**（注13）登場、聖地巡礼として『**ピンチランナー**』（注14）のロケ地の取材ビデオ。掟（ポルシェ）さん、宇多丸さん、サミュLさんが登場したり、コテハンいないかっていうことで辻狂いが登場。続いて俺がうたかですけどっ

て言ったけど誰も知らなくて逆上してステージに上がったり脱いだり（上半身のみ）**」って自分でレポートを書いてますよ！**

うたか　じゃあ脱いでますね（苦笑）。

——記憶が混濁してるじゃないですか。つまり初回から普通にステージには上がってる。

うたか　当時はイケイケだったんで、絶対に質問したりしてましたね。その時期に**ビバ彦**（注15）さんと連絡を取ったりしたような。そのあと**清里**（注16）に、ほかの人たちはバスで行ったんですけど、僕たちは別でごっしーさんとナリ沢さんとアキバさんと**カヌー**（注17）さんと行って。僕はお金出してもらって泊めてもらったんですよ。

——そのうちに、ビバ彦さんの聖地巡礼企画とかに引っ張り出されるようになる、と。

うたか　そうですね。それで『**爆音娘。**』（注18）にも関わるようになって、北海道とか大阪にも行って。北海道ではオーガナイズしてくれる人がカニか何かの店で打ち合わせしようって言ってたんですよ。僕は特に打ち合わせることはないと思ったから、「金ないんで違うとこに行ってってもいいですか？」って言ったら、ビバ彦さんに「おまえ全部奢ってもらえると思ってんのか！」とか言われて。そんなつもりじゃないから遠慮するのに、そこらへんからギクシャクし始めて。テープ起こししたのにお金を

もらってないって言ったら怒り出したり。

『爆音娘。』で全裸になって外へ

――当時は誰推しだったんですか？

うたか　最初は（保田）圭ちゃんで、その次が（市井）紗耶香、その次が加護（亜依）ちゃん。そこからはキッズで、でも基本的に全員好きで嫌いな人がいないって感じでした。

――だから誰でも抜ける状態で（笑）。

うたか　いや……そういうのを記録につけておくと、誰でも好きって言ってもやっぱり偏るのがグラフにするとよくわかるんですよ。

――1位は誰だったんですか？

うたか　記録が一度消えちゃって不完全ですけど、ある時期からのリストはこれです。その前には加護ちゃんと（石川）梨華っちがめちゃくちゃ多かったのは覚えてますね。

――1位、「（矢島）舞美さん」（笑）。「思いが強すぎたから（石黒）彩っぺのスキャンダルは衝撃だった」と書いてましたね。

うたか　だって「神は死んだ」とか書いてましたからね。それも消えちゃったんですよ。

――当時は酔うと「パイズリしてほしい娘。は誰？」とか、「よっすぃー（吉澤ひとみ）が不感症だと思う人、手を挙げて」とか聞いてたみたいで。

うたか　……そんなこと書いてました？

――書いてました（笑）。

うたか　それは相当泥酔したときだと思います……。いまはそんなの怖くてできないですよ。ぶん殴られるかなと思っちゃいますからね。当時はいつも泥酔してるし。だって当時、2時間のホールコンにだいたい500缶のビール4本持ち込んで飲んでたんですよ。

――当時はまだ会場でお酒が飲めた時代。

うたか　その状態で打ち上げに行くから、始まる前からベロベロなんですよ（笑）。

――家でもいい音楽を聴きながら酒を飲んで映像を観てるから、そのノリなわけですね。

うたか　そうそう。けっこうアガる曲が来たときにワーッとなっちゃうから。最近はあんまりビールが飲めなくなって泡盛飲んでるんですけど、もっとベロベロになっちゃって。

――ハロー！は酔っ払って2階席から落ちた人がいて飲酒禁止になったんですよね？

うたか　そう、人間スターダストとか言って（笑）。なんか**背面**

ケチャ（注19）をやってて落ちたって噂ですよね。でも、そのあともいい加減でしたね。友達は飲みながら入ったりして。

――当時の文章はホントにどうかしてますよね。「加護ちゃんと結婚したい」「加護ちゃんを誘拐して世界を飛び回って旅の途中で加護ちゃんに惚れられたい」って、これ犯行予告だから、通報されたらヤバいヤツですよ！

うたか　ハハハハハハ！

――子供の誘拐宣言ですからね（笑）。

うたか　ホントにSNSがなくてよかったなと思って。いまだったらたいへんですよね。

――当時は各地で脱いでたんですか？

うたか　第1回目の『爆音娘。』で全裸で階段の下まで飛び出したら上からパンツが降ってきて。

――つまり建物の外に出ちゃった（笑）。

うたか　そうです。あそこは下がゴミ捨て場みたいな感じで路地に入ってるから、いきなり歌舞伎町の大通りには出ないんですよ。

――当時まだ歌舞伎町が怖い時期ですよ！

うたか　全裸になったらパンツを隠されることがたまにあって。最後のほうはマジでキレてたんですけどね、「誰だコノヤロー！」とか言って。しかも代々木公園で。

――どうして代々木公園で脱ぐんですか！

うたか　弱音（じゃくおん）とかいってラジカセで適当にハローの曲かけるのをやってたんですよ。

――音の小さいヴァージョンの『爆音娘。』を。

うたか　そこで脱いでパンツがなくなって。

――公園で脱ぐのは通報案件です！

うたか　怖いなーと思って。ロフトプラスワンで僕ひとりでやったイベントでも脱いで。

――女性客ゼロの。

うたか　でも月曜の深夜に30人、ほとんど朝まで残ってたんで、最高だぜと思って。

――そこでは全裸でリフトされて。

うたか　ほかのヤツはパンツ一丁で。

グッズ購入のために借金して

――当時、メンバーと結婚したいという思いをブログとかに何度も書かれてましたけど、あれってどれくらい本気だったんですか？

うたか　そりゃもう、いまも毎日そんなようなことを考えてますけどね。死んだらメンバーが天国にいっぱいいて、みたいな。

――いまよりメンバーにも近づける（笑）。

うたか　そうそうそう。

――「もう女なんかいらねえや。モーニング娘。がいればいいや。ていうかモーニング娘。とお友達になりたいわ。そんでいい関係になりたいわ。結婚したいわ。ていうか無理だわ……いやっ、無理じゃない!!」とか、えらい堂々巡りなことを書いてましたね。

うたか　すいません、ホントにただ泥酔して適当なことを言ってるだけなんで……。

――当時のブログで印象的なのが、「僕が23年間生きてきたなかで間違いなく一番狂っている、だけど一番楽しい」って発言で。

うたか　躁状態だったのかもしれないですね。そのあとガーンとヘコんだ時期があったと思うんですけど。当時、「うたかくんは間違いなく鬱病だから病院に行きなさい」っていきなりコメントされて、でも行きたくなかったから病院は行かなかったんですけどね。

――行ったほうがいいですよね……？

うたか　いま考えると行っときゃよかった。

――ダハハハハ！　掟さんから聞いてますけど、意外とハードな家庭環境なんですよね。

うたか　いまはもう落ち着いてくれたからいいんですけどね、母親が4年周期ぐらいで躁と鬱を繰り返してて。僕は弟に任せてたんで、そんなになってるとは知らなくて。そしたら家賃15万8000円とかのところに引っ越しちゃっていろんなもの買っちゃって。

――躁状態のスイッチが入ったときに。

うたか　それで、お金がほとんどなくなっちゃって。しょうがないから僕に残すための生命保険を解約させてくれって言われて。いまは落ち着いてくれたからまだいいですけど。

――いわゆるハローマゲドンがあったわけじゃないですか。その段階でハロー！から離れる人もいれば、フットサルに流れる人も、ハロプロキッズに流れられる人もいて、思いっきり子供に行った人の代表なわけですよね。

うたか　ガッタスも行ったりはしてましたけどね。正直言うとリトルガッタス（キッズによるチーム）出る出る詐欺というのがあって。「リトルガッタスも出ますよ」みたいなことを言うんで有馬さんとか僕とか早朝から行くんですけど、「また出ねえよ！」って。

――「子供がいねえじゃねえか！」と。

うたか　そう（笑）。しかも炎天下で。僕あのとき「℃」の頭にしてたから日焼けして。

——℃-uteの「℃」の字カットにしてた時代。この頃、加護ちゃんにハマッてから感じていた「自分はロリコンなのか？」という疑問がベリキューで確信に至るんですか？

うたか　いや、自分のことはあんまりそう思わないんですよ。みにちあベアーズとかそっちに行って本物の人に会うと、俺ぜんぜん違うわと思って。だってオッパブとか行くし。

——大人でも興奮できるし。

うたか　ええ。しかも僕の場合、オ○ニーするといってもファンタジーなんですよ。本当にその場にいる子にそういうこと思わないんです。でも本物の人はその場でホントにそう思っちゃうみたいです。でも、僕は遠足みたいなすごい距離感の近いイベントとか行っても、べつにそういう気持ちにはならないし。

——キッズに『ヌッキモニ』を見られたくなくて削除するぐらいの常識もある（笑）。

うたか　そうです！　子供は好きだけど大人も好きだし。もふくちゃんのあれを読むと妙に変な人に見えるんだよなーと思って。

——基本、誉めてたじゃないですか。掟さんも嶺脇社長も、みんな褒めてるはずですよ。

うたか　ありがたい！　掟さんがロフトプラスワンでやったトークライブのゲストに呼ばれたとき、会ったことなかった社長

にいきなり「うたかくん、こっちこっち！」とか言われて、なんで俺のこと知ってるのかなーと思って。でも、2回目のイベントでハロー！ディスしたらもう二度と呼ばれなくなって……。

——ダハハハハ！　何を言ったんですか？

うたか　1回目は**コロラド**（注20）さんがちょっとディスりみたいな感じでやって、僕はまだハロー！にぜんぜん行ってるときだったから、ノリツッコミみたいな感じのやり取りがちょっとあったんですよ。2回目は僕がハロー！過払い金被害者の会みたいなことをやって……。

——フォローがなくなって。

うたか　そうなんです。実際グッズの借金がけっこうすごかったんですよ、月々の写真の。**えがお通販ってヤツとFC通販ってヤツとモール通販ってヤツ**（注21）と、あとふつうのハロショで売ってるヤツがあって、僕はキッズのヤツ全部集めたりしてたんですよ。だから一時、月の支払いが12万ぐらいになって。

——それは経済破綻しますね（笑）。

うたか　けっこうな額の借金になって、落ち着いてからやっと返し終わって。だって使わない防災セットが生写真がついてるから10セットぐらい来て6万円ぐらい取られて。

——その後、ハロー！以外のアイドル現場に行って何かに気づくわけじゃないですか。ツーショットってこんなに安く撮れる

んだとか、接触もこんなに簡単なんだっていう。

うたか　しかも超かわいい！

——それ、どの段階で気付いたんですか？

うたか　僕は2011年末ぐらいですね。

——アイドル戦国時代が到来して、スタダもおもしろいらしいぞって噂が流れてきて。

うたか　そのときもハロヲタと毎週飲んでるんですけど、飲むことが目的になってて、「どうせ行ったってつまんねえんだから、好きな曲もねえし」とか言って飲んでると、呼んでもいないのにコロラドさんがみにちあベアーズとか踊りながら現れるんですよ。

——コロラドさんが先にハマッたんですね。

うたか　「エビ（私立恵比寿中学）も最高でどうのこうの」みたいなことをいきなり来て話すんですよ。それだけ言われたら観てみてもいいかなーと思って、行ったら楽しいじゃんと思ってそっちに行っちゃったんです。

——その後、T-Fの物販行くとみにちあブースの前に常にうたかくんがいて、「吉田さんも買ってくださいよ！」って毎回言われました。

うたか　……すみませんでした。

——ダハハハハ！　問題なしです！

うたか　結局なんか買ってもらって。
——ハロー！とは何かが違ったわけですよね。
うたか　その当時のBerryz（工房）、℃-uteはいいイベントはいいんですけど、ダレたイベントはホントにダレてたんですよ、僕の感想ですけどね。なんでこんなのに5000円も払わなきゃいけねえんだよと思って。そういう不満が溜まってて。それでみにちあ行ったら安い、楽しい！　しかも人間扱いしてくれる！
——それまではしてもらえなかった（笑）。
うたか　けっこうみんな違うとこ行って思うのは、ちゃんとお客扱いしてくれるから、人間として扱ってくれるってことで。僕がハローの握手会で「あけましておめでとうございます」って言おうと思って「あ」って言ったらバーッて押されて5人目まで飛ばされましたから。これはねえよと思って文句言いに行ったら、「今日はゆっくりのほうだ」とか言われて、すげえクレーマー扱いされて。
——髪型もヤバいしこいつは早く流そうみたいなのがあったんですか？　全員早かった？
うたか　全員早いみたいで。たしかに格好もなんかあるかもしれないですけど、そのあとふつうの格好して行っても変わんねえなと思いましたね。いまは知らないですけど。
——完全にハロー！から心が離れちゃった、と。

うたか　そのあと1回だけこぶし（ファクトリー）に行きましたけどね。こぶしはいいなと思って行ったらどんどん人が辞めて、なくなっちゃって。

——Twitter見てるとみにちあがなくなってどんどんメンタルやられてるっぽいですね。

うたか　●●がひどいんです！

握手で妄想の質が変わった

——いま生きがいはあるんですか？

うたか　お酒とか。

サミュL　お久しぶりです。

うたか　うわーっ!!

サミュL　Twitterでスネてるから。

うたか　すみません……。

サミュL　連絡つかなかったんですよ。

うたか　電話を解約しちゃったんで（笑）。

——サミュLとも1回目のトークイベントで会ってるわけですよね。サミュLはけっこう忘れてるんですよ、当時の悪事の数々を（笑）。

うたか　僕も忘れてますよ。

サミュL　そうでしょ？　だいたいみんな酒を飲みすぎて記憶がやられてるんですよね。

うたか　ガンマGTP170でまだ大丈夫！

サミュL　それってけっこうきてるの？

うたか　70より上だとヤバい、みたいな。

サミュL　え！　いま飲んでないの？

うたか　週1〜2ぐらいです。

——当時は異常に飲んでたけど。

うたか　すっごい飲んでましたね。

サミュL　昼から飲んでたよね。だって、シラフで会った記憶がほとんどないぐらいで。

うたか　まだ20代だったんで。

サミュL　そもそもうたかみたいに妄想をすごいしてたタイプからすると、ハロプロがある時期から急に握手とかで会えるようになっちゃったじゃない。それで逆にどんどんヤバくなっちゃったようなことってあるの？

うたか　あります。当時の日記を読むと、握手会が始まってからは握手のことしか書いてないですもん。「しみハム（清水佐紀）と気が合わない」とか「死にたい」とか（笑）。

——会えないときの妄想とは質が変わって。

うたか　そうですね。しかも接触ができるといってもものすごい短時間だし、ハロー！の子っていい子たちばっかりだから、悪い顔は絶対しないんですよ。そうすると妄想が変な方向に育っていっちゃうことがすごくあって。

――有馬くんを見ててもそれは感じる。じっくり話すより、「あの子は俺のこと好きだ」的な妄想がエスカレートしやすいのかもね。

うたか　有馬さん、前はそんなこと言ってなかったのになあ。でも、もっと距離が近いともっとつらいことがあるっていうのも、みにちあで学びました。無視されたりすると。

――無視されるんだ！

うたか　ひとりの子に嫌われちゃって、それがつらかったです。それで、「なんでそんなに冷たくなったの？」って言ったら、「言ってることとやってることが違う」って。

――それまでTwitterなりなんなりで愛をアピールしてきた子が、あきらかに変わった。

うたか　もう写真の顔つきが違うんですよ。

――チェキを撮っても。そう考えると、ヲタ人生で一番幸福だったのはどの時期ですか？

うたか　ヲタ第一楽章は娘。のライブに夢中になってるときで、交友関係もいまの基礎というか、そういうのを築いていったときで。そのときはとにかくライブとオフ会が楽しかったんですよ。第二楽章がBerryz、℃-uteで。そのときはもうかわいさに狂ってて。

――曲いい、若い、接触もできてかわいい。

うたか　で、第三楽章がみにちあですかね。

――そして、どの時期が一番？

うたか　このあと何かあるかもしれないですからね。でも、やっぱりみにちあかなー。

――人間扱いされるのは大きいんですね。

うたか　そうです！　スタッフとかみんな仲良くできたから。嫌な要素がないんですよ。

――たしかに物販ブースにずっといてもコミュニケーションが成立してるわけですよね。そこで煙たがられないし、追い払われない。

うたか　そうそうそう！　アメ横にハロショがあったとき有馬さんと一緒にちょっと覗いたら店員が来て、サッサと出てけみたいな。べつに騒いでるわけじゃないんですよ、隣で靴とか見てたら「おまえら出てけ」って。

――どう見てもオタクな人がオタクじゃない振りをして見ようとしてたわけですよね。

うたか　まぁ。

――で、あっさりバレた、と。有馬くんが目立ってたのもあるんでしょうね。

うたか　それはあると思います。

サミュL　一緒にいる人を間違えた（笑）。

うたか　でも追ってきて、「どの商品お探しですか？」みたいな。ハローはスタッフの嫌な思い出とオタクの嫌な思い出が多すぎて。

――オタクもそんなに嫌だったんだ。

うたか　何回も乱闘を見ましたからね。オルスタでウザいヤツが何回も何回も周りに来てケンカになりかけたこともいっぱいあるし。嫌いなオタクもけっこういるし（笑）。

――外に出たら「え、乱闘なんてそもそもないの？」「平和！」みたいな世界だった。

うたか　地下ってもっと乱闘してるのかなと思ったら平和でビックリしました。ハローのほうがぜんぜん乱闘してた。ビックリしたのは大宮に朝4時ぐらいに行ったら悪党さんが金髪を植え込みのところに裸で押さえてて。

――悪党って人はホントに悪党なの？

うたか　最初のうちはまだ話ができたけど、一升瓶持ってベロンベロンになってるから。で、だいたいケンカするんですよ。有馬さんがすごい仲悪くて。有馬さんが会場で「おいサムライどうのこうの」って言われてカチンときて、有馬さんがめちゃくちゃデカい声で「この人、お酒飲んでまーす‼」って。で、「サムライてめえコノヤロー！」みたいな。

――正直、どっちもどっちですよ（笑）。いまは夢中になれるアイドルが欲しいですか？

うたか　いやぁ……**コンカフェ**（注22）とかでいいかな（笑）。でもコンカフェも面倒くさくて、マスク着けろとかね、お酒の提供禁止とか。

――コンカフェにハマってるんですか？

うたか　たまに行ってます。けっこう馴染みになっちゃってるから、女の子に会いたいときはそこに行けばいいかなーと思って。だって、いまは地下現場に行ったって声も出せないし、つまんないだろうなと思って。

サミュL　**コイタ**（注23）くんがアイドルをプロデュースするようになって、その後もいろいろありましたけど、ああいうのはどう見てた？

うたか　とりあえず近寄らないようにしてました（笑）。でんぱもそうでしたけど、友達が運営やってると行きにくいんですよ。友達にそういうの見られるの嫌だなと思って。

――友達が偉くなって、自分はまだヲタとして現場でがっついてるのは見られたくない。

うたか　しかも迷惑かけちゃうなと思って。ハコムス（ハコイリ♡ムスメ）のときでさえちょっと抵抗があったというか。プロデューサーを知ってたから。

――いま思うと、あのとき彼女と別れてヲタになったのは間違ってなかったって感じですか？

うたか　いや…………………………。

――そうでもない（笑）。モーニングにハマらないでつき合ってたほうがよかったかも？

うたか　僕は一緒にそういう現場に行きたいって気持ちがあったから、一緒に行ければよかったなって。そうすれば、もしかしたら自分の感じ方とか接し方も違ったかもしれない。

注1◆もふくちゃん……でんぱ組.incなどを手がけるプロデューサー。このインタビュー連載にも登場した（047ページより掲載）。

注2◆テキストサイト……文章を中心とした個人のサイト。インターネット黎明期に流行した。

注3◆ドリームキャストにジオシティーズ……ゲーム機「ドリームキャスト」ではホームページ作成サービス「ジオシティーズ」を利用できた。

注4◆狼板……2ちゃんねるのハロプロ関連の話題を扱う掲示板。

注5◆有馬……有馬岳彦、通称「サムライ」。このインタビュー連載にも登場した（137ページより掲載）。

注6◆ロジャニコ……ロジャー・ニコルズ。ミュージシャン。日本では渋谷系ムーブメントで再評価された。

注7◆『モーニング刑事。』……1998年公開の映画『モーニング刑事。抱いてHOLD ON ME！』。平家みちよ、モーニング娘。が主演した。

注8◆嶺脇社長……タワーレコードの社長。このインタビュー連載にも登場した（121ページより掲載）。

注9◆渋谷直角……ライター、漫画家。

注10◆ピストル……有名ヲタ。このインタビュー連載にも登場した（171ページより掲載）。

注11◆モーヲタトークライブ……第1回は2001年6月5日に開催。

注12◆ごっしー……編集者。『BUBKA』では「VIVAVIVAモーニング娘。」を連載。このインタビュー連載にも登場した（241ページより掲載）。

注13◆イケメンズ……ナリ沢とアキバの編集者2人組。「VIVA！VIVA！モーニング娘。」に参加した。

注14◆『ピンチランナー』……2000年のモーニング娘。のが主演した映画。

注15◆ビバ彦……編集者。『BUBKA』では「モーヲタの部屋」を連載した。

注16◆清里……2001年9月8日に山梨県清里でモーニング娘。のコンサートが開かれた。

注17◆カヌー ……ごっしー、イケメンズと同じく当時の『BUBKA』で編集に携わっていた。「VIVA VIVAモーニング娘。」に参加。

注18◆『爆音娘。』 ……ハロプロ楽曲をかけるDJイベント。

注19◆背面ケチャ ……背中側にのけぞる、ヲタ芸。

注20◆コロラド ……元「よい子の歌謡曲」スタッフで当時は金融関係企業の管理職。小川麻琴推しだった。今は早期リタイアしアイドルと野球観戦三昧。

注21◆えがお通販ってヤツとFC通販ってヤツとモール通販 ……ハロー！プロジェクトが行っていた様々な通販。かなりの金額を使わないと握手やツーショットチェキが撮れない仕組みだった。

注22◆コンカフェ ……コンセプトカフェ。メイドなどのテーマを押し出して女子が接客するカフェ。

注23◆コイタ ……編集者、ライターの小板橋英一。このインタビュー連載にも登場した（091ページより掲載）。

岩岡としえ

証言・13

後藤真希にハマってからですね、狂っていったのはひとりだけオーラが違ったんですよ

Profile

編集者、ライター。雑誌、書籍、ウェブメディアなどで編集やライティングを行ない、ハロー！プロジェクト関連の記事も多数手がけていた。狼の墓場プロダクションのメンバーでもある。

後藤真希にハマって狂った

――岩岡さんはフジテレビの番組『真夜中』（注1）**にボクや杉作J太郎さんと出演して、指原莉乃さんとハロヲタ話をした人だと紹介するのが、世間的にはわかりやすいんでしょうね。**

岩岡　そうですね、いまもたまに『真夜中』を観ました」って言われますから。杉作さんと最初に会ったのは「『**ハイパーホビー**』（注2）の編集部で、まだ俺が矢口（真里）ヲタだったときで。

――一応言っておくと本業はライターの人です。そもそもハロヲタになったきっかけは？

岩岡　『ASAYAN』はずっと観てて。そのときは結婚してたんですよ。結婚してて、夫婦で『ASAYAN』は観てて、モーニング娘。っておもしろいなあって感じで。

――夫婦関係はうまくいっていた？

岩岡　そのときは良好でしたね。それで2期メンバーが入って、矢口真里って子がかわいいなって、なんとなく好きになっていってライブ観に行きたいなと思って。最初の現場が『**LOVEセンチュリー**』（注3）ですね。それはちょうどヤフオクで5列目が安く出てたから買ったんですよ。そこからドハマりしました。ミュージカルのあとのミニライブで、矢口にレスもらおうと思って頑張ってたのにぜんぜん見てくれなくて、最前中央に小学生女子がいたんですよ。そこに矢口がしゃがんで手を振ったりしてて、その女子は完璧に『**恋レボ**』（注4）とか踊ってるんですよ。後に聞いたらそれが鈴木愛理だったという。

――まだハロー！プロジェクトキッズになる前？

岩岡　なる前。『**火曜The NIGHT**』（注5）でそれが発覚して。お母さんとふたりで最前にいて、「チクショー、矢口のレスを全部もらいやがって！」と思ってたあの小学生女子が。そういう初現場があり、その直後ぐらいですね、『ハイパーホビー』の編集部に行ったら杉作さんがたまたま来てて。『ハイパーホビー』の**伴ジャクソン**（注6）さんからモーヲタだと紹介されて、「誰推しですか？」「矢口推しです」「矢口いいですよねえ」って、それが最初の会話です。あとから考えたら矢口についてそんなこと思ってないだろって感じなんですけど。

――自分の仕事に無理やりハロー！を絡めていくようになるのは、もっとあとですかね？

岩岡　その頃はまだふつうにライターの仕事してました。後藤（真希）にハマッてからですね、狂っていったのは。最初は後藤が嫌いだったんですよ。『ASAYAN』でも明らかにヒール的な扱いだったじゃないですか。入ったときも楽屋で居眠りしてたり、「**知って誰ですか？**」（注7）っていうのが決定的で……。

――「俺の矢口を知とはなんだ！」と。

岩岡　知らないで入ってきやがってと思って最初は大嫌いだったんですね。それで『LOVEセンチュリー』を観たらダンスとかすごいし、ひとりだけオーラが違ったんですよ。その頃はもうハロー！全部好きになってたんで、松浦亜弥のファーストコンサートも行きましたし、後藤も1回目のコンサートは行ってみるかと思ってチケットを取ったら最前が来て、2枚取ってたんで杉作さんと連番で行ったんですよ。そこでドハマりしまして。

——2人で後藤さんに狂っていく、と。

岩岡　俺はそこからハマりすぎました。

——後藤さんはレスもすごいんですよね。

岩岡　最前だとまあすごい。あのときは最初だから必死さもすごかったかも。そこからほぼ後藤一筋になり。後に後藤ヲタの人とも仲良くなっていくんですけど、話を聞くと最初は『ASAYAN』を観て後藤が大嫌いだったっていう人が多いんですよ。そこからステージを観て好きになるっていう。平気な顔してステージにいるけど裏ですごい努力してる人だっていうのが後々わかって、それでみんな好きになっちゃうんですよね。

——そして、わけのわからない疑似SM関係のようなものになっていくという（笑）。

岩岡　ハハハハハハ！　後藤コンは最初が最前だったから、それを味わうと我慢できなくなって、完全に最前厨になりましたね。

——関係者席には行かないタイプ？

岩岡　後藤コンは行ってないですね。後藤を好きになってからは記事で貢献できるんじゃないかと思って、**『サブラ』**（注8）のアイドルCD紹介コーナーとかやってたんで、そこでまずアップフロントに連絡を取り、CD紹介をまずやったんですよ。でも『サブラ』でインタビューとかっていうのは無理だったんですよね。「ちょっと『サブラ』さんは」って。

——『サブラ』でもダメだったんですか。

岩岡　黄金期ですからね、さすがに断られたりして。そうこうしてるうちに最初のハロプロ仕事は『FLASH』で作った石川梨華卒業の写真集。**田原（章雄）**（注9）さんと**（ゴンザレス）合林**（注10）さんが「手伝ってよ」って。

——墓場プロ（注11）の2人ですね。

岩岡　そうですね。ちゃんとハロー！と仕事したのが初めてで、そこからいろいろと。

——アイドルにどんどん夢中になっていく過程で夫婦関係は大丈夫だったんですか？

岩岡　後藤にハマッた直後ぐらいに離婚しましたね（あっさりと）。

——ダハハハハ！　展開が早すぎますよ！

岩岡　2003年ぐらいに離婚したのかな？

——心の隙間ができたところにアイドルがスッポリ入るパターンはよくありますけど。

岩岡　周りからは「モー娘。離婚」って言われてましたけど、違うんですよ。まあ、そういうことにしておいたんですけど（笑）。

——ダハハハハ！

岩岡　裏ではいろいろあったんで、だから心の隙間というわけではないんですよ。

——ただ、離婚すると時間もできるし。

岩岡　そうです、お金にも余裕ができるし。それもあって相当のめり込んだんですよね。たしかに隙間っちゃ隙間かもしれません。

——そして客観性も失うじゃないですか。

岩岡　ああ、そうですね（笑）。思い出してきた、離婚した瞬間に背中に乗ってた荷物がなくなった感覚があったというか。それでちょっと……無茶したのかなあ……。

——身軽になって活動しやすくなって。要はダメージではなくポジティブに受け止めて。

岩岡　うん。離婚のときは特にそんなに何も。元奥さんもサッパリしてて、ただ離婚届を書くだけの離婚で、いまもふつうに連絡取ってますし仲良くしてますから。で、後藤にハマッて、後藤コンは地方が多かったんで地方にもひとりで行ってましたね。仙台で最終日だったのかな、**『涙の星』**（注12）っていう曲のとき星のサイリウムを上げようみたいな企画をｍｉｘｉで呼びかけてる人たちがいて、俺も参加して。そのあと飲み会あるから来ませんか、みたいになって、そこで輪が広がって。

——『袋田の滝』（注13）には行ってたんですか？

岩岡　その仲間のうちのひとりがお母さんと仲良かったんで、その人と一緒に行ったり、ひとりでも行きました。俺が行ってたのは、後藤がソロになってしばらくしてからです。ただ、いまママ、後藤さんのお母さんの話をするとね……。

——切ない感じになっちゃいますからね……。

岩岡　**あれ**（注14）が2010年の1月だったじゃないですか、その前の12月に横浜のエイベックスのクラブイベントに後藤さんも出るっていうんで行ったら、ママもいたんですよ。それでママも一緒にみんなで飲んでて、バドガールみたいなおネエちゃんがビールを売りに来て、ママが買ったんだけど一口飲んで不味かったのか、「あげるよ」ってくれたんですよ。それで「じゃあ今度はこっちが奢りますよ」って言って1ヵ月経たないうちだったんで。

——それくらいの関係性だったんですね。

岩岡　なんとなくママには顔覚えられてるぐらいでしたね。だから俺はいつか後藤さんにビール1杯奢らなくてはいけない。あのときは相当つらかったですね。矢口の『BUBKA』のときもたいへんだったんですよ。

——矢口さんのスキャンダルを載せたとき。

岩岡　杉作さんから呼び出されて、杉作さんは「俺は『BUBKA』を降りる！」って。

——ちょうど伴ジャクソンさんと『JJ祭り』って連載をやってた時期だったんですよね。

岩岡　それで伴ジャクソンと俺が杉作さんに呼ばれて、新宿のファミレスで朝まで「俺たちはどうすればいいんだ」って。なんでこんな話をしてるんだろうと思いつつも（笑）。

——ダハハハハ！　伴さんはまだわかるんですよ、一緒に連載してる側だから。そもそも岩岡さんは『BUBKA』側じゃないのに。

岩岡　ぜんぜん関係ない（笑）。俺は矢口ヲタとして呼ばれたんですけど、矢口ヲタの知り合いと話しても「いや矢口はそういう人だから」って、矢口ヲタは特にあんまりダメージなくて（笑）。矢口はイケメン好きだし。

——たしかにキャラクター的には、そんなにショックって感じではなかったんですよね。

岩岡　だから矢口ヲタは冷静で、そうじゃないモーヲタがみんな騒いでたんですよ。あのときも三宿のwebで宇多丸さんとRECさんがやり合ってるところに同席してました。

——基本的にあの辺りの人たちは「矢口を救え」側ですよね、反事務所というか……。

岩岡　そう。矢口ヲタの俺はべつにどうでもいい（笑）。小栗（旬）くんとの報道が出たときも、矢口ヲタは「小栗くんと幸せになってくれればいいな」「対応も素晴しくて好青年だし、小栗くんに任せよう！」みたいな。

——要は、『あの頃。』の原作にはあったけど映画では描かれなかった部分ですよね。

岩岡　おもしろいですよね、この連載でも大阪と東京のヲタの違いとか出てきましたけど、東京はたしかに殺伐としてましたからね。後藤ヲタとなっち（安倍なつみ）ヲタの争いもすごくて。

——そうだったんですか！

岩岡　表にはあんまり出ないですけどね。後浦なつみコンのときすごかったんですよ。前提を言うと、その直前に松浦（亜弥）さんが写真誌に撮られたんですね、トイレットペーパーを持って。それで松浦ヲタはみんな元気がないわけですよ。ドヨーンとして。あのときは推しジャンとかもすごかったからジャンプ争いとかね。隣がなっちヲタで最前でジャンプするのも争いで、ぶつかるとなっちヲタが凄い目つきで睨んでくるしね。「この線から出てくるな！」みたいな。アンコールでなっちヲタは「なっち！　なっち！」って言うわけですよ。後藤ヲタは、「それはいけない、アンコールって言わなきゃいけないんだ！」と。それで後藤ヲタでなっちコールを制して「アンコール！」って言わせたという。それぐらい、なっちヲタとは仲悪かったんですよね。

後藤真希の取材もした

——当時かなり現場にも行ってましたよね。

岩岡　後藤の『G-Emotion』ツアーはフルコンプ、いまで言う全通したんですよ。終わったあと冷静になって、これでいくら遣ったんだろうって計算したら、５００万ぐらい遣ってて。

——ダハハハハ！　グッズも相当買って？

岩岡　もちろんグッズもほぼ全部買って、あとは遠征費と、最前を取るのに使うから。

——完全にタガが外れてますよね。

岩岡　ちょうどその頃、収入がよかったんですよ。それでなんとかなってて。そのときちょっと冷静になったけど、まあいいかと思って。こないだテレビで年間50万遣ってるヲタがインタビュー受けてましたけど、そんなのザラにいるのになと思って観てましたね。

——「月50万じゃないの？」って（笑）。

岩岡　そう（笑）。だから当時はいまと比べてもみんなおかしかったと思います。俺より遣ってる人もいましたから。いまだに元ハロヲタだって話をいろんなヲタにすると、「ハロヲタはみんなお金持ちだから」って言われるから、そういう認識なんだなと思って。

——地下に流れたら、「こんなに安く楽しめるのか！」ってみんな言いますもんね。

岩岡　ホントに。**うたかくんのインタビュー**（注15）を読んで俺もその通りだと納得しました。

——ハロー！では人間扱いされない説（笑）。

岩岡　ホントそう！　特に握手会とかひどかったですからね。腰つかまれて移動させられて。つらい、でも握手はしたいしちょっとでも長く話したいから必死になって……はぁ。いまのハロー！はだいぶよくなってますけど。

——そういう苦情は聞かなくなりましたね。

岩岡　うん、そう思います。当時は握手会自体そんなになかったですし、後藤さんと初めて握手したのはハワイツアーですからね。

――握手のためにハワイまで行った人！

岩岡　握手とツーショットのために26万とかしたんだけど（笑）、行きましたねえ。

――ハワイツアーって楽しいんですか？

岩岡　楽しかったですよ。でも、あんまり記憶がない。朝プッチモニの体操したのは覚えてるな。朝7時集合とかで後藤さんが出てきて一緒にプチモビクスをやるわけですよ。ちょうどクリスマスで、後藤さんがサンタのコスチュームでツーショット撮って。楽しかった記憶はあるんですけど具体的にはあんまり覚えてないんだよな。あと、後藤さんが大河ドラマの『義経』に出たじゃないですか。

――全然知らないです。

岩岡　『義経』に**能子**（注16）役で出たんですよ。壇ノ浦の合戦が近づいてくるから、ヤバいなと、杉作さんと一緒に、「後藤を殺すわけにはいかない」って抗議活動をして。

――ダハハハ！　歴史は変わらないですよ！

岩岡　mixiとかそういうところで、「能子、後藤真希を殺すな！」って活動をしたんですよ。そしたら、その前の週で着物の女性が海にドボーンと飛び込むシーンがあったけど、それが後藤さんじゃなくて、大河ドラマでは死んだかどうか曖昧になったんです。だから「やった！」「生き延びた！」って。

――抗議活動の成果が（笑）。

岩岡　そういう活動をやってたな、何を考えてたんだろうなあ。杉作さんは（石川）梨華ちゃんも応援してましたよね、美勇伝になったときの握手会も行ったし。俺も美勇伝は頑張ってもらわないとって思って応援してましたけど。

――ボクは石川梨華は好きだけど美勇伝にはピンとこなくてまったく乗れなかったんですよ。

岩岡　俺はハロー！プロジェクト全部を盛り上げなきゃいけないみたいな感じで（笑）。

――ハローマゲドン（注17）**以降、離れたヲタも多かったわけじゃないですか。それは岩岡さんにとってそれほどダメージなかったんですか？**

岩岡　特になかったですね。後藤は逆に卒業でソロに専念できるじゃんみたいな。あの発表があったとき、俺は仕事でアメリカにいたんですよ。アメリカではよくわからなくて、帰って詳細を知ったから、時間差のせいもあったのか、へぇ～って感じでそんなにショックは受けなかったですね。後藤がソロで頑張ってくれればなんの問題もないって感じだったんです。

――キッズやフットサルへの興味は？

岩岡　フットサルはちょっと行きましたよ、最初は後藤がやってましたから。キッズは行かなかったですね、後藤で忙しくて手が回らなくて。でも、みんながBerryz（工房）とか℃-uteに流れ始めたときに夢を見たんですよ。俺も学生でBerryz工房と臨海学校みたいなところに行ってるんですよ。水着に着替えるときに着替える部屋がないって俺と石村舞波がふたりで同じ部屋で着替えるんです。ちょっとドキドキして、舞波推そうかなと思った3日後に卒業発表があって、推さずに済んだという。

——それ、完全に童貞の見る夢です！

岩岡　なんだったんだろうな、あれは。後藤さんもそういうのがあったんですよ。いいなとは思ってたんですけど、まだモーニング娘。にいた頃、俺が史上初の男性メンバーとしてモーニング娘。に入る夢だったんです。4期メンバーは優しく教えてくれるんだけど、後藤が「私は認めない」みたいな感じで冷たいんですよ。でも後藤さんに認められるようにってすごい頑張って、ステージで大成功したんですよ。それで後藤さんに認められる夢を見て、そこから余計に後藤が好きになって。

——単純すぎますよ！

岩岡　俺のレベルを上げるために冷たい態度を取ってくれたんだ、なんていい人なんだろうって、そこから余計ハマるようになって。

——そういうガチな感情を抱きながら、オフィシャルの取材活動も始まるわけですよね。

岩岡　ちゃんと取材したのは、『FLASH』での後藤さんのインタビューからです。

——それくらい思い入れがあってお金遣ってきた人を、ふつうに取材できるものですか？

岩岡　俺はけっこうできますよ。25年ぐらい前かな、俺がライター始めたての頃に先輩のライターが飛んだから代役で鳥山明の取材したんですけど、横に**鳥嶋（和彦）**（注18）さんがいてガチガチに緊張してたんですけど、そこから何度も鳥山先生にインタビューすることになって、それで慣れた部分もあったんですよね。好きな人のインタビューでもテンションちゃんと持っていけるようになりましたね。

——でもバレますよね、ヲタだって。

岩岡　そう！　後藤がジャージで現場に来て、着替えとメイクが始まるわけですよ。そしたらスタイリストの人が俺のところにササッと来て、「ごっちんがあの人見たことあるって言ってるよ」って言うんで、「コンサート全部行ってるんで」って言ったら、「そうか、それ言ったほうがいいよ！」って言われたんで、インタビューの最初で「こないだのツアー全部行きました」って言ったら、「ですよねー、知ってました」って（笑）。

——出欠確認ちゃんとする人ですからね。

岩岡　2階までしますからね。そこから何回かインタビューして。あの人は完璧ですね。僕たちの前に現れるときにはメイクは完璧で、まつ毛が1本1本ちゃんと離れてる人は初めてでした。

恋人からのすさまじい誤解

――岩岡さんは、なんとかハロー！の応援を頑張ろうということで『ハイパーホビー』に無理やりディスクレビューを載せたりインタビューを載せたりした人って印象なんですよ。

岩岡　時期は飛びますけどね。それは加護（亜依）ちゃんの『FRIDAY』と『週刊現代』が大きかったんですよ。あのとき周りもみんなたいへんだったじゃないですか。当時、合林さんは梨華ちゃんが好きで、「われわれもいつどうなるかわからないから二推しを作っておこう」と。

――ダメージを受けたときのために（笑）。

岩岡　「そのほうがいいんじゃないか」って真剣に話すんですよ。で、「ハロプロエッグの新人公演に行こう、そこでエッグの推しを見つければ、まだ若いし時間は長いから大丈夫じゃないか」と。それでふたりで行ったんですよ。そのとき合林さんは真野（恵里菜）ちゃん、俺は北原沙弥香を推すことにして。

――そういうことだったんですね！

岩岡　やっぱり加護ちゃんのとき杉作さんとか相当たいへんでしたからね。二推しというものを作っておいたほうがいいと言われて。ふたりともそれでうまくいったんですよね。

――それまでキッズとかにハマッてなかった人が、急に保険をかけ始めることで（笑）。

岩岡　そうです。ちょうどエッグができたあとで、それが第2回公演だったんですよ。推しを決めようと思って観て、北原沙弥香に決めて、クールに見えるけど、トークで飾りっ気がなかったのでおもしろい子だなと思って、そっちも応援しようという感じで。

――自分ができることは何なのかを考えて。

岩岡　その頃の後藤さんはもう応援しなくても安心でしたからね。エッグの子たちはこれからモーニング娘。に入るのかどこに入るのか、これはちゃんと応援しなくちゃいけないなっていうときで。その後に、真野ちゃんがソロになってスマイレージがデビューしたわけですよ。俺は北原沙弥香をなんとかしなきゃいけないと思って、『ハイパーホビー』の誌面でスマイレージを応援して、スマイレージがものすごく売れたら北原沙弥香も次になんかのグループに入れてもらえるんじゃないか、みたいに考えて。

——無茶苦茶ですよね、一応『リルぷりっ』(注19)**でアニメと接点あるけど、なんで毎回ホビー誌のページを割いて推してるんだっていう。**

岩岡　ね（笑）。それで真野ちゃんとスマイレージは誌面で応援しなきゃって頑張ってたんですよね。スマイレージは**山田**（**昌治**）(注20)さんが担当になったじゃないですか。山田さんは後藤を担当していた頃から知ってたので、スマイレージを誌面で推していくって話したら、「ぜひやってください！」と山田さんから直々にすべてOKをもらって。でも、忙しすぎてスマイレージのインタビューは無理だ、と。サキチィー（小川紗季）が『おはスタ』やってたんでぜんぜん時間がないから小川を抜いた3人ならインタビューできるっていうことで、『リルぷりっ』のインタビューになったんですね。

——それぐらいの忙しさだった。

岩岡　エッグはそれで応援してたんですよ。そのあと能登有沙の連載も『ハイパーホビー』で始まり。で、能登有沙がアップフロントスタイルに行ったんでそっちも応援しなきゃってことで、ゆいかおりも取材したりで。

——そうやっていろいろ取材してるとき、当時の彼女に「あなた真野ちゃんとつき合ってるんでしょ！」とか言われたわけですか？

岩岡　ハハハハハハ！　そうです、そのとき彼女とつき合い始めて同棲してたんですよ。

——相手はキャバクラで出会った人？

岩岡　違いますよ（笑）。その子はただのスマイレージヲタだったんですよ。それまでいろいろありましたから、キャバクラとか。

——弟と住んでるキャバクラ嬢に大金を注ぎ込んだら弟じゃなかった事件とか（笑）。

岩岡　……ありましたね。その反省を経て。あの頃は、けっこういい仕事してたからお金があったのが悪かったんですよね、きっと。それを経て、ハロヲタなら大丈夫だろう、と。

——趣味もちゃんと理解してくれるし。

岩岡　そう、理解してくれるし現場も一緒に行けるし。その子はゆうかりん（前田憂佳）ヲタだったんで一緒に応援できるなと思ってつき合い始めて同棲もして。そのとき真野ちゃんの舞台があって、観に行ったんですよ。楽屋挨拶とか行ってるときに『ハイパーホビー』から電話があって、初校か何かで直しが出たから来てって言われて、終電ぐらいまでかかって家に帰って。そしたら彼女が泣いてるわけですよ。「……え、どうしたの？」って聞いたら、「舞台のあとで真野ちゃんとふたりで飲みに行って、真野ちゃんとつき合うことになったんでしょ！」とか言われて。

──ダハハハハ！　そんなわけない（笑）。

岩岡　そんなバカな（笑）。そのときはギョッとしました。ちょっと怖かったですね。

──無茶苦茶いい話ですよね。なかなかそういう嫉妬はされないじゃないですか（笑）。

岩岡　泣いてるし口利いてくれないし。「いや仕事があって」「嘘だ！　仕事だったら連絡くれるはずだ！」って。そのとき連絡しなかったんですよね、けっこうたいへんだったから。それ以降、全部恐ろしくて……。

──チェックというか監視が強化されて。

岩岡　それまでは監視もしてなかったと思うんですよ。俺のTwitterとかも見るようになって。Buono!のライブ行ったときに「（夏焼）雅ちゃんの背中がすごいきれいだった」って書いたら、「私はそんなこと言われたことない！　雅ちゃんが好きなんだ！」とか。「いやそれはステージがよかったってことで」「いや違う！　私はヲタだからわかるんだ。好きっていうのは全部恋愛感情だっていうのはわかってる！」みたいな追及がどんどん始まり、それで……。

──ヲタ活動がだんだん困難になっていく。ヲタ活動っていうか仕事なんですけどね。

岩岡　でも、そのとき彼女とは結婚も考えてたんで、「わかった、これからは取材もしないしライブも行かないし、もうヲタもやめる」って言って、ほぼ全部捨てたんですよ。

──完全に足を洗うことになった、と。

岩岡　完全に足洗いましたね。ちょうどスマイレージも4人じゃなくなって6人になってたし、真野ちゃんは卒業前ぐらいだったけど、全部なくして。それで結婚しよう、と。

──その後の話が大好きなんですよ。

岩岡　そこはだってヲタとは関係ないから。

──関係ないけど最高の話じゃないですか！　要は結婚に向けてまじめに貯金しようとして、それで転職したんでしたっけ？

岩岡　一応就職したんですよ。昔いた編プロにもう一回入れてって言って常駐でやったりしてて。すごい頑張ってたんですよね。

──そしたらスカイツリーのチケットが？

岩岡　よく覚えてますねえ（笑）。なんか家に落ちてたんですよ、スカイツリーの入場券が。

──行った覚えがないのに。

岩岡　行ってないし。スカイツリーの店でご飯を食べたレシートに「2名」って書いてあるんですよ。おかしいな、友達と行くんだったら絶対言うよなと思って。それでいろいろ問い詰めたら男と行っていたことが発覚し。『ラブライブ！』を好きになって、『ラブライブ！』のヲタ同士でつながって……。

――それであの衝撃発言ですよね。

岩岡　そう、あっちも泣き始めて、「もうちょっと天秤にかけておきたかった」という。

――ダハハハハ！　岩岡さんがすごいのは、そう言われて天秤に乗ることなんですよ。

岩岡　そうなんですよね、「わかった！　じゃあもうちょっと続けよう」って（笑）。

――その結果、土曜と日曜を分けるんですよね。週末を男ふたりで分け合って（笑）。

岩岡　でもズルいんですよ、俺はそれを知ってるのにあっちの男は知らなくて。それで結局ダメになって。杉作さんにいろいろ相談してたから、「彼女が出ていった」って言ったら、「じゃあ岩岡くん、青森行こうよ」って。別れた次の週に**『夏の魔物』**(注21)があって。それが、こぶしファクトリーが出るときで。

――毎年『夏の魔物』にボクらは新宿に集合して車で行ってたんですけど、なぜかヲタ卒業したはずの岩岡さんがそこにいたんですよね。

岩岡　そうだ、あのとき車の中で彼女と別れた話して、吉田さんも聞いてたんだった（笑）。それで青森でこぶしファクトリーを初めて観たんですよ。メンバーとすごいアイコンタクト取ってて笑顔がかわいい子がいて、「あの子いいな」って言ったら**有馬**(注21)くんが「あれはれいれい、井上玲音ちゃんですよ。生写真あるんであげますよ」ってトレード用に持ってた生写真をくれて。そこでまた……。

――血が騒いで。

岩岡　それでヲタ復帰したんですよね。

――あのときボクと杉作さんのトークコーナーにも出てもらったんですよね。彼女と別れた話をしてるときに生ハムと焼うどんが乱入してきて、生うどんにイジられるっていう。

岩岡　東（理紗）はすごい優しくて、「大丈夫？　大丈夫？」って言ってくれたんですけど、西（西井万理那）にはずっと無視されてましたね（笑）。そこからハロヲタに復帰してこぶしファクトリーを応援するようになり。それでアップアップガールズ（仮）とかも行くようになり。山田さんにも相当イジられましたね。それで「アプガ（2）も来てくださいよ」って言われて。ちょうど2期メンとして佐々木ほのかが入るってときで「佐々木ほのかって子いいですね」って言ったら、山田さんから「岩岡さん、変わってなくてよかった」ってイジられて（笑）。

――ダハハハハ！　まだ若いですからね。

岩岡　これは俺、ロリコンと思われてるなって。ロリコンではないと思うんだけど。

——後藤さんを筆頭に、もうちょっとSッ気のある人も好きですからね。結局、プライベートとヲタ活動の両立って難しいんですか？

岩岡　難しいんじゃないですか？　いま思うと両立してた頃のほうがつらかったような記憶しかないんですよね。やっぱり背負うものも多いし。いますごく楽しいんですよ。

——そうなんですね。

岩岡　いまが一番楽しいです。それ前も考えてたんですよ、けっこうヲタ卒する人も多くて、後藤ヲタでも後藤さんが活動しなくなったらヲタ卒業しちゃったり。最近は後藤さんいろいろやってますけど、ライブ以外はべつにいいよって人も多かったりするんですけど。俺はいまも観てますし、こないだ一緒に『モンハン（モンスターハンター）』ができて、YouTube配信で。ぜんぜん入れないんだけど、やっと入れて。「ありがとう、トシエさん！」って言われて。

——あの岩岡さんだとはわからないまま。

岩岡　わからないですよ。わからなくていいんです！　俺の推しはいまだにちゃんと活動してるんですよ。後藤さんもいまめちゃめちゃやってますし、北原も声優として成功したんでよかったと思ってて。スマイレージだったら福田（花音）はZOCやってますし。

——あやちょ（和田彩花）も独自な活動で。

岩岡　素晴しいですよ。こないだライブ行ったんですけどすごかった！　和田彩花がその空間を支配してました。俺が推した人は引退した人がいないんですよね。それがあるからいまだに続けてられるのかなというか。

——サキチィー推しとかゆうかりん推しだったらモヤモヤを抱えたかもしれないけど。

岩岡　そういう意味で幸せだったのか。よくヲタでいるじゃないですか、「俺が推すとみんな卒業する」という人。その逆で俺が推すと卒業とか引退しないから、やったーと思っていて。

——ただ、矢口さんでも後藤さんでもけっこう試練は受けてきたわけじゃないですか。

岩岡　矢口はべつにいいですけどね（笑）。

——ダハハハハ！　まあね（笑）。

岩岡　自業自得だからいいんだけど。

——ボクは好きですよ。

岩岡　俺も好きですよ、あの人おもしろいもん。ホントは歌をもっとやってほしいです。

——（島田）紳助プロデュース以外は全部いいし。

岩岡　そうですねえ、『**青春 僕**』（注23）も応援しようと思ったんですけど、乗り切れなくて。矢口は人間としてすごく好きですよ。

――こういう仕事してて何がいいって、宇多丸さんとかボクは直接矢口さんを絶賛することができることだと思うんですよ。「あなたがいかに素晴しい歌手であり、素晴しい能力を持った芸能人なのか」って伝えられる。

岩岡　芸能人として完璧ですからね。叩くヤツいるじゃないですか、ちょっと前にはアニメオタクとかに「ニワカだ」って叩かれてたけど、好きだって言ってんだからべつにいいじゃんって（笑）。あの人はそんなに深く考えない人なんだろうなと思うんです。好きなのは間違いないんだけど、そこまで深くないだけで。

ヲタとして調教された

――後藤さんとヲタの関係って好きなんですよ、いわゆるヲタ奴隷(注24)**的なものも含めて。**

岩岡　ある意味みんな奴隷みたいな。みんなが後藤さんの言うことは絶対なんで。『ゴー！マッキングGOLD』ってタイトルのコンサートだったからみんなサイリウム黄色にしてたんですけど、あるとき何色が好きって話になって、「最近は青が好き

だな」って言ったら次のライブからみんな青いサイリウム振ったりとか、忠実すぎる。後藤ヲタは優秀ですね。後藤コンは行ってて心地よかった。統率が取れてみんなひとつの気持ちになれて。

――後藤さんを取材してもヲタ話がいいですもんね。ヲタに荷物を持たせてた話とか。

岩岡　テレビでもそんなこと言ってましたね。ヲタを身内のバーベキューに誘う話とか素晴しいですよ。後藤さんの影響というか、後藤さんが素晴しかったから、俺もある意味アイドルヲタとして調教されたというか。

――忠実なしもべとして（笑）。

岩岡　そういう覚悟じゃないとダメだよというのを教えてもらったのかな。ハロコンが一番怖かったんですよ。後藤さんが出てないときもほかのメンバーをあまり観ちゃいけない。どこかで後藤さんに見られてるかもしれないから絶対に手なんて上げちゃいけない。後藤さんが出てきたら、後藤さんだけ見てるっていうのを表現しなきゃ。

――後藤さんは厳しかったみたいですよね。

岩岡　厳しいですよ。

――真野ちゃんも厳しかったですよね。

岩岡　真野ちゃんは完全にそのへんを表に出してましたから。

真野ちゃんが**マネティ**（注25）とケンカしてるのがおもしろかったからなあ。一度楽屋で、ガチで真野ちゃんがマネティの腕を掴んで、いわゆる〝ぞうきん〟してたのは見たことがあります。

——**あそこもいい関係なんですよね。**

岩岡　話を戻すと、後藤さんが厳しかったという経験があるから、いまだにそれは怖いですね。ステージでは推ししか見ちゃいけない。俺がほかのメンバーをチラッとでも見てるところを見られたらもう切腹ですよ。だからいま、**クマリデパート**（注26）は早桜ニコしか見てません。

——**いまはクマリデパートなんですよね。**

岩岡　完全にクマリデパートにハマってしまいました。コロラドさんも最近はクマリでよく会います。こないだ初めてクマリにきたハロヲタの人がいて、特典会で感動してるわけですよ。「こんなにちゃんと会話してくれて、マネージャーさんもすごく優しくしてくれて、こんなところがあったんだ！」って。

——**ダハハハハ！　みんなが人間扱いしてくれる（笑）。確かにいま布教しやすいかもしれないですね、ダンス☆マン曲もあって。**

岩岡　**サクライ**（注27）さんとでんぱ組.incとかの曲作っている玉屋２０６０％さんで共作した新曲『限界無限大ケン％』も素晴しいです。初披露はすごかったですよ。ちょうどブクガ（Maison book girl）が削除される日に発表するということにたぶん意味があって、完全にブクガなんですよ。そこからでんぱ組になって、間奏はブクガで、これ完全に『悲しみの子供たち』だよねっていう。またでんぱ組になって、最後は『ここにいるぜぇ！』の最後みたいになってブクガで終わるから、ちょっと気が触れてるんだけど。

——**それをMaison book girl最後の日に。**

岩岡　その日にやって。「消えない」という歌詞が何回か出てくるんですよ。確実にこれはブクガが削除されてもクマリデパートは消えないというサクライさんの宣言なんだろうなと感じたんですけどね。

——**ボクが後藤さんを取材したとき、ボクのキャラ的にはたぶんもっと踏み込めみたいな声もあったと思うんですけど、踏み込んじゃいけないというか、デリケートな部分には触れず、「いま後藤さんがこうやって活動してくれてるだけでうれしいです」って本人に言ったんですよね。**

岩岡　吉田さんは信用してますから……というプレッシャーをかけたりして（笑）。

——**誰が見てもたいへんなことがあった人がちゃんと朗らかに活動をしてるだけでも。**

岩岡　そう、素晴しいです！

――スキャンダル（注28）**もホントにダメージじゃないですもんね。あんなに爽快感のあるスキャンダルもない。ファンが全然怒ってないし。**

岩岡　俺、錦糸町のアパホテル見に行きましたもん。「ここか、なるほど！」と。

――あんなに夢のある話もないですもんね。

岩岡　ホント素晴しいですよ！　後藤ヲタは誰も怒ってなかった。「俺もオンラインゲームやらなくちゃ！」って（笑）。

――唯一かわいそうだと思ったのが、誰かが「ゴマキ」と言うたびに杉作さんが怒って、「ごっちんです！」と言い続けてきたのが、「モーニング娘。で誰が好き？」「ゴマキ」でよかったんだっていう。「ゴマキ」と呼ぶぐらいの距離感がいいんだろうなって。

岩岡　そう、そこがよかったんですよね。

――「ごっちんです」って答えた瞬間、「こいつヲタだ！」ってなりますからね（笑）。

岩岡　そうなんですよね。いまYouTubeチャンネルは『ゴマキのギルド』ですからね、ゴマキがもうOKになってるという。いいんです、人は成長するんです。後藤さんがエイベックス入ってからママの件があって、そのあとちょっと休んだじゃないですか。そのときけっこう手紙を書いたりしたんですよ、

これは応援しなきゃ、励まさなきゃって。

――関係者としてではなくてヲタとして？

岩岡　ヲタとしてですよ、そりゃそうですよ！　周りのヲタはみんなけっこう書いてたんですよ。すごい人は毎日書いてたんです。

――あの時期、綾小路翔さんとデュエットしたじゃないですか。あのコンサートに誘われたとき、翔さんに「ホントにありがとうございます」って感謝を伝えたこともあって。

岩岡　ホントあれはありがたい、活動休止前の最後にテレビに出していただいて。それで手紙を送ってて、半年ぐらいで復帰してみんな喜んだんだけど、そのあとダメになって活動休止を決めたじゃないですか。いま考えるとファンが「待ってます」的な手紙を送りすぎて頑張りすぎて復帰を早めちゃって、それで潰れちゃったのかなって。ちょっと俺は責任を感じてますね。もうちょっとゆっくり休んだほうが良かったのに、俺らも驚くぐらい早めに復帰しましたからね。それは後悔してます……。

――いろんなことがありながらもテレビの企画でモーニング娘。に混ざったりAKBに混ざったりしたときの圧倒的なオーラったらないじゃないですか。常に圧勝していって。

岩岡　そうなんですよ、あの人なんなんでしょうね。恐ろしい。だから推せてよかったなと……それと同じ感覚を、いま早桜ニ

コから感じてますね。

――ダハハハハ！　そっちも！

岩岡　ニコさんにもこないだ手紙書いて。次のライブまで2週間空くときに、これは手紙書かないとと思って。「よく考えると手紙書くなんて後藤真希以来だよ」って言ったら「えっ‼」って驚いて、向こうで聞いてたマネージャーにも「えっ‼　レジェンドじゃーん！」って言われて。クマリのマネージャーさんもハロー！が好きなんですけど、そうか後藤はレジェンドか……と（笑）。ニコさんも「としえさんって何者なんですか？」「ただのヲタです」って（笑）。

――言い残したことはありますか？

岩岡　いまのハロー！は井上玲音しか応援してないんで。ほかのハロー！には興味がなくなってしまい。それはいまクマリデパートが好きすぎるからかもしれません。『BUBKA』でクマリデパートの企画はやらないですか？　ライターとして俺、ぜんぜん仕事やりますよ！

注1◆『真夜中』……リリー・フランキーと指原莉乃が出演したフジテレビの番組。指原が深夜のファミレスでハロヲタたちと語り合った回が話題となった。

注2◆『ハイパーホビー』……徳間書店から発売されていたホビー雑誌。

注3◆『LOVEセンチュリー』……2001年5月に上演された『モーニング娘。のミュージカル LOVEセンチュリー―夢はみなけりゃ始まらない―』。

注4◆『恋レボ』……『恋愛レボリューション21』。

注5◆『火曜The NIGHT』……AbemaTVの番組。レギュラーMCは矢口真里。

注6◆伴ジャクソン……狼の墓場プロダクション所属の編集者、ライター。

注7◆「知って誰ですか?」……後藤真希が手書きで書かれた「矢口」を「知」と読み間違えたというエピソード。矢口真里のことを知らなかったような演出をされた。

注8◆『サブラ』……小学館の総合男性誌。

注9◆田原（章雄）……編集者。「狼の墓場プロダクション」所属。

注10◆（ゴンザレス）**合林**……狼の墓場プロダクション所属。コンピ盤の選曲なども行なう。

注11◆墓場プロ……杉作J太郎が率いる映画製作集団の男の墓場プロダクション。現在は「狼の墓場プロダクション」に改名している。

注12◆『涙の星』……後藤真希ソロ初期の名バラード。「後藤真希コンサートルアー2004春～真金色に塗っちゃえ！～」の千秋楽、仙台サンプラザ公演で、星形のサイリウムを点灯する企画がファン有志によって行われた。

注13◆**『袋田の滝』**……後藤真希の家族が営んでいた居酒屋。

注14◆**あれ**……母親の時子さんが自宅から転落して亡くなった。

注15◆**うたかくんのインタビュー**……このインタビュー連載にも登場した（207ページより掲載）。

注16◆**能子**……平能子（たいらのよしこ）。平清盛の娘。

注17◆**ハローマゲドン**……2002年のハロプロ大改変。

注18◆**鳥嶋（和彦）**……鳥山明の初代担当だった週刊少年ジャンプの名物編集者。

注19◆**『リルぷりっ』**……ゲーム、アニメ、マンガなどでメディアミックス展開され、アニメ版ではスマイレージのメンバーが声優を務めた。

注20◆**山田（昌治）**……当時のスマイレージのマネージャー。

注21◆**『夏の魔物』**……音楽フェス。当初は青森で開催されていた。

注22◆**有馬**……サムライの異名で有名なヲタ。このインタビュー連載にも登場した（137ページより掲載）。

注23◆**『青春 僕』**……矢口真里の曲。作詞は島田紳助。

注24◆**ヲタ奴隷**……プライベートでも過剰に尽くすファンのことを、ネットなどで「ヲタ奴隷」と呼んだ。

注25◆**マネティ**……当時の担当マネージャーの女性のニックネーム。

注26◆**クマリデパート**……〝世界の心のデパート〟をコンセプトに活動する、6人組アイドルグループ。リーダーは早桜（さお）ニコ。

注27◆**サクライ**……サクライケンタ。Maison book girl、クマリデパートなどのプロデュースを手がける。

注28◆**スキャンダル**……オンラインゲームで知り合った男性との不倫が報じられた。

証言・14
ごっしー

「見返りを求めるな」ってことです。いくら応援したからといって何が返ってくるわけでもない

Profile

少年出版社（現コアマガジン）に入社し、『スーパー写真塾』『アマチュアガール』などの編集に携わる。『BUBKA』では『VIVA!VIVA!モーニング娘。』を連載。後にフリーとなり、倉田真琴名義で執筆活動を行う。

すべてのきっかけを作った？

―『ＢＵＢＫＡ』のモーヲタ二大連載といえばビバ彦（注1）さんの『モーヲタの部屋』と、ごっしーの『ＶＩＶＡ！ ＶＩＶＡ！ モーニング娘。』だったわけですが、ついにごっしー登場です！

ごっしー　ホントは僕は一番最初がいいと思ってたんですよ。だって、すべてのきっかけを作ったのが僕ですから。そんな気しない？

―その流れは何もわかってないですから。

ごっしー　そっか（あっさりと）。

―まず当時の『ＢＵＢＫＡ』がどんな感じだったのかもよくわかってないわけですよ。

ごっしー　僕、『ＢＵＢＫＡ』という雑誌を意識したことはないんですよ。みんな僕が『ＢＵＢＫＡ』の編集部にいたと思ってるんですけど。

―コアマガジンの人間ではあったけど。

ごっしー　元を正すと白夜書房の編集者募集広告を見て、なんだかよくわからないけど応募したら目の前に『スーパー写真塾』の編集長と『クラスメイトジュニア』の編集長がいたんですよ。それが23歳のときで、面接受けて『スーパー写真塾』に受かって。僕がやってた頃は遠藤ミチロウが連載してて、その次が電気グルーヴで。電気がお休みのときに猛毒でやったりして、猛毒は僕が担当してましたね。あと山塚アイと友沢ミミヨも担当していた。

―『スーパー写真塾』はボクも連載することになる、サブカル色が強いエロ本で。

ごっしー　僕は今でもサブカル＝『スーパー写真塾』だと思っています。そんな編集部に入って揉まれた。

―要は、編集は好きなことをモノクロページで誌面にするのが当たり前って刷り込まれたわけですよね。

ごっしー　僕は好きなことも書きたいこともそんなになかったんですよ。だから言われるがままやってたんだけど、だんだんやりたいことが出てくるじゃないですか。それでブルース・リーの本を作ったりしたんです。白夜書房からリリースしたんですけど。

―もちろん買ってますよ。

ごっしー　あ、ホントに？　3冊作ったけど、それからいろいろな活動しましたね。吉田さんと会ったのは相当昔で、杉作（J太郎）さんと会う前だもんね。

―『悶絶！プロレス秘宝館』（注2）のときでしょ？

ごっしー　『悶プロ』の打ち上げだから97年ぐらいかな。**ギンテイ（小林）（注3）**は前から知ってたんだけど、彼が最初に『映画秘宝』

以外で書いたのが白夜書房の『ブルース・リー大全集』らしいよ。コアマガジンで最初に吉田さんに原稿を頼んだのも『アマチュアガール』だし、だからわりと功績もあると思うんですよ。僕はただ遊んでただけなんですけどね。

——そんなときモーニング娘。にハマって。

ごっしー　違うんですよ！　僕、『スーパー写真塾』でちょっと揉めて『アマチュアガール』に移籍するんですけど、『スーパー写真塾』って売れてる本だから編集部に5～6人いたのに、ひとりでエロ本作り始めるわけ。そうするとなんかクサッちゃうんだよね。あの頃はまだ20代で若かったし元気はあったんだけど、つまんなくなってきちゃって。なんか一色ページも適当に作ってたんですよ。**植地毅**（注4）くんに連載してもらってたんだけど、植地くん家でよく**伴ジャクソン**（注5）さんと3人で座談会やってたんですよね、『優香で抜こう』とかくだらないことを。その流れで『モーニング娘。で抜こう』って企画もやったんですよ。そこで植地くんがけっこうおもしろい発言してたんだよね。当時は僕より植地くんのほうがぜんぜん詳しかったんだよ、モーニング娘。に。

——へー。その後、周りがモーニング娘。でおかしくなってからは距離を置くようになるけど。

ごっしー　うん。それで植地くんと疎遠になっちゃって。でも、モーニング娘。は『サマーナイトタウン』のときから好きだったんですよ。メンバーの区別はついてないですけど、『真夏の光線』ぐらいまでは買ってましたよ。でも『LOVEマシーン』で、これはヤバいぞって。そこから早かったですよ、モーニング娘の『ダンシングラブサイト』っていう『恋のダンスサイト』のツアーがあって、あれで初めて行きましたね、中野サンプラザ。そこで感動して、そこから一直線でした。

——一気におかしくなった結果、これを仕事にも持っていこうと考え始めるわけですか？

ごっしー　始めてない（あっさりと）。

——ただおかしくなってるだけ。

ごっしー　うん、おかしくなってるだけ。でも、追っかけるのにお金が必要じゃん。仕事にすれば遠征費とか出してくれるのかなと思って。

——グッズも経費で買えるかもしれないし。

ごっしー　物販ブースで、「領収書ください」って言ったことがあるんだけどハロプロ初期は出なかったんだよね。カードも使えない。あれ、すっごい儲かったと思うよ。

——システムが完成してないときに、いきなり売れちゃったからなんでしょうけどね。

ごっしー　ロックでもなんでもシステムが完成してない頃が一

番おもしろいんですよね、こうだっていう決まりができる前。そういう混沌とした熱い現場に惹かれるんだろうね。その前は僕はロックの現場にいたんですよ。もともと僕はどこから来たか説明すると、**伊藤政則**（注6）さんの事務所に出入りしてたボーヤだったんですよ。

——**政則さんの鞄持ちとかもやってて。**

ごっしー　やってたやってた、運転手やってたもん。とにかくロックが好きで、メタルとパンクが両方好きで伊藤政則と**大貫憲章**（注7）と知り合いって、これは恵まれてるよね。人間関係にはホント恵まれてると思いますよ。そのあと『エヴァンゲリヲン』にハマッたときは杉作さんに全部教えてもらったもん。

——**モーニング。がよかったのは、ヲタにいろんな内部の人がいたってことですよね。**

ごっしー　そう！　いろんなことの土台を作ったのがハロプロだと思いますね。この時代のことはめったに思い出さないんだけど、ホント仕事そっちのけで遊んでたんですよね。

——**ひたすら現場に行って酒を飲んで。**

ごっしー　もう楽しくて楽しくて。それなのに、給料が出るからさ。ホントいい会社だったんだよ。ただ、それでいいわけがなくて、いずれ会社を辞めざるをえなくなるわけですけど。ぜんぜん後悔はしてないですけどね。

『BUBKA』での連載開始！

——**最初はどう仕事にしていったんですか？**

ごっしー　『アマチュアガール』はモーニング娘。を載せたところで、どギツいエロ本ですから、あまり載せたくなかった。そしたら『BUBKA』からオファーかけてきたんだよね、寺島（知裕、当時の編集長）さんから「やらねえか？」って言われて。「モーニング娘。が『ピンチランナー』という映画で駅伝するからそれを観に行きたい。とにかく人手が要る」と。あれ駅伝だから、ものすごい距離なんですよ。ひたちなかの、いま『ROCK IN JAPAN』やってるとこで。それを僕と、コアマガジンの若手編集者全員引き連れて行ったんだよ。全員にカメラ渡して、この地点この地点って決めて全員で撮って見開きでバーンとやったんだよね。『VIVA！VIVA！モーニング娘。』の第1回は巻頭で。（当時の誌面を見て）ほらこれ！　いい記事だったと思うんだよね。巻頭だし人気1位になったんじゃないかな。

——**その次のページがビバ彦さん？**

ごっしー　ビバ彦なんてこの頃いないんじゃない？　ビバ彦って名前は口に出したくもないんだけど。彼に対する僕の印象は『スーパー写真塾』に出入りしてた変なオッサンだったんだよ。だから僕はビバ彦も『BUBKA』も意識してなかったんだよ、ただ遊んでただけなんですよ。

――遊びをそのままちゃんと仕事にしてくれたのが当時は『BUBKA』ぐらいだった。

ごっしー　そうそうそう、ありがたいですよね。**『ホイップ』**(注8)にも同じ写真を先に載せたはず。『BUBKA』の記事が評判になって、じゃあ次からどうしようって話になるじゃないですか。そのときに僕は編集者ですから、売り出したい人がいたんですよ。それがやまのうち直子だったんです。

――イラスト担当の。

ごっしー　一応言っておくけど俺はリーヤはしてないよ！　キレイな女性だったけどね。あの子は『nicola』とか『セブンティーン』とか、当時イケてる少女雑誌で描いてていい感じのイラストレーターだったんですよ。この子絶対売れるなと思って、『アマチュアガール』でギャルのイラストを描いてもらっていた。それで『VIVA！VIVA！モーニング娘。』でも彼女に漫画を描いて欲しいって相談に行ったんだけど、彼女は漫画描く気はないんだよ。だって絵1枚いくらでもらってるのに、こんなにいっぱい描いて原稿料も安いっていうさ。しかも当時のコアマガジンじゃない？『nicola』で描いてたほうが絶対おいしいよね。でも、僕は『マカロニほうれん荘』とか『浦安鉄筋家族』とか『すすめ!!パイレーツ』とかが好きで、ああいうギャグ漫画をやりたかったのと、その頃、『漫画ゴラク』でぼおりゅう♥りきっていう漫画家がプロレスのルポやってたでしょ、あれをまんまアイドルでやりたいと思ったの。

――『わし流プロレス絵ンマ帳』だ。よくタイトル覚えてるなあって自分でも驚くけど。

ごっしー　そうそうそう！　ごっしーの元は、ぼおりゅう♥りきなんだよ。しかも、『アマチュアガール』を引き継ぐときにぼおりゅう先生に連載頼んでるんだよ。子供向け漫画を目指したいって理由で断られたんだけど。いまぼおりゅう♥りきわかる人なかなかいないと思うよ。もう20年以上前だよ。

――そして連載が始まりました。

ごっしー　やまのうち直子に漫画を無理やり描かせて。そんなに長続きはしないはずだったんだけど人気出ちゃって。

――コイタ(注9)**くんの家に行ったのは覚えてる。**

ごっしー　そうそうそう！　そういえば、これ全部、**単行本**(注10)用にコマ割り直してるの。絵もかなり描き直してる。コイタくんのとかボツにしてる。

――単行本に入ってたはずだよ。

ごっしー　(確認して)あ、入ってるねえ！『BUBKA』の最終回で、なっち(安倍なつみ)の『時をかける少女』のロケ地巡礼するっていうのをやったんですよ。それをボツにしたのかな、いい回だったんだけど……いや違う、載ってるなあ（笑）。ぜんぜん覚えてないですね。

――当時の『BUBKA』がどんどんモーニング娘。雑誌になっていくじゃないですか。

ごっしー　……ああ、なっていったの？

――なっていきましたよね？

ごっしー　どうなんだろう……。でも僕以外になんかあった？　それ以外のページのほうが多かったでしょ。そもそも『BUBKA』ってなんの本だったのかなと思うんだよね。遊んでばっかりだったから何も覚えてないんだけど。結局、モーニング娘。で遊んでたことが後につながるわけなんですよ。だからすごく楽しかった時期だし、数えきれないぐらいいろんなことがあったと思う。僕はそのあとの**墓場プロ**（注11）のほうがもっと強烈な体験だったんですよ。だからこの時代のことはあんまり思い出さないっていうのが正直なところなんですよね。

――かなり濃厚だったはずなのに。

ごっしー　この時期のモーニング娘。は最高に素晴らしかったし、安倍なつみのソロもだいぶあとまで追いかけてたんですよ、ごっしーとして表に出なくなってからもずっと。最後、安倍なつみって生バンドでライブやってたの知らないでしょ？　カントリーやってて、すっごいオシャレだったの。小坂一也のカヴァーやったりして。あれはシビれましたよ。

――当時から「ごっしーはもうなっちに興味ないのがバレバレ」とか言われていたのに。

ごっしー　いや、ずっと追いかけてましたよ！　ただ取材してたんですよ、なっちが『25～ヴァンサンク～』ってミニアルバムを出すタイミングでインタビューしないかって話をいただいて。**（ゴンザレス）合林**（注12）さんが話を持ってきてくれて、そこからしばらく『FLASH』の編集部に入り浸るんですけどね。『sabla』でもなっちとあやや（松浦亜弥）と久住小春と音楽ガッタスとか取材をしましたね。

――現場では「ごっしーです」って言うの？

ごっしー　言わない言わない！　なっちに初めて会いに行ったとき、ちょうどその頃、花畑牧場が大ブームだったから、モーニング娘。が使える会議室ってないんだよ。

――「キャラメル期」と呼ばれてる頃ですよね。当時アップフロントの人と仕事すると、「いま会社で使える部屋ないんですよ、全部キャラメルで使ってて」ってボヤいてて。

ごっしー　そうそう、だから狭くてなっちとの距離がすごい近いんですよ。なっちがすごい笑顔で迎えてくれて、さらに僕の目の前に座って足ブラブラしてるのよ。ちっちゃいから足が床に届かないんだよ、ホントにかわいいなと思ってクラクラしちゃって、何を聞いたかも覚えてなくて。そのあと何度もインタビューしていくうちにようやくふつうに話せるようになったんだけどね。最後に取材したときはなっちがカレー作る企画だったんですよ。でもなっちに1から全部作らせるわけにいかないから僕が途中まで作って、なっちがジャガイモだけ切ってそこをパパパッと写真撮って入れて終了。で、「お昼どうしますか?」って聞いたら、なっちが「そのカレーでいい」って言うんだよ。だからなっちは僕の作ったカレーを食べたんだよ、すごいでしょ?

――一生ものの経験ですよ!

ごっしー　だから、すごいことが起きたなと思ったんだけど、もっとすごいこと起きたじゃん。だって、ここに市井紗耶香が来たんでしょ?

――来ましたよ、ボクとのトークイベント(注13)**のゲストとしてこの白夜書房ビルの地下に。**

ごっしー　それすごいと思った。時代が変わったと思ったよね。しかもビバ彦が言ってたようなことをことごとく否定してたから最高だなと思ったね(笑)。市井紗耶香がいた頃のモーニング娘。はホント素晴しかったな。あの子もうちょっと長くいてもおもしろかったのにね……いまさらそんなこと言ってもしょうがないんだけど。僕的には『恋のダンスサイト』リリースちょっと前から市井紗耶香卒業までが第一次ピークですね。ひたちなかで2001年の4月中旬に『ピンチランナー』のロケを取材して、そこからものすごいスピードで編集してるよね、5月20日に公開してるんだから。あのとき『ピンチランナー』のメイキングビデオっていうのがあったんです。俺らが4月にロケ地に行ったら**バクシーシ山下**(注14)さんとか**カンパニー松尾**(注15)さんがいるわけですよ。

――なんで?

ごっしー　あれ制作したのAVチームなの。

――へぇーっ!!

ごっしー　制作がAV畑の人たちだったからバクシーシ山下がふつうにカメラ持って歩いてるんだよ、すごいでしょ!一緒に行ったヤツらはエロ本の編集者だから、「あ、どうも山下さん。何やってんですか?」みたいな感じで、あれは不思議な光景でしたよ。またそのメイキング映像がよかったのよ。映画って空き時間長いでしょ、そこもずっとカメラ回ってるわけですよ。なっちと矢口真里と市井紗耶香が3人でキャッキャしてるシーンがあって、なっちが「すごいですね、モーニング娘。社会化現象」って言い間違えるんですよ。バカでしょ?それがまたかわいくて。そのシーンを延々繰り返し観てたね、**イケメンズ**(注16)の2人と。

ごっしー名義を止めた理由

——さっきから『ピンチランナー』の話で止まってるよ！ それからどうなっていくの？

ごっしー あ、『ピンチランナー』の先行きたい？ でもあの頃が一番楽しかったな。そのあと第二次ブームっていうのがあって、それはやっぱり『ザ☆ピ～ス！』なんですよ。矢口が『オールナイトニッポン』やってたでしょ。今日は新曲が流れるらしいって話になってて、当時コアマガジンのビルって、ラジオの電波が入りづらかったんですよ。僕がデカいラジカセ持ってって聴いてたけどニッポン放送が入りづらくて、だから電池詰めてコアマガジンの前の公園で、ラッシャー木村がよくベンチで座ってタバコ吸ってた公園にラジカセ持ってってイケメンズと一緒に夜中に聴いて。

——それで衝撃を受けたんですね。

ごっしー 『ザ☆ピ～ス！』を聴いたときはすごかったですよ。あれは驚くでしょ。何ごとかと思ったあの瞬間は、今でも鮮明に覚えてる。矢口が「宇宙初オンエア」とか言ってて、来るぞ来るぞと思ったらあれですからね。そのあと繰り返しそのテープを聴いて、発売日にやっぱすげえ、みたいな。そこから**清里**(注17)でね。

——そこでようやく伝説の清里ですか。

ごっしー 僕は杉作さんと伴さんふたりを乗せて、買ったばっかりの中古のBMWで行ったら大渋滞でさ。杉作さんが「乗り捨てて行こう」とか言い出すし、冗談じゃねえよ、みたいな。それが初対面ですからね。でも杉作さんとは最初に会ったときからしっくりきたし、その後も相当お世話になったなあ。ただモーニング娘。期、杉作さん相当不安定だったんだろうな、ちょうど**FMW**(注18)がやばくなった頃だもんね。

——その心の傷をモーニング娘。で埋めて。

ごっしー やっぱそうだよね。で、それがやがて墓場プロにつながっていくんだけど。

——ごっしーは『爆音娘。』(注19)**活動もあるでしょ。**

ごっしー だいたいのことやってますからね、トークイベントも最初から出てるし。『爆音娘。』は客入ったね。あれでビバ彦がおかしくなったでしょ。地方で『爆音』って流れもあって、掟（ポルシェ）さんとビバ彦と僕のセットで北海道、九州、大阪、名古屋、広島、仙台、新潟、あとどこ行ったかなあ？ 新潟は**connie**(注20)さんが出てたね。NegiccoのCDとかもらったよ。大阪は映画の『あの頃。』を観て、この人たちと会ったことあるなって感じだった。

——そりゃそうですよ、最初に彼らが活動したのは『爆音娘。』

に行った流れですからね。

ごっしー　そうなんだ！　**最後に死んじゃう人**（注21）とか覚えてるよ、あの人すごい似てたなー。ＤＪで思い出すのは当時、『恋のダンスサイト』の12インチシングルが出てるんだけど、プロモーション用の12インチがあったの。セクシービームとか声だけ抜いてカッティングしたヤツ、大貫憲章さんちにあったんだよ。「これいらないでしょ！　欲しい！」って言って、僕のグループサウンズのレコードと交換しました。

――当時、ごっしーガールズもいたじゃん。

ごっしー　リーヤしてないよ！

――ダハハハハ！　ビバ彦さんがごっしーガールズを口説こうとしてたの覚えてますよ。

ごっしー　モテたんだよね。あの子たち、もともと杉作さんのイベントのお客さんなんですよ。杉作さんに紹介してもらって仲良くなって、『爆音娘。』に呼んだら毎回来るようになって。とにかくいろんなことがありましたけど、楽しい思い出ですね。ちなみに、ごっしーって名前を使わなくなったのはなっちを取材したからなんですよ。ごっしーって本人たちとは関係ないところで遊んでるキャラだから。そこがおもしろかったわけでしょ。本人に会っちゃうと読者に申し訳なくて、ごっしーという名前はやめたんです。

――『ＢＵＢＫＡ』の人間とは言えないし。

ごっしー　もちろん取材したのはコアマガジンを辞めてからですよ。01年の時点で杉作さんが「まじめに応援しておいたほうがいいよ、いつか絶対会えるから」って言ってたんです。あの人やっぱりすごいよ。「いつか絶対に会えるし、まじめに応援してればいいことあるから」って。やっぱり杉作Ｊ太郎はすごいよ！　だってホントそうなったもんね。

――自宅を暴いたりする方向じゃなくて、ちゃんと愛を伝える方向でいくべきだ、と。

ごっしー　そうそう、自宅暴く系はビバ彦が途中から暴走したんだよね。もっともらしい言い訳しながらさ。太宰治の生家に行ったり足跡をたどる旅とか実際にジャンルとして存在するんだけども、それをやろう、みたいな理由づけで僕が主催してたロフトプラスワンのトークイベントでやり始めたんだよね。衝撃だったもん、おまえどこまで行ってんだよって。ちょっとマズいだろ、みたいな。

――Ｊさんが怒ったのも聞いたし、嶺脇育夫社長（注22）**もさすがに引いたって言ってましたね。**

ごっしー　あれは引いたね。ちょっとマズいなと思って。トークイベントがなんで終わったのかは覚えてないですけど。でも楽しかったとは思うんですけどね。常に超満員だったんですよ。

――当時、地方には行ってました？

ごっしー　けっこう行ってましたよ。安倍さんの『ふれあいコンサート』って知らない？　安倍さんが不祥事起こして復帰したときの。「素敵だな」のあとに久々にコンサートツアーやったときはけっこう行きましたね。ゲストは保田圭と℃-ute。行く先々に保田ヲタの変なヤツがいたんだよね。当時、「保田大明神」ってのぼりを持ってるヤツとかいたでしょ。その人、知り合いだったんだよ。『爆音』やったりトークイベントやってるうちに知り合いが増えた。『BUBKA』にヲタの写真載せてたけど、初期の頃はヤンキーが多かったです。ヤンキーがアイドルを応援する文化はかなり残ってた。自営業でデカい車乗ってる輩みたいなヤツ、セルシオとか乗ってるような。

――特攻服の着こなしが慣れてる人たちが。

ごっしー　うん、悪そうなヤツいっぱいいました。そいつら初期の頃、コンサートでもヲタぶん殴って前のほうの席に行ってたもん。

――ダハハハハ！　そんなのあったんだ！

ごっしー　あったのあったの！　思いっきり警備員と揉めてるヤツもいたしね。かなりいた。そいつらはすぐ現場来なくなった。あと『ダンシングラブサイト』ツアーのシンボルマークの刺青を肩に入れてるヤツがいたね。その写真は好きでよく使ってたんだけど。

アイドルへの思いを小説に

――ハローマゲドンがあって、キッズに流れる人とフットサルに流れる人が出てきたときって、どういうスタンスだったんですか？

ごっしー　どうだっけ？　立場上言えなかったけど、ももち（嗣永桃子）が大好きだったんだよね。

――言えばよかったじゃん！

ごっしー　Berryz（工房）のファーストアルバムは大傑作だと思うけどね。ビバ彦がワーワー騒いでたから放っとこうと思ったんですよね。それとフットサル行ったけど、サッカーはあまり興味なくて。野球好きだからね。

――ごっしーのイベントに行ってた嶺脇社長は、「ごっしーさんがだんだん興味なくなっていくのがわかるんですよ」って言ってたけど、それは本人としてはどうなんですか？

ごっしー　それ読んだよ。「ごっしーのトークは空虚だ」って言ってたよね。

――そう。それは誰もが言う。

ごっしー　わかる。いまBABYMETALを語らせたらホント空虚だよ（あっさりと）。あの取材ではしばらく世界じゅう周ってたのにね。

――モーニング娘。のときと同じように会場でお客さんの写真も撮って『ヘドバン』の誌面に載せて。

ごっしー　結局やってること同じだな、と思いながらやってたんだよ。それで日本に戻ってきた直後に、『**熱烈投稿**』（注23）の編集やってたヤツと久々に会ったらそいつもBABYMETALのパーカー着てて、「ごっしーいまベビメタファンのあいだで神のようになってるよ！」みたいなこと言われて。嬉しかったけど、もういいやと思ったの。同じこと繰り返してるから。

――ごっしーが「世界じゅう周っていっぱい観たけどさー、ライブが代わり映えしないんだよね」ってボヤいてたのは覚えてますよ。

ごっしー　曲数が少なかったから仕方なかったんだろうとは思う。だからステージ上のことは、書くことがないのよ。もう無理だなと思って。

――自分に嘘つけないタイプだからね。

ごっしー　そうそう。だって、モーニング娘。のときなんて仕事になってないのにやってるんだから、嘘ついてまでやる必要がないんだもん。あのときの自分はなんだったんだろう

ね？　たぶん私生活がうまくいってなかったんじゃないかな。

――いろんな人たちが何かの隙間をモーニング娘。で埋めていたんだとは思いますよ。

ごっしー　埋めてた。僕は『スーパー写真塾』を追い出されてひとりでエロ本作ってクサッてるときにおもしろいもん見つけちゃった、みたいな感じで。それがだんだん進んでいって、会社辞めてフリーでやってるんだけど、いまいちパッとせず仕事も伸びないみたいなときにもモーニング娘。には助けてもらったよね。僕はそのあと倉田真琴名義で『**アイドルは恋しちゃいけないの！**』（注24）っていうライトノベルを書くんですよ。ぜんぜんうまく書けてないんですけど、清里の出来事が最後に出てくるんです。杉作さんみたいなキャラも出てきて、杉作さんに教えてもらった最大のことを僕はこの本のなかでセリフに入れてるんです。それは「見返りを求めるな」ってことです。いくら応援したからといって何が返ってくるわけでもない。期待してもいけない。

――醜いヲタがよく言っちゃうのそれですよね、「こんなに応援したのに！」みたいな。

ごっしー　そう！「こんなに応援してやったのに」って。それはダメなんだよ！　それは実生活でも女とつき合って貢いでコーマンさせてもらっていい思いさせてもらったけどフラれたと

きでも、そう言う男はいるよね。

――「プレゼントを返せ」的な醜いヤツが。

ごっしー　ダセえなと思うし、男としての生き方みたいなことをここで書きたかったんですよ。ライトノベルの世界にそういったことを落とし込んだらけっこうおもしろいかなと思ってやってみたんですよ。結局それはウケなくて。これ1冊で終わっちゃうんですけど。そんなわけで自分のなかのハロプロ体験みたいなものがここでひと区切りついてるんですよ。だからもうごっしーとしてメディアに出ることも何もないなと思って。そしたら杉作さんから電話かかってきて、「ラジオでハロプロ特集やるから出てくれ」って言われるわけですよ。「えぇーっ？　ごっしーか……まあ1回ぐらいいいか」って感じで受けたんですよ。かける曲は『ザ☆ピ～ス！』で決まってて。杉作さんを泣かせること言おうかなとかいろいろ考えてたら、本番始まってすぐに寝落ちしちゃったんだよね。

――え？

ごっしー　あのとき電話出なかったでしょ、寝てたの。やっぱり心のどこかで、ごっしーと名乗るのが嫌だなっていうのはあったんだろうね。でも、杉作さんから教わったことはだいたいこの本に入ってますよ。アイドルと自分の距離感。これはどういう話かというと、応援してたアイドルグループの女の子がクラスの隣の席に来るわけですよ。しかも隣の家に住み始めて、そこから毎日一緒に登校するんですよ。その距離感だよね、そのとき自分はどうするかっていう。これが発売されたのはAKB全盛の頃だから、モーニング娘。のファンじゃなくてAKBのファンが読んでくれたら売れるかなっていう下心もあったんですよ。まあぜんぜん売れなかったんですけど。ごっしーっていう名前で書いてもよかったんだけど、それが当時は嫌だったんだよね。

――最近は使い分けが緩くなってるよね、カメラマンクレジット（注25）**もごっしーになったり。**

ごっしー　それあんたのせいだよ！　僕の発言なんて入れなくてもいいのに入れるからさー。最初クラタマコトにしたりしてたんだけど。僕は名前なんてどうでもいいんですよ。ホント気持ちがアンダーグラウンドというか。伊藤政則さんのとこ辞めて1カ月ぐらいでコアマガジンの前身の少年出版社に入ったんですけど、知らない世界が目の前にブワーッと広がるわけですよ。エロ本で本名出してる人なんてほとんどいなかったし、エロ本の編集者もめったに顔を出すことなんてなかったし。

――だから顔もイラストだった、と。

ごっしー　精神の根幹にはエロ本的アングラの精神があります。で、話をもう少し進めると、なっちが卒業した後、さゆみん（道重さゆみ）推しの時代があって。あの頃、『THEマンパワー!!!』ってシングル出したでしょ、あれは東北楽天ゴールデンイーグルスの応援歌で、楽天は久米島でキャンプを張ってるんだけど、そこにモーニング娘。が行って久米島の小学生たちに写真を配るんですよ。それが限定百枚とかだから、その写真ってものすごいレアで、そのさゆみん持ってますよ。一時期ヤフオクで10万円とかで取引されてたの。合林さんのお友達の**西口**（**猛**）（注26）さんのバッグに入ってたヤツらしいですけど、「よこせ！」って合林さんが。

——強引に奪ったんだ！

ごっしー　西口さん、いま社長なんだってね、信じられませんよ！　だいたい僕がなっちに会うことも信じられなかったし、ここに市井紗耶香が来たり、そのあと吉田さんの『実話BUNKA超タブー』の連載でカメラマンとして、みうなに会ったりしたじゃん、あれも僕にとっては信じられないことなんですよ。「みうなちゃんが……」って。で、また彼女艶っぽい女に成長してたしさ。あとね、いま言えることは、もうタダ働きはしません！ってこと。

——『BUBKA』からギャラは出てたの？

ごっしー　出てないよ、だって俺、当時社員だもん。連載やってから終わるまでずっと社員だから出てない。単行本になったときも出てない。だからモーニング娘。で稼いだことってほとんどないですよ。なんもないのよ。

ハロプロ以外だって面白い

——ビバ彦さんとはなんで揉めたんですか？

ごっしー　ハハハハハ！　聞きたい？　揉めたっていうか自然消滅じゃないですか？　俺が『FLASH』でけっこう仕事してる頃、突然電話かかってきて。「そろそろ編集の世界に戻ろうかなと思ってるんだよ」なんつって。どのツラ下げて戻ってくるんだよと思ったけどね。まずこの『VIVA！VIVA！モーニング娘。』の単行本のギャラもらってないですよ。やまのうちにもギャラいってないと思う。ビバ彦が会社辞めたというか、会社が終わる連絡も来てないし、なんにも知らされぬままだった。だから、この本はあんまりいい思い出ないですよ。でも区切りができたからね。あとがきに「ごっしーとして人前に出たり原稿書いたりすることはたぶんもうないでしょう」って書いてるから。これが07年ぐらいで、もうやめるつもりだったの。『クイックジャパン』でも1回モーヲタが特集された（03年）んだよね。あれ編集から電話かかってきて、「長渕剛が飛んだんです」って。

――そうなんだ！　長渕剛の特集のはずが。

ごっしー　そう。『クイックジャパン』のときはもう自分のなかでいろいろ終わってた頃かな。オタクの人がサイリウムをワーッとやってる写真に僕が一文書いたんですよ。それがなんかすごい寂しい感じの文で、これで終わりにしようみたいな感じだったんだよね。常にやめたくてしょうがなかったんですよ。

――ごっしーは、かなり早い段階でそういうモードになってた印象があるんですよ。ビバ彦さんたちは「この祭りを絶対に終わらせないぞ！」って感じでやってたんだけど。

ごっしー　そうそうそう！　だから僕はトークイベントもやめたかったし、全部やめたかったんですよ、なんか。そのあと杉作さん、AKBを応援しようみたいな感じになったでしょ、あれ思いきり反対したんだよね。なんでいまさらと思って。あのとき、けっこう杉作さんにひどいこと言っちゃったんだよ。

――当時、墓場プロからAKBに流れる人をみんなでつるし上げてた時代ですからね。篠本634(注27)に「おまえはホントに曲がいいと思ってんのか！」とか絡んだ記憶ある（笑）。

ごっしー　ハハハハハハ！　べつにAKBは何も悪くはないんだけど、杉作さんのタイミングが良くなかったね。アイドルの応援なんてもういいだろ、みたいな。こっちは完全に燃え尽きてたから。

――そう言ってるごっしーもBABYMETALにハマって『ヘドバン』で仕事するわけで。

ごっしー　それずいぶんあとですけど、タイミングは良かったんだろうね。杉作さんが四国に行っちゃったあとで。BABYMETALはまあ……すごかったね。あと僕のなかでは『ラブライブ！』がデカいんですよ。μ'sとかAqours……みなさんご存じないでしょうけどすごいんですよ！　これ時期が時期で、もしこんなインタビューあったりしたら、全部『ラブライブ！』の話しちゃってますよ。吉田豪をなんとかして『ラブライブ！』の世界に引っ張ろう、みたいな。杉作さんと伴さんを引きずり込もうとしたんだけどまったく無反応でしたね。まあ、AKBに誘われたとき僕は無反応だったわけですけど。

――いま振り返ると、モーニング娘。にハマっていたあの頃ってなんだったんですかね。

ごっしー　僕がモーヲタやってた頃って30歳前後なんですよ。一番いい時期ですよね。体力もあるし、将来的な不安も少ないっちゃ少ないじゃないですか。不安はあったんだけど、とりあえず今はいいやって感じでいられた。モーニング娘。と一緒に遊べたんですよ。ただ、モーニング娘。およびハロー！プロジェクト以上のものとは出会えないみたいに悩んでる、あの頃その周辺にいた人でいま廃人みたいになってる人もいるんでしょ？　僕はそれ違うなと思うんですよ。世の中おもしろいことたくさんあると思うし、単に気づいてないだけなんだと思う。20年経っていまだにそんなこと引きずってんのかって不思議だね。そういう人こそ『ラブライブ！』を観るべきだと思うね。

——そうなんだ！

ごっしー　ホントですから！　マジで！『ラブライブ！』にどんだけ救われたかっていうのは、また別の機会に聞いてください。

——何か言い残したことはありますか？

ごっしー　とりあえず、いまアイドルに狂ってる若者たちにひと言だけ言いたいですね。ちゃんと貯金しといたほうがいいですよ！　お金は突然必要になるんですよ！　しかしまあそれはともかく。好きなものを好きって言うのはいいことですよ。それによって人と出会えますから。仲間ができますから。それは一生もんの財産になるでしょうからね。

注1◆ビバ彦……編集者、ライター。『BUBKA』では、「モーヲタの部屋」を連載した。

注2◆『悶絶！プロレス秘宝館』……吉田豪も参加したムック本。昭和のプロレスの本、レコード、映画、グッズなどを取り上げている。

注3◆ギンティ（小林）……『映画秘宝』などで活躍する、編集者・ライター。

注4◆植地毅……ライター、デザイナー。著書は『絶滅危惧ビデオ大全』など。

注5◆伴ジャクソン……編集者、ライター。狼の墓場プロダクションのメンバー。

注6◆伊藤政則……音楽評論家、DJ。ヘヴィメタル専門誌『BURRN!』の編集顧問。

注7◆大貫憲章……音楽評論家。DJとしてイベント『LONDON NITE』を主宰している。

注8◆『ホイップ』……コアマガジンの制服系グラビア雑誌。

注9◆コイタ……編集者、ライターの小板橋英一（091ページより掲載）。

注10◆単行本……『ごっしーのVIVA!VIVA!モーニング娘。』というタイトルでマガジン・ファイブから2005年に発売された。

注11◆墓場プロ……男の墓場プロダクション。杉作J太郎が率いる、映画製作集団。現在は狼の墓場プロダクションに改名している。

注12◆（ゴンザレス）**合林**……フリー編集者、ライター。石川梨華のフォトブック『ハッピー』を担当した。狼の墓場プロダクション所属。

注13◆トークイベント……書籍『吉田豪と15人の女たち』の出版記念イベントを兼ねて、『猫舌SHOWROOM　豪の部屋』に市井紗耶香がゲスト出演。その会場となったのが白夜書房のイベントスペースだった。

注14◆**バクシーシ山下**……AV監督。代表作は『ボディコン労働者階級』など。

注15◆**カンパニー松尾**……AV監督。代表作は『テレクラキャノンボール』など。

注16◆**イケメンズ**……「VIVA!VIVA!モーニング娘。」に参加したコアマガジンの編集者2人組。

注17◆**清里**……2001年9月8日に山梨県の清里高原で行われた伝説のコンサート。本書の中でもたびたび言及されている。

注18◆**FMW**……杉作J太郎が深く関わったプロレス団体。

注19◆**『爆音娘。』**……ハロプロ楽曲をかけるクラブイベント。

注20◆**connie**……Negiccoの楽曲を手がけるプロデューサー。

注21◆**最後に死んじゃう人**……漫画版『あの頃。』の登場人物のひとりである、コツリン。映画版『あの頃。』ではコズミンとして登場し、仲野太賀が演じた。

注22◆**嶺脇育夫社長**……タワーレコードの社長。このインタビュー連載にも登場した（121ページより掲載）。

注23◆**『熱烈投稿』**……コアマガジンの雑誌。アイドルの投稿写真が掲載された。

注24◆**『アイドルは恋しちゃいけないの！』**……創芸社クリア文庫から2012年に発売。

注25◆**カメラマンクレジット**……『実話BUNKAタブー』の吉田豪のインタビュー連載で、カメラマンを担当している。

注26◆**西口（猛）**……アップフロントプロモーションの代表取締役。

注27◆**篠本634**……『週刊プレイボーイ』などで活躍するライター、イラストレーター。

証言・15【特別収録】

宇多丸

あのときのモーニングとそのムーブメントみたいな、完全にトチ狂ってしまったみたいなことは二度はないんじゃないかなっていう気がしますね

Profile

ヒップホップグループ「RHYME-STER」のMC。執筆活動も盛んに行っていて、『BUBKA』ではアイドルソング時評のコラム『マブ論』を2000年から連載。『BUBKA』のモーヲタ関連の企画にもたびたび登場した。

アイドルとの向き合い方

――宇多丸さん、この企画に呼ばれるのを嫌がってるんじゃないかと思ってたから、単行本でようやく出てもらえてうれしいです！

宇多丸　いやいや、とんでもないです。いつ呼ばれるのかなと思って。だって、これは避けられないですよ、こっちがどう思おうと。

――あのとき当事者であった以上は。

宇多丸　うん、これまでの記事でいっぱい名前も出てくるしさ。これで僕が出ないと、出ないことに対する意味がつきすぎるよ！

――なるほど（笑）。主要人物はビバ彦（注1）さん以外、だいたい出てるとは思いますからね。

宇多丸　え！　ビバ彦さんは出ないの？

サミュL　連絡がつかないんですよね。

宇多丸　言い分がどうであれ、彼のいまの言葉を聞いてみたい感じがするけどね。

――それはホントに思ってて。実際、登場人物が誰ひとり良く言ってないですからね。

宇多丸　ハハハハハハ！　吉田さん的には間違いなく入れたいところですよね。超重要人物であることは変わりないわけだから。

――まず、宇多丸さんはどういう流れでこのモーヲタの輪の中に入っていったんですか？

宇多丸　直接的には**森田くん**（サミュL）（注2）です。『マブ論』の連載も始まってて、僕がまた例によって「今月ちょっと忙しいから連載を休ませてくれ」みたいなことを言い出したとき、掟（ポルシェ）さんとビバ彦さんと高田馬場の居酒屋でモーヲタ異種座談会みたいなのを組んで。行ったら掟さんとふたりしかいなくて、ふたりでしばらくどういうアイドル遍歴だったのかを探り探り話してたんだ。もちろん掟さんのことは存じ上げてはいたけど、そこが最初というか、そこからですよ。

――宇多丸さんはそもそもアイドルが好きではあったけど、あんまりアイドル仲間みたいなものはいない人だったわけですよね。

宇多丸　いないいない。というか、いまでも「アイドルが好き」っていう言い方をしていいのかなと思ってますね。

――アイドルポップが好きだった？

宇多丸　それも曲によるんですよね。いわゆるジャンルごと愛してるっていうのとは違うかなと思ってて。

――ボクがよく言うヤツですね、吉田豪はアイドル好きと言わ

れると困るっていう。ボクも8割のアイドルには興味ないんですよ。

宇多丸　そうそう、それもそうだし。世代的に掟さんもほぼ同じくらいだし、80年代に青春を送ってればアイドルが好きであることとって特殊な趣味でもなんでもなかったから。

――テレビを観て誰でも好きになるもので。

宇多丸　もちろん一番盛り上がってる時期で、松田聖子から82年組があってからの、みたいな感じだったんで。それと同時に中学ぐらいになると、洋楽とかYMO周りの、いわゆる音楽好きの趣味が成熟してくるに従って、ちょうど**近田春夫**（注3）さんの歌謡曲評論とか**中森明夫**（注4）さんの仕事もあったりで、歌謡曲はふつうに好きだけど、いまでいうサブカルというか批評的なおもしろがり方をするみたいなことも僕の周りではそこそこふつうの態度で。だから、すごい観てるし知ってるんだけど、ちょっと半笑いみたいな感じが青春としてあって。そのなかで85年におニャン子があって、おニャン子にもすごい夢中になったし。僕の周りはそれこそハードコアなアイドルヲタ型の人もけっこういて、おニャン子全員の住所知ってるとかさ、なんだそれっていう。それぐらい甘かったんでしょうけどね。あと、どこそこの先輩1個入れるともう……。

――簡単につながっちゃう。

宇多丸　つき合ってるらしい、みたいな。ガンガン生の情報が入ってくるから。それもすごく目線が近いというか、おもしろくてスリリングで。出待ちに行って他の出待ちのヤツとケンカしてとか、そういうのもよく聞いてたけど、僕はそういうスタンスじゃないというか。そうこうしてるうちに**岡田有希子が死に**（注5）、前から感じてた「いかがなものか？」みたいな、芸能界もそうだし、アイドルという産業そのもののあり方にもともとちょっと批判的だった感じが一番嫌な形で露わになって。

――それで距離を置くようになった、と。

宇多丸　そうですね。たとえファンのつもりであっても、生身の誰かを抑圧するシステムに加担することになりかねないんだなと思って。実際、岡田有希子がどういう苦しみ方をしたのかについては諸説あるけども、少なくとも実像と虚像のあいだで苦しんだのは間違いないだろうから。ただ距離を置くと言いながら、ちょっと耳に入ってくる曲で好きなものもありましたし、なんていっても安室（奈美恵）ちゃんには夢中になったんで、やっぱりそういうのが好きではあるんですよね。あと東京パフォーマンスドールの市井由理ちゃんとのつながりも後からできたし。

――EAST END×YURI（注6）**で。**

宇多丸　そのへんも大きかったよな。こっちもゴリゴリのハードコアなラッパーになってったから一番そこは遠くなりかけてたんだけど、ライブ行ったらアイドルヲタのあの熱量と騒ぎみたいな、少なくとも当時のヒップホップは敵うべくもない熱量だったから、やっぱすげえな、みたいな。そこでやっぱおもしろいし「パフォーマンスドール、曲もいいじゃん」、みたいになってて。やってるスタッフが近しいところだったんでCDもらったりして。といううちに、ちょっと飛びますけど『ASAYAN』が始まり。そういうの積極的に観るほうでもなかったんだけど耳に入ってくるようになって、モーニング娘。とか最初はすごい冷ややかだったんですよ。『サマーナイトタウン』の途中までは冷ややかで。

――途中までだったんですね。

宇多丸　途中まで。「大キライ　大キライ　大キライ　大スキ」って気持ち悪い歌だなあと思って。『ASAYAN』も観てなかったんだけど、ホントに「大キライ　大キライ　大スキ」じゃないけど、こんなに気になってるってことは好きなんじゃないのかと思って。

――あまりにも引っかかりすぎた。

宇多丸　で、『ASAYAN』観てみたら番組がおもしろくて、毎週観てるうちにどんどん気持ちが入っていっちゃって。で、『抱いてHOLD ON ME!』が出て、あれが決定打。超カッコいいし変だし、それでちょうどアルバムが出たのを聴いたら超いいじゃんって感じで。とりあえず曲はいい、みたいな。ちょうど90年代末から00年代頭っていろんなことが起こってて。まずヒップホップシーンは僕ら的にはいったんトップを獲った状態というか。トップを獲ったということは逆に言うとなんでもしていいというか。いままではこういうのがラッパーらしいんじゃないかとか、90年代はけっこうビクビクして過ごしてきたわけですよ。なのに自分がいわゆるラッパーっぽいパーソナリティじゃないことにすごい悩んでたりして。だって、クラブとか行っても誰とも話が合わないし。

――生き物として違いすぎますからね。

宇多丸　乱暴に振る舞う人のほうがカッコいいとされるみたいなのがホント馴染まなくて、自分のおもしろみみたいなものがぜんぜん出せない。それはラップが悪いというよりは、ラッパーっぽさを求めるこのシーンのあり方がよくないんじゃないかとか、すごい不満を溜めてた。あとはクラブでみんな歌詞の意味もちゃんと理解しようとしないまま、ひと晩じゅう知らない言語の歌でなんの疑問も持たずに踊るのっておかしくない？　とか思ってて。そういういろんな不満があるときに、これはモーヲタとしてガーッと熱が高まっていくのと、日本語でもっとDJとかできないか、いままでこそふつうですけど当時は日本語の曲をかけると怒られたんですよ。

――いまとなっては信じられないですけど。

宇多丸　日本語ラップをかけても怒られる時代がようやく終わったんだけど、曲はまだまだだったんですよ。日本語ラップタイムだけは特別枠みたいな、そこまではなんとか持ってったんだけど、間はふつうに英語の曲ばっかりで。MCでなんとか曲の中身の説明ガンガン入れたりしてなんとかしたかったんだけど、とにかくクラブシーンとかヒップホップシーンの、当時僕が考えてた保守性にすごいイライラしてて。「ここで『抱いてHOLD ON ME!』かけたらめっちゃ盛り上がるじゃん、なんでかけないの?」みたいなことを言ってたときに**ミッツィー申し訳**（注7）さんと出会って。

――『申し訳ないと』の主宰ですね。

宇多丸　ライムスターで宇都宮にライブに行ったときに仕切りがミッツィーさんで。ミッツィーさんは僕がそういうことをあちこちでいい散らかしてるのを知ってて、あなたなら興味持つはずだってことで申し訳のミックスCDをもらい、ライブ終わった翌日どっか接待というか温泉に行く車でそのCDを流してたとき、「これだ!　これがやりたかったんだ!!」みたいになって。要するにものすごいクラブDJ的なテクニックでJ-POPをカッコよくかける、みたいな。ちょうどモーニングが

盛り上がってきたのと日本語でDJしたい、あとモーニングだけじゃなくて日本のポップシーン全体がめちゃくちゃおもしろくなってた時期、つまり80年代半ばからのクラブミュージック的な、いままでの歌謡曲になかった要素の流入がうまく昇華されたのが90年代末から00年代頭で、とにかくJ-POPがめちゃめちゃおもしろい時代だった。

――でも、それがちゃんと伝わってなくて。

宇多丸　それで、いまこんなにおもしろい世界があるのに!　みたいな気持ちが盛り上がって言い散らかしてたら、『SWITCH』の人が聞きつけてきて、『さよなら歌謡曲』っていう特集でつんく♂さんが出たりなっち（安倍なつみ）のグラビアが載ってたかな、そこで5枚選ぶみたいな企画でモーニングとFolderと宇多田ヒカルと、選んで解説して。それを見た森田くんが連絡してきたんだよね?　要はそれまでゴリゴリのハードコアなラッパーだと思ってた人がこういうこと言うんだと思って。

サミュL　そのとき僕は『BUBKA』のド新人だったんですけど、宇多丸さんがある種、こちらに歩み寄る瞬間が見えたんで、これは行かないとと思って速攻で企画書を送って。

宇多丸　でも森田くんも頭アフロでゴリゴリのB-BOYだったけどアイドルも好きで、だからさっき俺が言った肩身が狭い感じが相当わかったと思う。言えないよね?

サミュL　周りの誰にも言えないからひっそりとアイドルファンをやってて。僕はしかも冬の時代もわりと好きだったりしたんで、そのときなんか宗教に近いというか、人がいないのを確認してからビデオ観るみたいな。

宇多丸　エロビデオじゃん（笑）。

サミュL　裏ビデオの鑑賞会してるみたいな感じでQlairとか観てましたもんね。

宇多丸　だから森田くんに言われた最初の企画は「アイドルも12インチ出したりしてるから、その批評とかどうですか？」って。「いや、でもそんなの毎月出るって限らなくない？　とりあえずふつうにCDをレビューする近田さんみたいな感じでいいんじゃない？」みたいな感じで、最初の頃はむしろハロー！だけじゃなくていろいろ使ってましたよ。途中はハロー！一色になっちゃったけど。だからJ-POP全体に対する興味というか、そこがむしろ大きかったというか。

——義務感的なものもあったんですか？「これを俺が啓蒙しなければ」みたいな。

宇多丸　啓蒙というか、怒りとか苛立ちとか、クラブピープルに嫌がらせしてやりたいみたいな、それに近いですね。だから毎月自費で新幹線で宇都宮に行ってミッツィーさんのDJをうしろで見て勉強して、DJ用にCDを買い集めて、ちょっとずつやらせてもらって。ホント修行。ある程度日本語ラップの啓蒙ということで、いったん達したわけではないけどちょっと山を越えたというか初期目標達成みたいなのがあったから、次のゼロから積み上げる何かみたいなことをやりたくて。僕に関しては日本語クラブDJというところの興味が引っ張ってたところは大きいです。

——当時、宇多丸さんがクラブでモーニング娘。の曲をかけたときのフロアの静まり返り方がヤバかったみたいな話もありましたね。

宇多丸　それは時によるんですよ。たとえばいまでもクリスマスイブにやってるけど、『**さびしんぼNIGHT**』（注8）のときだけは普段ヒップホップしかかからない渋谷HARLEMでDJ KEN-BOが「俺じつはファンクラブ入ってたんだよ」とか言って菊池桃子をかけたりTOM CATをかけたりしてるわけですよ、『ふられ気分でRock'n'Roll』とか。それでふつうに盛り上がったりしているのを見て、「ほらやっぱ、日本語DJ需要あるじゃん！」みたいな。静まり返ったのはライムスターのリリースパーティーですよ。

——え！

宇多丸　それがいままで一番のアウェー。

——ホームなはずが（笑）。

宇多丸　マイクで怒りましたから。「あのさ、ファンなわけじゃん？　そのアーティストがいまこういうことに興味があるとか、そこには興味ないのかな。どうなってんだおまえら」みたいな。もちろん20年前の話なんで、今ならいろんな意味でごくふつうに受け入れられると思いますけど。その頃はクラブにわざわざエグいゾンビのTシャツ着て行くとか、とにかくヒップホップっぽさとかラッパーらしさっていうところに対する苛立ちもあったし、着てるのも革ジャン革パンの上下時代だしさ。いろいろイライラしてたんですよね。

――当時、モーニング娘。好きを公言することのリスクって相当あったと思うんですよ。

宇多丸　ただ、これは偉そうに聞こえたら申し訳ないけど、言うてもライムスターなんで。それぐらいじゃ揺るがないというか。俺が単独でどれだけ好き勝手やろうと、ライムスターそのものの評価にマイナス影響とかはべつにないんですよ。**こっちやん**（注9）が吉田さんになんかいろんなこと言ったとしても、それはあくまで彼の芸風というだけで。

――ああ、Kダブさんが「宇多丸甘いからこんな展開。アイドルマニアで有名な変態」とかラップしたこともありましたね（笑）。

宇多丸　そういうこと言うのって実は彼くらいのもので、ヒッ

プホップシーンから何か言われたことはじつはほとんどないの。それでディスられたとかもないし、俺がクラブでそういうことをして怒られたこともなければ、なんか言われたこともないんですよ。もともとラップ界のなかで、雑誌でずっと連載していろんなカルチャーも扱ってたし、雑多なことに興味がある人だっていうことは知られてたし、「士郎くんはマニアックな人だよね」みたいな定評はあったから。敵に回せば面倒くさいっていうのもみんなわかってるし、それがあるからやってるところもあるわけですよ。だから基本はやりたい放題です。誰も俺に文句言えないだろってぅのがあるから、「おまえらわかってねぇ」みたいなことが言い散らかせてたんです。

――いまのアイドル好きとは明らかに違うわけじゃないですか、現場に行って握手しまくるようなタイプのアイドル好きとは違って。

宇多丸　一貫してそこは興味ないな。本人に会いたいっていうのは1回もないです。認識されるの嫌じゃん、なんでこんな醜いものを網膜に映されなきゃいけないの？　嫌われるぐらいなら知られないほうがいいっていう。だからよくみんなあんな面と向かって。

――認知されたいって思いもわからない？

宇多丸　認知される？　こんなのを？

——ダハハハハ！　一貫してる（笑）。

宇多丸　そこはすごい不思議。

モーヲタたちとの出会い

——そういう宇多丸さんが掟さんとか、いろんな人たちと知り合っていくわけですよね。

宇多丸　吉田さんも掟さんと一緒にいたときにいらっしゃって。当然、僕も存じ上げてるから、「うわ、吉田豪だ！」って。言っちゃえばこっちに来たことで吉田さんとも知り合ったし、後にコンバットRECともだし。

——ボクや掟さんと最初に話した直後、宇多丸さんが当時の彼女に「今日はヒップホップの世界には存在しない、すごい知識の人と出会えたんだ！」とか報告してたって聞いて、すごくいい話だなと思ったんですよね。

宇多丸　「ほらみろ！　僕なんかが敵わないぐらいおもしろい人たちいっぱいいるじゃないか！」みたいな感じで。それも感動しましたよね。クラブにいるバカばっかじゃねえじゃんって。だから結論っぽいことになっちゃうけど、モーニングを好きになって何がよかったって、いろんな人と知り合えたことだし、人間関係が一番財産として残りました。最初、どういう流

れだか吉田さんと掟さんと新大久保の韓国料理屋に行って、そこも時代を感じさせるけど、わざわざ赤犬を食って。

——掟さんが「犬は飼っても可愛いし食べても美味しいんだよ！」って言ってて（笑）。

宇多丸　こっちもナメられちゃいけないと思って、ホントは嫌だけど食べる、みたいな。

——掟さんは、犬を飼うようになったら犬肉は食えなくなったって言ってましたけどね。

宇多丸　ひどいよ！　想像力の欠如だよ！

——あの頃はボクも含めてちょっと意地張ってる部分があったと思うんですよ。マウンティング合戦じゃないですけど、ナメられたくないみたいな戦いを各地でしてましたから。

宇多丸　そうかもね、お互い違う畑同士でそれなりに一家言ある者同士が出会うから。それこそいまだにRECとやってるようなかまし合いも全力出せるし。たとえば「宇多さん最近モーニング娘。好きなんでしょ？」みたいなレベルでクラブで話しかけられても、「その話、聞く気ないなら振るなよな、するならするけど。本気を出せるならやるけど挨拶のつもりで言ってるならやめてくれる？」みたいな。だから、全力でかかっても敵わないような人がいっぱいいるから。これはもうちょっとあとになりますけど**高橋ヨシキ**（注10）さんと出会ったときもそうだ

し。自分は井の中の蛙だったっていうのがとてもうれしくて。

——宇多丸さんが最初にロフトプラスワンのイベントに出たとき、お客さんを指して「こんなに仲間がいるとは思わなかった」的なことを言ってたって聞いたことがあります。

宇多丸　そうですね、少なくともモーニングに関しては誰にも話せなかったわけだから。

サミュL　だから『BUBKA』の連載も、当時はまだフロッピーディスクで原稿を渡す時代だったので、新宿の喫茶店で毎月会ってたんですけど、僕がこんな感じで大声で話そうとすると、「それ大丈夫?」みたいな。

宇多丸　「こんな話を大声でして!」みたいな(笑)。うしろめたさは引きずってて。だから、もちろんモーニングそのものもアイドル的なものも好きだけど、それ以上にいろんなおもしろい人と出会えたワクワクも大きくて。日本語DJを普及させるんだっていうのと人的ネットワークの広がり、なおかつモーニングもどんどんおもしろくなっていくし、そういうのが渾然一体となって、それをまとめたムーブメントが起こってましたよね。

——だからトークイベントにも喜んで出て。

宇多丸　まずロフトプラスワンに出演者で呼ばれるって誉れじゃん、みたいな。もっと言えば『BUBKA』の連載依頼が来

たときも、当時のマネージャーは偏狭なぐらいゴリッゴリのハードコアヒップホッパーだったんですよ。だから「宇多さん、なんか気持ち悪い雑誌から依頼来てるんだけど断っていい?」「え、どこ?」「『GON』? いや、『BUBKA』」「受けます!」みたいな。

サミュL　それで本人から連絡もらって。

宇多丸　当時、『BUBKA』と『ニャン2倶楽部』が同じ編集部にあったんで、たまに行くと『ニャン2』の元の写真(ハメ撮り)がワーッとあって。『ニャン2』の人に「これずっと見てるっていい仕事ってことなんですかね」って言ったら、「ずっと見ててごらんなさいよ!」みたいな(笑)。だから吐き出すところがほかになかったから。

——最初にロフトプラスワンのトークイベントに出たときのことは覚えてます?

宇多丸　最初は**金井覚**(注11)さんもいらっしゃって、言わば冬の時代組がまだまだメインで活躍されてた感じでしたよね。

——司会がブレーメン大島(注12)さんだったり。

宇多丸　そうそう、ちょっとそっちの仕切り度が高い状況で、むしろ俺とかRECはアイドルファンとしては付け焼き刃もいいところというか。アイドルファンじゃなくてモーニングが好きなんでしょ?ってことだから、そこの立場の違いというか、

僕らからするとジェネレーションギャップというか、それがすごくある場だったのは覚えてます。

――しかも、金井さんとかはほとんどモーニングにハマッてなかったですからね。

宇多丸　気持ちはわかるんですよ。冬の時代もずっといろいろおもしろいものもあったのにそこには見向きもせず、ある種テレビ主導で盛り上がったものを後追いで騒いで、あんまりおもしろくないのは理解できるし。ただこっちとしては、「でも違うし、いろいろブラッシュアップしてるじゃないですか」って。そこはなかなかかみ合わなかったですね。そしたら途中で金井さんが寝ちゃったり。

サミュＬ　そうだ、けっこうヒートしてきちゃって収まりつかなくなってきてすごい飲んで寝ちゃって。金井さん寝てるままで俺たち次の打ち上げに行った記憶ありますもん。

宇多丸　でも金井さんとかブレーメンさんとか、1年ぐらいはご一緒する機会が多かった気がするから、そこまで完全に棲み分けがいきなり起きたわけではなかった気がしますけどね。でも、そういうちょっとピリピリしてるところも含めておもしろかったです。

――モーニングで初めてアイドルに目覚めた人がすごく多かったですね。掟さんとかボクとか昔からアイドル聴いてる人は珍しくて。

宇多丸　やっぱりいろんな入口があるというか。たとえば洋楽好きみたいな入り方も当然あるし。僕らが仲良かった人はそういう人も多かったですよね。僕がモーニング好きをあちこちで公言し始めたとき、僕の大学のサークルの『ＧＡＬＡＸＹ』、ソウルミュージック研究会ってゴリゴリのブラックミュージックのただごとじゃないマニアたちなんだけど、その大ボスの**細田日出夫**（注13）さんが「士郎、タンポポの『ラストキッス』いいよね。『Ｍｅｍｏｒｙ青春の光』もいいよね」って。もちろんミュージシャンがそういうチームだから。「あれはブラックミュージックだよ！　つんく♂わかってるよ！」みたいな。細田さんって視野が広い人なんだけど、俺的には「ほら、細田さんがこう言ってるんだから間違いないんだよ！」って勢いづいたのを思い出しました。

清里コンサートと『いいとも！』出演

――宇多丸さんにとっても一気に人間関係が広がったのってやっぱり清里なんですか？

宇多丸　でも、清里に一緒に行くぐらいだから、そこに至るまでにモーヲタのトークライブも何度か出てある程度は仲良くなってて。コンサートはその前も何度か行ってたけど。

サミュL　あれは2回目のトークライブのあとそのまま残って行ったんですよね。宇多丸さんはそのときいなかったんですけど。朝、新宿スバルビル前に集合みたいな感じで。

宇多丸　僕は名古屋だか大阪でライブがあって。翌日、ひとりで朝イチで帰ってきて。覚えてるのは清里の後の打ち上げで初めて本格的にRECと話して仲良くなったこと。

――杉作さんとも初めて会ったんですよね。

宇多丸　杉作さんと会ったのは清里の原っぱのほうです。覚えてるなあ、「あ、杉作J太郎だ！」って、ファンだったから。「杉作さんもいるんだったら間違いない！」って。向こうは気持ち悪いなと思ってたって言われたんだけどさ。そんなこと言わないでよ……。

サミュL　示し合わせたわけじゃないのに、清里には重要人物がやたらいっぱいいたんですよね。**せきしろ**(注14)さんとかもいたんですよ。

宇多丸　不思議だよね、行きやすいコンサートじゃないのにさ。あの前の日は、その日に限って楽屋にものすごい女の子がいっぱい用意されてるタイプのライブで。ライムスターはそういうの苦手で、勘弁してくれよって感じなんだけど。女の子いっぱいいて打ち上げで飲みながら、「俺、明日早いんでホテル帰ります」「え、なになに?・」「いやモーニング娘。のコンサートが清里でありまして」「え、そんなさー生身の女とモーニング娘。どっちがいいわけー?・」「モーニング娘。です。あと仲間が待っている」ってカッコいいこと言って去ったというのをあちこちで武勇伝のように語ってますけど。でも実際その時点で高まってるものがあったんですよね。

――仲間とめぐり会えた感もあった、と。

宇多丸　あのバスに乗ってた人はわりとそこは。しかも知ってる人ばっかりじゃなかったんだけど、バスのなかでとりあえずこれ観ましょうかってNHK-BSか何かの中澤裕子卒業スペシャルを録画した映像を流して、そしたらみんなシクシク泣き出して、どんどん気持ちが高まっていって。「このバスが落ちて全員死んだら葬式にモーニングが来てくれるんだろうか」とか、「仮に来てくれなくても語り継がれていくことだろう」みたいな話をして。でも渋滞して間に合わねえとかなって、みんなイライラしだして、着いたらみんなで走り出して。

――宇多丸さんが遅かったんでしたっけ?

宇多丸　違う、僕は早くからバテたって有馬さんがネタのようによく言ってるんだけど、そうじゃなくて俺はそんなにいい場所を取ることに興味がないというか。近くとか行かなくていいんだよっていうだけで。とはいえそういうすったもんだもあって。清里はけっこうちびっ子もいっぱい来てるような会場で。そしたらちゃんとちびっ子が見えるようにヲタが配慮してあげてる様とか見て、「ほら、やっぱりヲタはいいんだよ！」みたいな感じで。あの1日はよかったですね、コンサートもおもしろかったし。石川梨華が出たときは大雨降ってて、後藤真希が出てきた途端……。

サミュL　後光が射したみたいな。

宇多丸　俺ら完全に記憶が補正されちゃってるけど、後藤が出てきた途端、日がブワーッとそこに射して、あのときの新曲がクリスティーナ・アギレラかなんかのパクリだとか言われてる頃で。パクリも何もって感じなんだけど。でもここで聴くと格別だなとか、そういう1個1個を思い出しますね。みんなトークショーやって寝ないで清里行って、俺もライブやってほぼ寝ないで来てるのに、そのまま新宿で打ち上げしてまだ盛り上がって、脳内麻薬も出ておかしくなってて。当時は日本語ＤＪとか音楽的にとか言ってたのが、ムーブメントのど真ん中に行ってあそこの熱量にやられちゃったところもあって、どんどんみんなのこと好きになっていっちゃったし。

サミュL　今回のこのシリーズって『証言モーヲタ』であって『証言モーニング娘。』ではないんですよね。だから、みんなモーニング娘。が好きなんだけど、結局、あの頃の人間関係の話ばっかりしてるんですよ。

宇多丸　もちろんベースには当時のモーニングのいろんな楽曲があるし、いま考えても単純にいいっていうだけじゃなくて異常なんですよね。ふつうこうはならないだろっていう曲になるというか。つんく♂さんもまだ未熟だったせいもあるのか、とにかくありえないことが起こる、いま考えてもあれはどうかしてる時代でしたね。出るもの出るものおもしろいし、仮に「あれ？」と思っても、その「あれ？」をきっかけにいろいろ盛り上がれる。あと『ＡＳＡＹＡＮ』が終わっちゃったのとインターネットのちょうどいい普及感、2ちゃん的なちょっとアングラ感のある普及度と、じゃあ俺たちが物語を紡ぐっていうのと食い合わせがよかったのかなと思うんですよね。僕自身は2ちゃんの住人じゃないけど、切り離せないものがあった感じがしますね。

――そうですね、有名ヲタはだいたい2ちゃんでコテハンで書いてる人たちっていう。

宇多丸　いまだに当時のハンドルで呼ばれてる人もいますもんね。**刑**（注15）くんとかそうだし。

サミュL　あとはＳＮＳじゃなくてテキストサイトの時代だから、みんな自分の妄想なり考えなりを表明して、それを読んでたっていうのもありますよね。後にＡＫＢのブームになったときに僕はモーヲタのときみたいに新しいライターがどんどん出てくるかと思って期待したら誰も出てこなかったんですけど。

宇多丸　どちらかというとすでに名のある評論家とかのシーンだったもんね。だからインターネットのちょうどいい時期というか、ヲタが濃く培養されやすい時期も関係あった。

――2ちゃんとｍｉｘｉなんですよね。

宇多丸　ｍｉｘｉは僕の感覚だともうちょいあとな気がしますけど。ひと通り人間関係が出来上がったあとに出たから。04年とか05年ぐらい？　俺、05年にはもうすっかりだったんで、ほんの2〜3年なんだよな。

サミュL　そもそも後藤真希がモーニング娘。にいた期間が3年ですからね。そのあいだがみんなが一番狂ってた気がするんです。

――宇多丸さんの『笑っていいとも！』出演とかも欠かせない話じゃないですか。

宇多丸　ああ、たしかに。

――あれもトークイベントの直後ですよね？

宇多丸　翌日とかなんですけど。いまでいうイキりが入ってるんですよ。翌日に『いいとも！』に出るけど、すぐそばのロフトプラスワンで俺は前日にモーヲタイベントに出て。

――いろんなミッションを指示されて。

宇多丸　そうそう。そういうことするつもりはなかったんだけど、あれやれこれやれって言われておもしろいなと思って。ヒップホップ反抗期でもあったから、ラッパーっぽい振る舞いだけはしたくないというか、しゃべりにしても何にしても。だからメンバーふたりに、「ふつうにプロモーショントークしても絶対おもしろくならないから、ちょっと爪跡残す方向で私に任せてもらっていいですか？」と。彼らにプランがあるわけじゃないから、「ま、いいよ」って。「そこでラップかますとか、そういうの嫌じゃん。絶対にそっちに話がいかない手があるから」って言って、下にモーニング娘。のTシャツ着て、席に着くなり開けたら「あ！」って（笑）。

――その過去に後悔はないんですか？

宇多丸　ないないない。べつにそれで損はしてないし、むしろ終わったあとにタモさん（タモリ）が「あいつしゃべれるね」って言ってたみたいで。じゃあよかった、と。いわゆるラッパーのイメージがいま以上に強い時代だったから、無策で行ったらぜんぜん引っかからない感じで終わったと思うんですよね。もしくはすっごい寒いか。ラッパーのステレオタイプを勝手に当てはめられて笑われるぐらいなら、まったく違う方向から笑わせてやる。その時点では『**ファイト・クラブ**』（注16）気分なんですよ。秘密結社で社会に浸透していってる同志たちにサインを送るみたいな、「ここにもいるぞ」っていう。それも当然ありました。

サミュし　あのときは僕がビバ彦さんたちとヲタ集めてアルタの下で応援してたんです。

宇多丸　モーヲタ一同から花も来たし。**アルバム**（注17）のプロモーションで出たけど、アルバムのスペシャルサンクス欄、有名ヲタだらけ。

——有馬くんとか入ってるヤツですよね。

宇多丸　ひどい話ですよ。あとメジャーデビュー用に作った曲じゃないけど、一応**メジャーデビューシングル1曲目**（注18）の出だしがモーニングの話っていうね。どうかと思うけど、それで不利益があったことは一度もない。

——宇多丸さんのどうかしてた発言が当時あった、みたいな話がよく出るわけですよ。「俺のほうがモーニング娘。だ！」とか。

宇多丸　それ自分で言ったのよく覚えてないんで、どうなんだろ？　でも、そういうことはね、よくみんな言ってたの！　そこだけ取り出すと変に聞こえるかもしれないけど。

——そういう時代だった（笑）。

宇多丸　要するに「モーニング娘。とは精神性であって」みたいな理屈から、「新しく入ってきたヤツより俺のほうがモーニング娘。」みたいなことを言い合うのが楽しい時代だったんですよ。もっとガチだったのはビバ彦さんの、「いまの藤本（美貴）より俺のほうがＤＪ長時間練習して頑張ってるから」みたいな、なんだそれ？って爆笑したのをよくおぼえてますね。まあ当時のモーヲタロジックですよ。いかにおもしろいこと言うか、みたいなのもあったから。こっちもみなさんに負けないようにイキッてたんじゃないですか？

——宇多丸さんも「5期は認めない」的な、メンバーに批判的な時期はあったんですか？

宇多丸　僕は岡田有希子ショックでアイドル好きをやめてるような人だから、本人を責めるのはどんな形にしろあんまり好きじゃないし、ましてや入ってくるときは子供だから、新垣里沙が入ってきたとき野次ったとかはホントにやめなって当時から言ってましたし、基本的には本人たちのことをっていうのはなかったと思います。采配に対してどうのこうのはあったとしても。そう思いたいですけど、昔のことなんで配慮がないこと言ってたとしたらそれは反省します。

——ＲＥＣは最近になって反省してましたけどね、あのときは言い過ぎてたって。

宇多丸　ああ、当然反省すべきですね。

——ダハハハハ！　やっぱり！

宇多丸　彼はひどかった！

サミュレ　基本的に「死ね」という言葉がよく出る人ですからね。

宇多丸　それもロフトプラスワンとかアンダーグラウンドな、好きな人だけが来てるとこで。誉められたことじゃないけど、誉められたことじゃないのがわかってる人が集まってる場だったからっていうのはあると思います。ロフトプラスワンってそもそもそういう場じゃん。正しさと対極にあることを言っていい場なんでしょっていう。とはいえ、最低限守るべき一線は越えてなかったはずだと思いたいですけどね。

——宇多丸さんは比較的そういうときにフォローを入れてたっていう話も聞きますよ。

宇多丸　そうですね。とはいえ楽曲に対してはひどいこと言ってるし、それはさっき言った90年代末から00年代頭にかけての日本の音楽とかシーンを変えるみたいなところで、ちょっとこっちの勝手な理想が高くなりすぎてたところもあると思うんですけどね。

——厳しく言いすぎたってRECも言ってましたよね。ホームランを連打してたから二塁打ぐらいでもボロクソ言っちゃってたって。

宇多丸　そうね、楽曲に関してはそれはそうかもしれない。あとアップフロント側も後に学んだとは思うけど、ちょっとどうかと思うことをいっぱいやってたし。ハローマゲドンしかり。加護（亜依）ちゃんとかがああなるのだって、それは周りの大人の責任でしょ、っていうさ。なんかなーっていうのはだんだん感じ始めて手放しに見られなくなってきた。

離れるきっかけとなった矢口問題

——矢口騒動が大きかったんですかね？

宇多丸　もちろんそこは決定的ですよね。そのときにさっきの、モーヲタ同士は『ファイト・クラブ』でみんな大好きみたいな感じが、あれ幻想だったなというか。もちろんいろんな人がいるのはそれでいいんだけど、岡田有希子とまったく同じところもあるんだよなっていうか。むしろネットができたことでより怖いことになっちゃってるじゃんっていう。

——アイドルの恋愛を許さない層が想像以上に存在したことがそのときにわかった、と。

宇多丸　そうです。で、本人を叩く。ビッチ呼ばわりとか。それが許せなくて。それこそ俺たちの愛したモーヲタがそういうことか！　と思って。個人的に失望が大きかったです。

——意外と矢口ヲタは怒ってなくて、矢口ヲタ以外が口汚く罵ってたみたいですよね。

宇多丸　そうなんですよ。当時、決して人気が上のメンバーというわけではなかったし、歳もだんだん上になってきて「あいつはいいや」みたいな空気も強かったから。だから杉作さんが「梨華ちゃんの卒業式のときに言ってくれるな」って言うのもわかるけど、「あいつはいいや」みたいなのが嫌で嫌で。「え、同じグループだよね？」みたいな。

――しかも相当な功労者だし。

宇多丸　当時はモーニングを通じた新たなアイドルファンのあり方に幻想を抱きすぎて、失望感が大きくて。要するにこれを許すかファンをやめるかだな、みたいな。最後にどの程度、自分らの主張みたいな人がいるのかは確かめたくて。それがひと通り終わってみて、そのぐらいの頃にモーヲタの看板を外したという。やっぱりちょっといいやっていうか、同じに見られたくなくて。

――石川さんの卒コンに矢口キャップを被って行ったら杉作さんが怒ったわけですよね。

宇多丸　でもさー、それぐらい許してよ！　べつにプラカード立ててたり野次飛ばしたりしてるわけじゃないんだからさ。帽子ぐらいいいだろって。しかも中野サンプラザ前の露店で買ったパチモンを。オフィシャルグッズのとこ見て、「ほら、矢口のはもうねえじゃん！　歴史修正主義だ！」って言って。

――いい話ですよね、矢口に卒コンを見せてあげたいからキャップを被るのは（笑）。

宇多丸　まあ、それもどうかしてるけど。余計なお世話だし、矢口いたしね。でも本来あそこに立ってる人が客席か……そんなに悪いことした？　みたいな。ちょうどそのとき久住小春さんが入ってきて、久住さんのオーディション映像とかから矢口がトリミングされたりしてるわけよ。「ほら、歴史写真のトリック出た！　文革（文化大革命）ですよ！」とか言って。

――相当怒ってたわけですね（笑）。

宇多丸　怒ってたし悲しかったし失望した、そんな感じです。もともと勝手に幻想を抱いてたのがよくないのかもしれないけど、でもやっぱり本人を叩くとか見下げるみたいなのはホントよくないと思ってて。それがホントに嫌だったし、黙ってられなかった。これがモーニングファンでもなんでもなく、外から見てたら「気持ち悪いなアイドルヲタ」って言って終わった話なんだけど、関わってたから責任があるというか。モーヲタって言って、あれだけのことを世間にもやっちゃってるから、そういう集団だって見られることが我慢ならなかった。だからそうじゃない人もいますってことをちゃんと大声で言わないと。

――あのときの杉作さんとのトラブルは、宇多丸さん側から見るとどうだったんですか？

宇多丸　いや、大げさな話になってるけど。だってコンサートの後、同じ**アシッドパンダカフェ**（注19）に合流してるんですよ。これ仲良いでしょ？　コンバットRECと声を荒げて議論したレベルの対決ですよ。ホントに決裂した感があるのはビバ彦さんとか、もっと名の知れぬ、たとえばmixiでやり合っちゃったりとか、あれもちょっと反省してるけど。

――mixiで何をやり合ったんですか？

宇多丸　俺が矢口を救えキャンペーンをやってたら、若いモーヲタから「自業自得じゃないですか」みたいなのが来て、論破しまくるみたいなことをやって。それも人それぞれだから放っときゃよかったんだけど。まだ「仲間だろ、目を覚ましてくれ！」みたいなのがあって、ちょっと押しつけがましかったんですよ。杉作さんに関しては、こういうところで話せる程度の、仲が良いからの話だから。しかも俺はすっかり忘れてたから。そんなことあったっけと思って。「俺のこと殺すそうですね？」って（笑）。何も覚えてない。

――電車のなかでJさんが「宇多丸を殺す」って言ってたら、なぜかタレ込まれて。

宇多丸　『ファイト・クラブ』だから（笑）。たぶん移動中にRECとかが「宇多丸さん、杉作さんが殺すって言ってるらしいよ」って焚きつけてきたんだろうけど。それは決着つけにいかないとっていう。でも、同じアシパンに仲良く集まってさ。覚えてないし、その程度のことは毎晩のようにやってたから。

――毎晩論戦するのが当たり前みたいな。

宇多丸　そうそうそう。議論は僕的にはケンカじゃないから、特別なできごととして覚えてないというか。それに、RECのほうがよっぽどひどいケンカしてるから（笑）。

――とりあえず、宇多丸さんは矢口問題で完全に一線を退いた感じではあるんですね。

宇多丸　そうですね。あと、作品的に僕の好みではなくなってきたこともあって。

――その後、フットサルが面白いってことで呼ばれたら行ってみたりはしたけども。

宇多丸　そうですね、フットサルは疑似恋愛的な装置を用意しなくてもおもしろい、みたいな。矢口問題の反動ですよ。昔ながらのアイドルのやり方はダメだ、結局繰り返しだったみたいな感じで、これなら邪心なく応援できるって感じだったんですけど、それもバランスが崩れ。そりゃそうだよね、スポーツなんだから。みたいな感じですかね。そのあとPerfumeとかもあって、Perfumeは彼女たちのスタンスがブレないまま大きくなってるから変わらず好きだけど、あのときのモーニングとそのムーブメントみたいな、完全にトチ狂ってしまったみたいなことは二度はないんじゃないかなっていう気がしますね。

――あんなにとんでもなくおもしろいはずだったものが、どうしても変わってしまって。

宇多丸　でも、おもしろい時期が何年かあったんだったら、それはいいじゃないですか。ずっと続くものなんてないから。むしろそれがあったことが大事というか。そこからモーニングという要素を取っても話が合う人が友達として残ったっていうことだし、それってすごくいいことじゃない。だからそこにネガティブな要素はないというか。むしろいろんなアイドルというものの問題をあらためて考えるきっかけももらったし、しばらく**堀越日出夫**(注20)さんと『アイドルを救え』みたいな連載もやってましたけど、このままじゃダメだよなっていうものが見えてきたのも収穫ではあったし。その後、なし崩しにまたアイドルが盛り上がっちゃったけど、諸問題は解決されないまま盛り上がっちゃったから、吉田さんなんて有象無象のアイドルの諸問題に向き合ってますけど（笑）。いまなんてもっとファンと本人たちとの距離が近づいてるから。その結果、投げかけられる言葉もより直接的に届くようになっちゃってるから。そこはホントにどげんかせんといかんと思うけど。

――前は、悪意のある意見は2ちゃんにアクセスしないと見られないものでしたからね。

宇多丸　そうね。2ちゃんという場もロフトプラスワンみたいなもんで、「まあ2ちゃんじゃん」みたいな。それに対して、たとえばTwitterは堂々たるTwitterだし、フォーマットが同じことによって全部が等価に見えるのはいよいよSNSによって進んだよね。

――その後、宇多丸さんが矢口さんと共演して絶賛してる光景がすごい好きなんですよ。あんまり誉められ慣れてないから、ボクや宇多丸さんが絶賛することに戸惑いがあって。

宇多丸　本人もキョトンとしてましたけどね（笑）。こういうふうに言えるようになってよかったなと思うと同時に、あんだけ一生懸命誉めたり原稿書いたりしてたのに、モーヲタの悪い声ばっかり届いていいところは届いてなかったのかってガッカリもしましたね。

――当時の『BUBKA』はスキャンダル雑誌だと思われてるけど、モノクロページには違う部分もいっぱいあったのにっていう。

宇多丸　しょうがない、サミュLが悪いよ！

サミュL　ハハハハハ！　ただ僕自身が何かしたことはほとんどないですからね（笑）。

あの頃、青春は青春だった

――映画『あの頃。』で抜け落ちているのが、矢口問題とかこういう部分ですよね。

宇多丸　ただ、劔（樹人）さんは僕らよりもちょっとあとから来た人だから。この連載でロビン（前田）さんが言ってたけど、熱のピークが終わったあとの話だからああいうネタっぽいイベントやってるんで、最初からこういうことばっかりやってたわけじゃないっていう。たしかにそこは重なるなと思って。RECともうモーヲタイベントはいいから、RECがおもしろいんだから、RECの得意な部分を使ったイベントやろうってことで『TVの国からキラキラ』ってイベントをやったりしてたわけで。

――趣味で集めた映像を鑑賞する企画を。

宇多丸　RECさんちに溜まっていろいろ遊んだりしていくうちに、モーニングそのものに対するポテンシャルが下がっても、「いや、おもしろいのはあなた方じゃないんですか？」みたいなのが見えてきて。大阪の動きともそこはシンクロしてるんじゃないかな。

――その後、宇多丸さんがラジオ（注21）を始めたら、そういう人をゲストにも呼んでみたり。

宇多丸　そうですそうです。

――宇多丸さんが『BUBKA』で仕事してマイナスを感じたことは多々あるんですか？

宇多丸　あるとしたら一時期までアップフロント、ハロー周りはNG食らってましたね。でも、いまにして思えばほんのある時期までですけど。あと、つんく♂さんに対談申し込んだんだけど断られました。

――「『BUBKA』だから」っていう。

宇多丸　「『BUBKA』だから」っていう言い方じゃなくて、「ハロー！をアイドルと言ったことはないので」というような、「はあそうですか」としか言いようがないような断り方でした。まぁそれは本人が言ったのではないのかもだけど。それぐらいですかね。基本的には本人たちと直で何かしたいタイプではないので、そこまでの感じはなかったです。ちょっと話ズレますけど、ライムスターで当時いろんな放送局に行って、TokyoFMでレギュラー持ってたりするんですけど、局のいろんな人が僕が好きなの知ってるから、「こないだそこに加護ちゃん座ってましたよ」とか教えてくれて、それはいちいちアガるんだけど、本人たちがちょっと落書きしたヤツとかくれるんですよ。いまだに大事に取ってあるんですけど、こんな大きなウチワにごっちゃんが書いた加護ちゃんの似顔絵と「加護っつぁん」って描いてあってすげえうまいんだけど。あと色紙に、これはよっすぃー（吉澤ひとみ）と思われるんだけど、学校の授業の関係なのか、数式が書いてあって、「正解！」とか書いてあって。それもらって帰ったり（笑）。それは役得としてありました。

──ただのヲタですよ（笑）。

宇多丸　音楽業界という並びでいうならライムスターもメジャーアーティストとしてずっといて、一応業界でそれなりに尊敬される立場だから、とはいえそれで何か起こるわけではないというか、同じ立場ですよね。ファンだけど同業者なんだよ、みたいな。そこのプライドみたいなものも多少あって。文句言うにしても、俺が入ってたら絶対こんなアートワーク許さないと思うんだけどとか、そういう感覚でもあって。自分も作品を出すときに、こんなに曲とジャケがちぐはぐなパッケージは許されないでしょとか、そういう話です。

──ちなみにボクは最初に宇多丸さんがヲタから雑な扱いをされてるのを見ちゃったんで、ちょっと宇多丸さんに対する尊敬が少ないのかもしれないとは思っていて。

宇多丸　えーっ？　雑っていうのはどういうのを指してるのかわからないけど、僕的にはうれしかったんじゃないかな。

──『いいとも！』に出たあとの宇多丸さんがヲタにすごいダメ出しされてるのを見て、宇多丸さんこんな感じなんだなって（笑）。

宇多丸　そのフラットな感じが心地よかったんじゃないですかね。みなさんおっしゃってますけど、立場も年齢も違う人がすごいフラットに交流する場だったから。それが決裂していくと、「は？　おまえ誰に口利いてんだよコノヤロー！」みたいなさ、「あれ？　こないだまでの感じと違う」みたいな（笑）。

──ダハハハハ！　やっぱり宇多丸さんの証言は重要ですね。いいまとめになりました。

宇多丸　僕のなかではトータルでいいことしかなかったですけどね。青春は青春ですよ。

サミュＬ　毎日会って飲んでましたもんね。

宇多丸　俺はそれでも早めに引いちゃったほうで、ＲＥＣとサミュＬは**『袋田の滝』**（注22）に行ったりさ。あいつら熱量落ちねえなと思いながら見てる感じがありましたけどね。俺、本人と遭遇しうる場所には行きたくないもんな。後藤さんなんて会ったらどうなっちゃうんだろう？　恐ろしい。いまだにちょっとヤバい。

サミュＬ　僕も**『BRODY』**（注23）の編集をやるようになって会おうと思えば会えるようになってきちゃったところがあるんですけど、それでもなるべく行かないようにしてます。

──後藤さんの現場には来なかったけど、加護ちゃんの現場では相当デレデレしてたよ！

宇多丸　ご本尊を前にするとそれはね。

――加護ちゃんに「昔よく現場行ってたんです」って言ったら、加護ちゃんが「えーっ、そんなカッコいいのに?」って言ってて。

サミュL　加護ちゃんは、そういうことすぐ返せるすごさがあるんですよ!

宇多丸　いやそれダメじゃん、失言だよ! 完璧に! なんだよそれ、バカヤロー!

注1◆**ビバ彦**……編集者。『BUBKA』では「モーヲタの部屋」を連載した他、クラブイベント『爆音娘。』を手がけた。

注2◆**森田くん**（サミュL）……ミュージシャン。『BUBKA』の現在の編集長。宇多丸のコラム連載も担当している。

注3◆**近田春夫**……ミュージシャン。『週刊文春』では24年間にわたってJ-POP批評のコラム「考えるヒット」を連載した。

注4◆**中森明夫**……評論家。アイドルについて言及することも多い。

注5◆**岡田有希子が死に**……1986年、当時18歳だった岡田有希子がビルから飛び降り、この世を去った。

注6◆**EAST END×YURI**……市井由理が参加したユニット。『DA.YO.NE』で大ヒットを飛ばした。『DA.YO.NE』の作詞は、EAST ENDのGAKUとライムスターのMummy-Dが担当している。

注7◆**ミッツィー申し訳**……DJ。日本語楽曲をかけるクラブイベント『申し訳ないと』を主宰。

注8◆**『さびしんぼNIGHT』**……毎年12月24日に開催されるクラブイベント。

注9◆**こっちゃん**……ラッパーのK DUB SHINEの愛称。

注10◆**高橋ヨシキ**……ライター、デザイナー。映画に関する著書多数。

注11◆**金井覚**……ライター。アイドル系イベントにも多数出演していた。

注12◆**ブレーメン大島**……ライター。『夕やけニャンニャン』に素人として出演していたエピソードを持つ。

注13◆**細田日出夫**……A&Rとしてヒップホップ、R&Bのアーティストを手がける他、ライターやDJとしての活動も行っている。

注14◆**せきしろ**……放送作家、コラムニスト。

注15◆**刑**……名前の由来は保田圭から（ファンという訳ではない）。元々はメタルキッズでギター好き。ヲタ界隈でも屈指の色男。現役でDJ活動中。

注16◆**『ファイト・クラブ』**……1999年のアメリカ映画。地下でケンカを行なう秘密のクラブが描かれる。

注17◆**アルバム**……2001年発売のメジャーデビューアルバム『ウワサの真相』。

注18◆**メジャーデビューシングル1曲目**……2001年発売の『ロイヤル・ストレート・フラッシュ』。

注19◆**アシッドパンダカフェ**……個性の強いイベントを行なっていたクラブ。ミュージシャンの高野政所が店長を務めていた。

注20◆**堀越日出夫**……ライター。主な著書は『ストーカー日記』。

注21◆**ラジオ**……2007年からTBSラジオで始まった『ライムスター宇多丸のウィークエンド・シャッフル』と、その後継番組『アフター6ジャンクション』には、吉田豪やコンバットREC、掟ポルシェらがたびたび出演している。

注22◆**『袋田の滝』**……後藤真希の家族が経営していた居酒屋。後藤のファンが客として店を訪れていた。

注23◆**『BRODY』**……白夜書房刊行の隔月誌。吉田豪インタビューを定期的に掲載しており、後藤真希や市井紗耶香らも登場（『吉田豪と15人の女たち』白夜書房・刊にも収録）。

あとがきインタビュー

人生の岐路で己を保った男が15人の「どうかしてた」証言を振り返る

聞き手・構成　武富元太郎

当時の『BUBKA』の総括

——モーヲタのインタビュー連載というアイディア自体は吉田さんが出してくれたんですよね。

吉田　元々ライフワーク的に、いつ亡くなるか分からない伝説の人たちの歴史的証言を集めるシリーズとして、『BUBKA』ではベテラン漫画家のインタビュー連載（『吉田豪のレジェンド漫画家列伝』として単行本化、白夜書房・刊）をしてたけど、コロナ禍で老人の取材ができなくなったんだよね。しばらくは企画を変えるしかないってなったときに、ボクと世代が近くて、あまり気にせず会える人を取材しようと考えた。

——身内に近い人ってことですか。

吉田　あと、劔（樹人）さんが仲間とモーヲタ活動をしていた過去を振り返る『あの頃。』の映画化も決まったことで、イベントで当時のモーヲタ話をする機会が増えたんだけど、みんなの記憶が違うから「ちゃんと検証しないと」みたいな話にもなって、連載って形で検証してみようかなと思ったって流れですね。

——吉田さん自身はモーヲタにならなかったんですよね。

吉田　当時は仕事が忙しくて、テレビなんて深夜番組をちょっと見るぐらいで。『ASAYAN』も、その前の『浅草橋ヤング洋品店』への思い入れが強すぎて、全然見てなかった。当時は、今よりアイドル絡みの仕事も少なかったから、モーニング娘。の流れも特に追わずにいたら、担当編集者や掟ポルシェやコンバットR

ＥＣがどんどん狂い始めて。

――まわりでモーニング娘。にハマっておかしくなる人たちが現れた。

吉田　今回の企画のインタビューでは、皆、ビバ彦さんへの当たりがきついんだけど、ボクはお世話になったんだよね。まだ『紙プロ（紙のプロレス）』の人間でしかなかったボクに『マンガ地獄変』で原稿のオファーをしてきて。梶原一騎特集をやるから、怒られないように、「真樹（日佐夫）先生と仲が良いあいつを巻き込んどこう」ぐらいの発想だったんだけど、ボクも名前を売るきっかけになって、お互いにプラスになった。

――のちのち、原稿を書いたのに『マンガ地獄変』シリーズが出ない羽目になったとはいえ、ですか。

吉田　『悶絶！プロレス秘宝館』もそうだけど、『マンガ地獄変』に参加したことは、人生の中で大きいんですよ。そして『マンガ地獄変』の編集だった相良（好彦）さんがビバ彦になり、『悶プロ』のライターもやってたごっしーがモーヲタになって、この両者が『ＢＵＢＫＡ』でモーヲタ連載を担当していくという。

――そうか。吉田さんが仕事をしていた本の界隈の人たちがおかしくなった。

吉田　インテリ側で人文的な本を出してた相良さんはインテリ臭ゼロになって、「あややのＰＶ見てると、テレビ画面に顔が吸い寄せられて、ついキスしちゃうんだよぉぉ」みたいなことを真顔で言うようになって（笑）。おかしくなった人たちが『ＢＵＢＫＡ』で活動するようになって、何がどうなってるんだって感じだった。だから、この連載は、当時の『ＢＵＢＫＡ』の総括の意味もあって。

――カラーページでアイドルのスキャンダルを扱いつつ、モノクロページでモーヲタ連載をやってたころの『BUBKA』。

吉田　今の『ＢＵＢＫＡ』は版元も変わって、過去をなかったことにしてるけど。オリンピックに絡んで90年代悪趣味ブームの総括みたいなことが行なわれてる中、お前も他人事じゃないぞって（笑）。当時、ボクは『ＢＵＢＫＡ』で古本の連載しかしてなかったのに、『ＢＵＢＫＡ』にスキャンダルを載せられた事務所の人に敵視されたこともあった。「お前もあっち側か！」って（笑）。

――ゲストのかたの原稿チェックでは問題なかったのに、編集部の判断で載せられなかった話題もありました（笑）。

吉田　本来だったら森田（秀一）くん（現在の『ＢＵＢＫＡ』編集長。通称、サミュＬ）も歴史的な証人として重要だからゲストで呼びたかったんだけど、載せられない話が多すぎるからね（笑）。

――その代わり、たびたび森田くんは取材に同席してます。

吉田　これは説明しておくと、今回は基本的に取材を白夜書房の会議室でやってるからなんだよね。ゲストも森田くんの古い知り合いばかりが出てくるしで。

――森田くんが参加することで、話が引き出されたりしました。ちなみに、スキャンダルのページとモーニング娘。応援ページが混在した当時の『BUBKA』を吉田さんはどう思いますか？

吉田　ごっしーのインタビューやってて思ったのは、あれはエロ本の作り方だったってことなんだよね。カラーページにエロを載せておけば、モノクロは編集者が趣味で好きに作っていいというノリ。エロ本に置き換えるとカラーページでは裸を載せて、モノクロページではAV強要問題を載せてるようなもので、とてつもないねじれが雑誌の中で生まれてるんだけど、作ってる側は一切矛盾を感じてなかったのは、そういうことだと思う。

――たしかにモーヲタページでは、森田くんの趣味が全開になってました。

吉田　『BUBKA』の方向転換を「根性がすわってない」みたいに批判する人もいたけど、「裁判でお金をとられる確率も上がって、訴えられたら本を維持できなくなることとか、わかってますよね」って思うし、それプラス、『BUBKA』は元々単純なスキャンダル雑誌じゃないんだよね。前編集長の方針でスキャンダルも扱ってたけど、モノクロページは完全なファン雑誌だった。そのねじれの部分を見ないで、スキャンダル雑誌が丸くなったって言うのは違うよね。正確にはモノクロページ側が主権を奪ったって話でしかないから。

ヲタとヲタの間に壁がない

――では、ゲストの皆さんを振り返っていただけますか。まずは掟ポルシェさん。
吉田　掟さんはアイドル冬の時代も知っているけど、あれだけ狂えるっていう。いつか夏休みは終わると知ってるはずなのに、夏休みを終わらせない活動をがんばってた（笑）。ヲタの細かい情報が出てくるのも、掟さんのインタビューの特徴だよね。掟さんはヲタに優しくて、ヲタ同士の間にハードルがないのがモーヲタシーンの特徴だけど、掟さんは全力でヲタと飲んで遊んでた。同じことを今も3776（みななろ）でやってるよね。
――掟さんが好きな富士山ご当地アイドルですね。
吉田　掟さんはインタビューで語ってるとおり、モーニング娘。でというか、ヲタ活動で人生が本当に変わった。バンドの客は減ったけど、今の活動の基盤は全部モーヲタにある。あと、RECもそうだけど、イベントとかで話し慣れてるから話の完成度がかなり高いですよね。
――次は掟さんと同じく、『BUBKA』のモーヲタページの常連だったコンバットRECさんです。
吉田　今のRECからすると意外なのは、当時は全然アイドルに詳しくなかったってことで。ＲＥＣの特徴だけど、一足遅く入ってきて、遅れを取り戻そうとして勉強して、急激にハマって異常なテンションになるタイプなんですよ。誰よりも燃え上がって、相当口汚く罵ったりもするけど、後になってその反省もするっていう（笑）。ここでも書いてるけど、アイドルを年若い女の子って意識で見るんじゃなくて、東映のスターやプロレスラーと同じようなものだと考えていたから、平気でヤジも飛ばす。最終的には、ロフトプラスワンのイベントで秋元康から傷ついたって言われて（笑）。

――クソ曲問題（楽曲を否定的に語るときに使った「クソ曲」という単語に秋元康が苦言を呈した）**ですね（笑）。**

吉田　頑張って作ったものをクソ曲と言わないで、と。お母さんが作ったご飯をクソご飯とは言わないでしょって。ＲＥＣは一瞬反省したけど、「考えたら、秋元康はお母さんじゃねえぞ」って言ってた（笑）。でも、さすがに時代の流れでだいぶＲＥＣもソフトにはなってきてるよね。フットサルや沢尻会のことも出てくるから、当時の『ＢＵＢＫＡ』を振り返るって色が出てると思います。

――もふくちゃんは単行本収録分だと、唯一の女性ゲストです。

吉田　ここで女性の視点が入ったのはホントよかった。男のヲタ仲間の盛り上がりを女性が客観的に見ると、やっぱり気持ち悪いんだなっていう（笑）。当時の濃厚なヲタを直接知ってる人だけど、基本気持ち悪いって切り捨てて、その口の悪さが信頼できますね。最後の「辻（希美）ちゃんの妊娠は悪いことなのか」って話題は、でんぱ組の（古川）未鈴ちゃんが妊娠を発表する前だったから、いい伏線になってたんだなと思う。

――もふくちゃんはモーヲタ人脈でビジネスを成功させました。

吉田　ビバ彦さんが「モーニング娘。を踏み台にして有名になるモーヲタを育てていきたい」的なことを当時言ってたけど、まさか『爆音娘。』に来てたような人がアイドル運営としてここまで成功するとは。今回のインタビューは、もふくちゃんがその後のコイタくん（小板橋英一）と久保内（信行）くんへのいい橋渡しにもなってるよね。

――杉作Ｊ太郎さんは雑誌掲載時は、原稿のボリュームから前後編になりました。

吉田　Ｊさんは愛媛在住だから、Ｚｏｏｍ取材だったけど、当時のことをじっくりと話してくれて、ただ本当に話が進まなくてかなりハラハラした（笑）。

――たしかにモーニング娘。との出会いだけでかなりの文章の量でした（笑）。

吉田　『トップスピード』だったかで、当時モーヲタ右翼とモーヲタ左翼が激突！って感じでＪさんとビバ彦さんの対談を組んだんだけど、やっぱりＪさんのほうに感情移入できるんだよね。自分が村松友視みたいになってモーヲタ論壇みたいなものを作って、彼女たちを踏み台にして有名になりたいビバ彦さんと、自分はどうでもいいから彼女たちの踏み台になろうとするスタンスのJさんだと、Jさんのほうが圧倒的に美しかった。もちろんビバ彦さんも間違ってるわけではないし、実際にあの界隈から成功者が出てきたのも事実で。あと、今回の企画に裏テーマがあるとしたら『ランボー』だと思う。戦争とPTSDみたいな話でもある。

――インタビューの最後のほうで『ランボー』という単語が出てきます。

吉田　戦争がまだ続いている人たちと、戦争のダメージがとんでもなかった人たちと、戦友会を作って仲間たちと楽しくやってる人たちがいて、Jさんは完全に戦争のダメージを受けた人だよね。

――次は『BUBKA』でライターとしても活躍していた小板橋英一さんです。

吉田　話しにくいことが多いのに、よく出てくれたなって。現時点で、あの騒動後の唯一のメディア出演だよね。ある時期まではモーヲタ出身の最大の成功者だった人だから、モーニングで燃え尽きた後に高級車何台分かの金をAKBの総選挙につぎ込んだって話をサラッと言ってるのが怖い（笑）。こういう人たちがいて、選挙が成り立ってたんだなって。最近、なんちゃらアイドルの運営が「人生のピンチに、小板橋英一氏から大金を無利子で貸してもらったおかげで今がある」ってツイッターでつぶやいてたけど、一時はそれぐらいお金に余裕があったってことだよね。

――無利子で大金はすごい！

吉田　コイタくんの回は昔の『BUBKA』についての使えない話題も出たから、さすがにカットした。ここでヒントも出せないような話で（笑）。その代わり次の久保内くんが諸事情があっていろいろ語りづらいコイタくんのヒドい話をたっぷりしているという。久保内くんの回でも冒頭の野中広務の話が黒すぎて削ったけど、コイタくんと久保内くんはセットで読むべきですね。

――小板橋さんと久保内さんは経歴的に似ているところがありつつ、対照的です。

吉田　当時から「いいデブ、悪いデブ」と呼ばれてただけあって、久保内くんが「僕は口は悪いけど、お金関連とか融通するタイプで、コイタは口はきれいだけど金関連はガッツリするタイプ」って言ってるけど、真逆なんだろうね。ただ、久保内くんはいいことをしているはずなのに、全方位的に口が悪い（笑）。あと、自分のnoteで有馬（岳彦）くんのインタビューとかを書いてるだけあって客観性もあるし、当時のことも細かく覚えているよね。中でも有馬くんのベッドシーツの話が一番怖かった（笑）。

――嶺脇育夫社長は、当時の『BUBKA』と距離がある点が印象的です。

吉田　嶺脇社長の大人の意見は本当に重要ですよ。当時のモーヲタイベントで踏み外してる部分とかをギリまで言ってくれてるのが、嶺脇社長で。

――あれを拒否する嶺脇社長の感覚はまっとうです。

吉田　Jさんも当時怒ってたし、まさかのごっしーも「当時引いてた」って言ってたけど、ごっしーのイベントで行われてたことなんだよね（笑）。

――たしかに（笑）。

吉田　「『BUBKA』ざまぁ」的な嶺脇社長の発言は爆笑したなあ。アプガ（アップアップガールズ（仮））の写真すら『BUBKA』の広告では使えなかった話とかが、社長の発言ということで載せられたっていうのも重要ですね。

――ここまでのゲストは、モーヲタでありつつミュージシャンやライターなどの肩書がある方々でしたけど。

吉田　有馬くんは現役の有名ヲタっていう。画期的ですよ。ただのヲタのインタビューが、坂道メインの雑誌に彼女たちの記事以上の文字数で載った（笑）。

――連載スタート時は有馬さんはこちらにいなかったので、取材できるかどうかハラハラしてました。

吉田　最初は獄中書簡で取材しようかって考えてたから（笑）。いまなら時間がいくらでもあるし、検索もできない余計なノイズが入らない環境だから、純粋な記憶が引っ張り出せるはずだって。

――吉田さんは有馬さんとの付き合いは長いんですか？

吉田　『爆音娘。』で何回か会って、音楽について話が合うなって。『爆音娘。』はハロー！の曲は持ち時間の中で最低3曲かけるルールで、ボクは毎回3曲しか流さなくて、「アイドルには他にもいい曲があるんだよ」って啓蒙活動をしてたんだけど、そこに有馬くんは反応したんだよね。みるくを流したりしたときに堀口綾子との交流話をしてくれたのかな？　堀口綾子がミニコミを作るのを、有馬くんは手伝ってたこともあるらしいから、人生っていろいろだなっていう。

――有馬さんと堀口綾子の人生が交錯してたんですね。

吉田　ちなみに、93年にリリー（・フランキー）さんに誘われてボクがアップフロントの西口（猛）さんとかQlairの吉田亜紀とか宍戸留美とかと初めてDJをやったとき、その会場にいたのが掟さんと有馬くんだったりもする。

――縁がありますね。

吉田　今回、相当踏み込んだ話をしているのに原稿チェックで全部削らずにOK出してくれたのもすごいと思う。つばきファクトリー現場で逮捕された話もフラッグの話も載せられて。もう再犯はしてほしくないし、ここでは笑い話的に書いてるけど、友達に腰縄がついてるのを見るのは切ないし、年老いたご両親がつらそうな顔をしてるのもしんどいからね。

——劔樹人さんは関西のヲタシーンで活動していました。

吉田　関西組は平和でいいよね。有馬くんの次は急に心温まる牧歌的な話になった（笑）。関西勢の中だと劔さんは当時、そんなに目立つキャラクターではなかった気がするけど、結果的にJさんの教えを忠実に守ってる人だと思う。

——アイドルのために何ができるか考えるってことですね。劔さんが松浦亜弥さんのために行動する話が出てきます。

吉田　そして、結果的に自分のモーヲタ仲間との楽しかった日々を振り返る本を出して、それが映画化されてハロー！公式のものになり。でも、公式になったから矢口問題とかこぼれ落ちるエピソードも出ることになって、そこを積極的に拾ってるのが、この本っていうことです。

——次のピストルさんはイベントも手がけつつ、現役のヲタでもあるかたです。

吉田　今でもちゃんと狂ってる人。ツイッターとか見ると、アイドルの恋愛に厳しいヲタなのかと思うんだけど、こんなにも加護（亜依）ちゃんに理解があるっていう。

——加護ちゃんのために仕事を辞めたっていうのがすごいですよね。

吉田　早めに退職金をもらって運用していけばなんとかなるってことなんだろうけど、仕事を辞めたタイミングで加護ちゃんが芸能活動を辞めて（笑）。

——アイドルにハマるとこんなにも色んなものを試されるのかと思いました。

吉田　矢口（真里）ヲタ、後藤（真希）ヲタ、加護ヲタ、市井（紗耶香）ヲタといろいろ波乱がある人のヲタは試されるよね。だから、相当ガッツのある加護ファンが脱落していくドキュメンタリーとしても読める。あと、ピストルさんはライターじゃないから一切忖度がなくて、「プラチナ期つまんない」とか「つんく♂さんのアラフォーアイドル勘弁して」とかのびのび話してるのも面白い（笑）。

——劔さんに続いての関西組は、ロビン前田さんです。

吉田　ロビンさんは大阪在住だからＺｏｏｍ取材だったんだけど、ちょっと他の回とは違う特殊な感じで。ロビンさんの記憶がなかなかよみがえらず、取材後に結構な凹み方をしてたから、「大丈夫ですよ！　思い出したことをメモにして送ってもらえれば、それを原稿に落とし込みます」って伝えて。

——最後の藤井隆さんのエピソードも、メモで付け加えられたものですよね。

吉田　大量に送ってもらったから、それを次々と書き加えた。ロビンさんは劔さんとの温度差も味わい深いよね。

——劔さんのインタビュー中では「ロビンさんはあんまり変わってない」という発言もありました。

吉田　実際に変わってないんだろうけ

ど、それでいうとある意味、劔さんの立場が大きく変わったわけで。

——成功したかたですから。

吉田　理解のある奥さんと結婚して余裕のあるヲタ活動をしている劔さんとか嶺脇社長とかが特殊で、結婚後もヲタ活動をするっていうのは困難なことなんじゃない？　本気でやるなら、どっちかをとるしかないっていう。

——この本に出てくるような狂った活動はパートナーがいると無理でしょうね。

吉田　基本的に難しいよね。ロビンさんもヲタ活動の中で彼女を失い、いまは結婚して燃えられるものがなくなって。Jさんのインタビューと同じく、『ランボー』感がよく伝わる回だな、と。

——有馬さんと同じく有名ヲタで、他のかたのインタビューでもやたらと名前が出てきたのが、うたかさんです。

吉田　うたかくんは、鬱で薬が増えてるような時期に取材をして、これからインタビューが載った雑誌が出るぞっていうタイミングでコロナで入院して。だから、雑誌の反響とかも一切リツイートできてなかったんだよね。

——その後、退院なさってます。

吉田　嶺脇社長とか色んな人がいい話としてうたかくんを紹介し、掟さんも「豪ちゃん、取材したほうがいいよ」って絶賛してたけど、やっぱりヲタ特有の忖度がないシリーズだったよね。忖度がないからこそ「ハロー！では人間扱いされない」って発言が出てくる（笑）。

——ヲタ、運営の両方に嫌な思い出が多すぎてってことで、「あ、いい話にならないんだ」って思いました。

吉田　みんな基本、「ハロー！に感謝」みたいな話になるんだけど、「人としての付き合いができるのは地下だけです！」って結論になってた（笑）。

——岩岡としえさんはエピソードが最高でしたね。

吉田　大好きなんですよ。エピソード一つひとつの完成度が高すぎるから、岩岡さんはずっとゲストに呼びたかった。

——吉田さん、ハロー！と関係ない話まで掘り起こしましたよね（笑）。

吉田　キャバクラの話とか何の関係もないからね（笑）。ただ、彼女の嫉妬はハロー！きっかけでもあるから、その彼女に振り回される話はヲタの受難としても伝えておきたいなって。「もうちょっと天秤にかけておきたかった」っていうのも本当に好きなフレーズで。この話を青森に行く車の中で聞いて、Jさんが『聖闘士星矢』のナレーター口調でこのエピソードを語るのがしばらく持ちネタになってた（笑）。当時の『ハイパーホビー』もホントどうかしてたからね。特撮やアニメ関係のCDとかしか載せないのが普通なのに、ハロー！の新曲レビューを載せてて（笑）。支援活動を頑張ってるなあって思ってたけど、Jさんの加護ちゃんショックを見て、「二推しを作っておこう」って考えて、しかも「子供であれば当分大丈夫だ！」って、完全にどうかしてる発想ですよ！

――一見論理的ですけどね（笑）。

吉田　今のクマリデパートへのハマりっぷりも尋常じゃないレベルで。

――原稿チェックのために岩岡さんと連絡をとってる際には「クマリデパートの部分がカットにならなければ、問題ないです！」ってことでした（笑）。

吉田　クマリのためになればっていう（笑）。素晴らしいですよ、どうかしてる部分と大人な部分が同居してて。

――次は編集者のごっしーさんです。

吉田　ごっしーは記憶があやふやだから大丈夫かなと思ったら、別の面白さがあったね。90年代のコアマガジンのエロ本文化を振り返る的な感じで。ビバ彦さんが連絡がとれなかったから、あの時期の『BUBKA』というかコアマガジンをちゃんと掘り下げられることができる人として出てもらってよかったな。

――コアマガジンで最初に仕事をしたのが、ごっしーさんだったんですか？

吉田　白夜では『インターネットマニア』とかで、かなり初期に書いてたんだけどね。コアマガジンはごっしーだったかもしれないけど、あやふや。ちなみに『BUBKA』の初仕事はまったく書けないことしかない（笑）。

――（何が起きたのか聞いて）……エロ本の会社でもコアマガジンは毛色が違いますね。

吉田　ボクは『BUBKA』の人間って言われがちだけど、編集部に行くようになったのも最近で。コアマガジンは『BUBKA』の古本ツアーの帰り道に行ったのが初めてだったかな。トイレにエロ本とティッシュが散乱してて、そういう時代のコアマガジンの話が語られます。まあ、ごっしーはデタラメだよね。「ごっしーのトークは空虚」って発言に対して、「わかる。いまBABYMETALを語らせたら空虚だよ」って（笑）。これを言えるのがごっしーなんですよ。あんなにBABYMETALの第一人者みたいな感じで活動してたのに。あと、ごっしーのデリカシーのなさもすごく好きなんだよ。本人に直接デリカシーがないことを言う奇跡を何度か見てるから。

――直接言っちゃうんですか？

吉田　NARASAKIさんに対して、「今ももクロっていうのがヤバいから。知ってる？」って言う人だから（笑）。

――『ピンキージョーンズ』を提供したり、ガッツリ仕事してるのに（笑）。

吉田　インタビュー中の「最後に死んじゃう人」って発言も雑だよなあ。

宇多丸さんはブレない

――書き下ろしのボーナストラックとして登場してくださったのが、宇多丸さん。

吉田　宇多丸さんが入ってホントによかった。あの頃はよかった的な総括的な話だけじゃなくて、「あれがいかに我慢できなかったか」みたいな話もちゃんとできたから。岡田有希子を通ってるかどうかは大きいと思う。そこはボクも完全に同じだし、ボクはみるくまで通っちゃってるから（みるくのメンバーの堀口綾子は、22歳で命を絶っている）。

――人が亡くなるのを見ると変わらざるを得ないですよね。

吉田　アイドルが精神的に追い込まれて死ぬことがあるって認識がない人が多すぎるんだよね。最近も周りで複数死んじゃってるから、その辺りの意識がない人を見るとボクもスイッチが入ることがあるし。このインタビューでは、宇多丸さんが今の活動へと至るうえで、すごい重要な話をまとめられた気がする。宇多丸さんは雑にアイドルヲタとして捉えられることもあるけど違うんだなっていう。

――ヒップホップの一流の人がモーヲタたちと混ざってワイワイやってたってすごい話ですよね。

吉田　まあ、ヒップホップのパブリックイメージに対する反発が極端な方向に出ちゃったという（笑）。ヒップホップ・レジェンドが見知らぬヲタから雑に扱われる時代が間違いなくあって、それが宇多丸さんとしても心地よかったってことでしたね。でも、宇多丸さんはちゃんと筋が通ってますよ。今の宇多丸さんから見てもブレのないことについて、当時の宇多丸さんも怒ってたから。

――モーヲタでなかった吉田さんから見て、ゲストの皆さんがうらやましく感じるところはありますか？

吉田　熱い青春物語を味わってる最中なのはわかってたから、とにかく楽しそうだったし、ちゃんと見ておかなくちゃなとは思ってた。でも、どっぷり中に入って一緒に熱くなるんじゃなくて、距離をおいて冷静に眺めていたからこそ、今の自分があるのかなって。アイドルとの仕事が増えて、関わり方が濃厚になってきたときにJさんが「これまで外野席にいた吉田豪が、今は球場の中にいる」って表現したことがあるんだけど。でも、アイドル本人と仕事する機会は増えたけど、運営になって一緒に試合をしたりするわけでもないし、なんとなく距離は保たれてるとは思う。人生の岐路でヲタのほうに進んで「クソ事務所！」とか一緒になって叫んでたら、それはそれで楽しかったろうけど、たぶん当時ろくに仕事せずにずっと仲間と酒飲んでたんじゃないかな（笑）。いままで1回も「○○ちゃん可愛い！」っていうアイドルヲタ的なテンションになったことはなくて、だからいまもアイドルとの仕事で面白いことをやれてると思っているし、今後も適度な距離感を保ちながら、冷静にいろいろ眺めていきたいなと思ってますね。

証言モーヲタ
~彼らが熱く狂っていた時代~

2021年9月30日　第一刷発行

著　　者　吉田豪
発 行 人　田中辰彦
発 行 所　株式会社白夜書房
〒171-0033　東京都豊島区高田3-10-12
電話　03-5292-7751（営業部）
03-6311-7225（編集部）
製　　版　株式会社公栄社
印刷・製本　図書印刷株式会社

編 集 人　門田朋太、武富元太郎
デザイン　平塚兼右、矢口なな、新井良子（PiDEZA Inc.）
帯イラスト　劔樹人
脚注制作　岩切浩貴、武富元太郎